男たち／女たちの恋愛

近代日本の「自己」とジェンダー

田中亜以子
Aiko TANAKA

keiso shobo

はしがき

「恋愛」という言葉は、英語の love の翻訳語として、明治期につくられた造語である（柳父 一九八二）。「恋愛」という新たな言葉とともに、それまでにない新しい人間関係のあり方が模索され、社会の中に位置づけられていったのである。では、恋愛という新たな観念の登場は、異なる歴史的・社会的文脈のもとにおかれていた男たち／女たちに、何をもたらしていったのだろうか。

本書は、恋愛をめぐる社会的な共通認識がつくられていったプロセスを、ジェンダーの視点からたどりなおすことを通して、恋愛という観念の形成とともに、男女の間に新たな境界線が引かれていったこと、そしてそれゆえ、恋愛をめぐる男女の歴史的経験は、大きく異なっていたことを浮かび上がらせるものである。

恋愛という言葉が定着する以前の時代において、男女の好意的な感情は、色や恋といった言葉で表現されていた。新しい言葉がつくられたからといって、その言葉によって指示される感情自体も新しいものであるといえるのか。その点については議論もあろう。言葉は変わろうとも、私たちが恋愛感情とよぶもの自体は、案外普遍的なものなのではないか、と思われる読者もいるかもしれない。

しかし、少なくとも、誰かを思慕する感情をどのようなものとして理解し、どのような行動で表現し、あるいは、社会的にどのように位置づけるのかといったことは、恋愛という観念の形成とともに確実に変化していったことを、近年の恋愛史研究は示してきた（柳父 一九八二、二〇〇一、井上 一九九八、佐伯 一九九八、二〇〇八、菅野 二〇〇一、加藤 二〇〇四、ノッター 二〇〇七、山根 二〇〇八など）。

論者によって幅はあるものの、おおよそ次のような特徴が、恋愛という観念特有の価値観やルールとして指摘されている。すなわち、結婚をゴールとすること、すべての人が情熱的な恋愛感情をもつものであると想定すること、多角的関係ではなく一対一の排他的関係をよしとすること、あるいは、肉体的な関係以前に精神的な関係を重視することなどである。

逆にいうと、恋愛という価値観が支配的になる以前の明治初期には、たまたま色や恋が結婚につながることはあっても、必ずしもそれが理想とされていたわけではなかったし、誰もが恋をするのが「ふつう」だともされていなかった。物語において、色や恋の舞台が遊廓に設定されることも多く、そこでは多角的関係が否定されることもなく、むろん肉体と精神を二分し、後者に価値をおく思考も存在しなかった。

このように、私たちが自明のものとする恋愛観念は、決して普遍的なものではないのである。そして、そのことを私たちに自覚させてくれたことが、これまでの恋愛史研究の最大の功績であった。

ただ、私はこれまでの恋愛史研究には、圧倒的に不足している視点があると考えている。それが、ジェンダーの視点である。従来の恋愛史研究は、恋愛という窓を通して、近代と前近代の間に引かれた境界線を浮かび上がらせ、近代社会の特質を明らかにすることに貢献してきた。その反面、近代社会に成立した恋愛観念が、男女の間にいかなる境界線を引いていったのかということについては、小谷野（一九九七）などごく一部の研究を除いては、十分に検証されてこなかったのである。

しかし、恋愛とジェンダーは、きわめて興味深い関係にある。
明治から現在に至るまで、恋愛をめぐるファンタジーやハウツー言説は、愛されるために、あるいは、愛を表現するために、男はこうすべきで、女はああすべきである、というジェンダー化された恋愛モデルを大量に産出し続けてきた。その結果、多くの人々は互いに「男らしさ」「女らしさ」を演じあうことで、恋愛イメージを追体験することを望むようになるのだろう。山田昌弘の調査によれば、現代社会において、男性は恋愛対象として「女らしい女」を、女性は「男らしい男」を理想とする傾向がみられるという（山田 二〇一六、一〇一頁）。私たちの社会において、恋愛は「男らしさ」「女らしさ」を再生産し、男女の境界線を強化する、強力なイデオロギー装置としての顔をもっているのである。

しかし、他方で、いくら恋愛が「男らしさ」「女らしさ」と密接に結びつけられている側面があろうとも、恋愛によって生み出されるのが、「男らしさ」「女らしさ」に合致したカップルだけではないことも、私たちは知っている。たとえ一般的な「男」「女」からはみ出していようとも、他の誰でもない「たったひとりのあなた」が好きなのだという気持ちを肯定してくれるのもまた、恋愛という観念である。恋愛は、個人の個別性と自己決定をこそ重視するものであるという意味で、既存のジェンダー秩序に加担するだけの観念であるともいえないのである。

すなわち、恋愛観念は、明らかに「男らしさ」「女らしさ」といったジェンダー規範や男／女という性別枠組の再生産と密接に結びつくものでありながら、他方で既存のジェンダー秩序を強化するだけのものである、と簡単に言い切ってしまえない側面をも併せもっているのである。恋愛とジェンダーの関係には、曖昧で、もやもやとした部分が含まれている。であればこそ、歴史に分け入り、両者が取り結んでいった関係を正確に見極め、男女双方に何がもたらされていったのかを検証する必要がある。

明治期に恋愛という観念が登場した当初、恋愛を論じていたのは、ほぼ男性であった。彼らは、男性としてのさまざまな葛藤を抱えるなか、むしろ従来の男性規範に反発する形で、恋愛という新しい理想を形づくっていったのである。しかし、その理想は、明治から大正、昭和にかけて変形され、恋愛はある種の「男らしさ」の肯定と密接に結びつけられていくことになった。一方、女性たちも沈黙していたわけではない。女性たちは男性たちのつくった恋愛観念に向き合い、男性以上に、恋愛の中にある男／女という性別枠組と格闘していったのである。

これから記述される男たち／女たちの恋愛の歴史は、私の想像をはるかにこえて紆余曲折に富んだものであった。本書を手にした読者にとっても、その歴史が意外な発見に満ちたものとなれば幸いである。

＊本書の刊行にあたっては、「平成三〇年度京都大学総長裁量経費人文・社会系若手研究者出版助成」を受けた。

男たち／女たちの恋愛——近代日本の「自己」とジェンダー／目次

凡例

＊史料からの引用にあたっては、旧字体の漢字は新字体に、訓令以外のカタカナ表記はひらがなに、変体仮名は現代の仮名に改め、仮名遣いは原文のままとした。また読みやすいように、句読点を加え、ルビは不必要な箇所からは取り除き、逆に必要な箇所には新たに付した。引用を中略する場合は「……」で、改行は「／」で示した。

序章　問題視角——恋愛における「自己」とジェンダー

本書の目的は、明治から昭和初期を対象として、恋愛という観念がジェンダーと取り結んでいった関係を問うことを通して、恋愛観念の形成が男性と女性にとって、いかに異なる意味をもっていたのか、そしてそれゆえ、恋愛をめぐる男女の歴史的経験が、いかに異なっていたのかを浮かび上がらせることである。では、本書はいかなる視点から恋愛とジェンダーの関係に切り込んでいくのだろうか。

本章では、先行研究をふまえつつ、本書の分析視角を具体的に提示したい。

1．近代的「自己」への着目

「はしがき」で述べたように、従来の恋愛史研究においてはジェンダーの視点が希薄であったと言わざるを得ない。しかし、先行研究の中には、恋愛のジェンダー史を組み立てようとする本書が、どこから出発したらよいのか、有用なヒントを与えてくれるものがある。中でも本書がもっとも重視するのは、恋愛という観念が、近代的「自己」の観念と密接に結びついて形成されていったことを論じる、宮野真生子の研究である（宮野 二〇一四）。恋愛観念が近代的な「自己」、あるいは、「自我」や「人格」といった観念と結びつくものであることは、宮野に限らず、多くの先行研究の指摘するところである（佐伯 一九九七、小谷野 一九九七、小倉 一九九九a、一九九九bなど）。しかし、宮野の研究は、両者の関係の解明こそをメインテーマとし、詳細な分析を行っている点で、一線を画している。

宮野によれば、明治から大正にかけての著名な文学者（北村透谷や岩野泡鳴、厨川白村、有島武郎など）による恋愛論の原点には、いずれも「自己への欲望」が読み取れるという（宮野 二〇一四、一九五―一九六頁）。宮野のいう「自己への欲望」とは、「私はこういう存在である」という確たる「自己の形」、すなわち「本当の自己」なるものを希求する衝動を指す（同上）。平易な言葉で言いかえるなら、恋愛とは、「本当の私を認めてくれる」「たったひとりのあなた」との関係（宮野 二〇一四、i頁）として、形づくられていったというのである。

現在を生きる私たちにとって、このような指摘は特段違和感のないものであろう。「いい女」「いい男」なら誰でもよいというのではなく、どうしようもなく「君じゃなきゃだめなんだ」／「アナタじゃなきゃだめなの」と言える／言ってもらえる誰かとの関係こそを、私たちは恋愛とよぶ。そこでは当然ながら本来の、固有な私／あなたが尊重されることが期待されるのである。

しかし、こうした感覚は普遍的なものではない。たとえば、恋愛とよく比較される、近世的な色とは、「虚実皮膜」のあわいで「遊」ぶものであり、そこでは「虚」と「実」が区別されることがなかったという（佐伯 一九九八、三四四頁）。虚構と現実が入り乱れてこそ成立するのが色であるとされていたのであれば、色という関係は、確たる「自己の形」の希求とは対極にあったといえよう。

では、いったいなぜ、恋愛においては「本当の自己」なるものが重視されていったのだろうか。宮野は、その背景として、身分制度が廃止された明治の代にあって、人々が自らの意志のみによって「何者か」になることが求められるようになっていった時代状況を挙げる（宮野 二〇一四、一四二頁）。「自分は何者なのか」という「自分探し」が始動することによって、あたかも見つけるべき「本当の自己」なるものが存在するかのようなフィクションが生み出され[1]、その延長線上で、恋愛においても「本当の自己」を実現することこそが求められていった、というのである（同上）。

このような宮野の指摘を真っ先に取り上げたのは、恋愛とジェンダーの関係を問う本書にとっても、「自己」なる観念がキーワードとなるからである。

ここからは宮野の議論の枠を出るものであるが、恋愛というものが「本当の私を認めてくれる」「たったひとりのあなた」とのかけがえのない関係として形成されていったとするならば、恋愛によって結ばれる「私」と「あなた」は、理論的には何も「男らしい男」と「女らしい女」である必要はないし、そもそも「男」と「女」である必然性もない。重要なのは、一般的な「男らしさ」や「女らしさ」に収斂されることのない、唯一無二の「私」が、愛されることなのである。たとえ「本当の自己」なるものがフィクションであろうとも、自分の思う「自己」なるものを真っすぐに追求することは、ときに「女だから」「男だから」という理由で個々人を既定の枠にはめ込もうとするジェンダー規範に、抵抗する砦となり得る。

だが、恋愛とは「自己」を実現する関係であると同時に、性や結婚によっても規定される[2]、きわめてジェンダー化された関係でもある。結婚と結びつけられた恋愛はまた、時期を同じくして形成されていった、「男は仕事、女は家庭」という近代的性別役割分業観とも無縁ではなかっただろう。だとすれば、恋愛において希求された

「本当の自己」とは、「男／女としての自分」、あるいは、そこから「はみ出てしまう自分」と、どのような関係にあったのだろうか。

恋愛観念が、その生成期において近代的「自己」の希求と不可分に結びついていたことを明らかにした宮野の研究においては、「自己」とジェンダーの関係については、関心の外におかれている。しかし、恋愛というものが性別枠組や性別役割と密接に関連するものである以上、恋愛を通して追求された「自己」なるものの内実を、ジェンダーの視点から検討する必要があるのではないだろうか。

そこで本書では、恋愛が「自己」の希求と結びつけられて形成されていった過程を縦軸とし、横軸において「自己」なる観念が「男」「女」という枠組みや「男らしさ」「女らしさ」とどのような関係を取り結んでいったのかというジェンダー分析を行っていく。すなわち、恋愛が、近代的「自己」の観念の誕生と結びつき、個人の唯一性や固有性を尊重する観念として創出されたのだという地点に立つことによって、恋愛が「男」「女」という性別枠組や性別役割規範と結びつけられていることを自明視することなく、両者の関係性を問いたいのである。

以下では、本書の「ジェンダー分析」の内容をより詳しく論じておきたい。そこには、二つの意味が込められている。

2．男女の非対称性の形成過程の解明

すでに何度も述べたように、従来の恋愛史研究においては、全体的にジェンダーの視点が希薄であった。しかし、恋愛が男女にとって異なる意味をもつものとして構築されていった過程について、これまで何も言及されて

こなかったわけではない。

たとえば、佐伯順子は、明治期の女性作家による文学作品群を分析し、それらの作品において、男性作家の作品ほどに明確な恋愛観が提示されなかったことを論じている（佐伯 一九九八、二七一―二二二頁）。同様に、大正期における恋愛論を分析した菅野聡美は、大正期の恋愛論ブームに女性たちが参入しなかったことを指摘し、その理由を分析している（菅野 二〇〇一、一七七―二一七頁）。明治・大正期に、すでに恋愛をめぐって男女の間に、差異が生じていた。これは、大変重要な指摘である。

しかしながら、佐伯にしても菅野にしても、恋愛をめぐる男女のスタンスのちがいは、恋愛観念の外部にある男女差に起因するものとして扱っており、恋愛という観念の根幹に関わるものであるという視点からの分析はなされていない。

そのような中、ジェンダー視点を中心に据えた研究に、小谷野敦による『〈男の恋〉の文学史』がある（小谷野 一九九七）。小谷野は「幾多の〈恋愛〉を論じた書物のなかに私が見出す重要な欠陥は、「恋愛」を、「男女の相互的な営み」を基準として論じ、男性側の愛し方と女性側の愛し方を区分しようとしないこと」であると指摘し（同、一三頁）、平安朝から近代に至る長いスパンにおける文芸作品を分析することで、〈男の恋〉の内実を論じていった。そして、最終的に「愛されたい」という欲望と、「愛する」こととのあいだには、はるかな隔たりがあるという発見とともに、〈男の恋〉を次のように要約した。


男が恋する女に求めるのは、母のように「愛してくれる」ことであって、自分自身が「愛する」方法に関しては、長い歴史のなかで、男は、ほとんどといっていいほど学ぼうとはしなかった。また、学ぶ術すら、その成長過程において教えられることが稀だったといっていいだろう。だからこそ女たちは、玄人女であれば、男に「愛されている」という幻想を与える技倆を磨き、素人女であっても、男に尽くし、仕えることを強いられてきた（小谷野 一九九七、二三五頁）。

このように、恋愛の内実は男女で異なるものであるとする立場をとる小谷野と、本書は問題意識を共有するものである。

では、本書と小谷野の研究のちがいはどこにあるのだろうか。小谷野の研究は、平安朝から近代に至る長いスパンの文芸作品を対象として、〈男の恋〉の長期的傾向、および、変遷を浮かび上がらせるものであり、その分、近代における恋愛の誕生とともに、新たに形成されていった男女の非対称性の内実や社会背景については、詳細に分析されているとはいえない(3)。また、小谷野の研究は〈男の恋〉と〈女の恋〉は異なるという前提のもと、〈男の恋〉の側に焦点化して、男性のファンタジーの時系列的な変化を浮かび上がらせようとするものであり、恋愛をめぐる女性たちの側の言葉には、まったくふれていない。

それに対して本書では、明治から昭和初期という比較的短い期間に照準を定め、かつ、男性だけでなく女性による恋愛言説をも積極的に取り上げることで、男たち／女たちの恋愛の内実、および、その非対称性の形成過程を近代的「自己」の誕生を軸に分析したいと考えている。

さらに付け加えると、小谷野の研究においては、恋愛が男女の関係であることは、自明の前提とされている。これは小谷野に限ったことではなく、従来の恋愛史研究全般にみられる傾向である。それに対して本書は、恋愛をめぐる男女の非対称性を解明することにとどまらず、そもそも恋愛をめぐって男女という枠組みが構築されていった過程をも問うものである。これが本書でいう「ジェンダー分析」の第二の意味である。次にそのことを論じたい。

3．男女という枠組みの形成過程の解明

従来、男女という異性愛の枠組みが形成されていった過程の解明は、恋愛研究ではなく、セクシュアリティ研究と呼ばれる領域によって担われてきた（古川 一九九四、二〇〇一、赤川 一九九九、Pflugfelder 1999、前川 二〇〇七、二〇一一、黒澤 二〇〇八、赤枝 二〇一一、澁谷 二〇一三、木村 二〇一五など）。これらの研究を大別すると、多様な性行動が夫婦間に囲い込まれていった過程を論じる研究と（赤川 一九九五、澁谷 二〇一三）、同性間の性行動が異常視され、「同性愛者」というカテゴリーが成立していった過程を論じる研究とがある（古川 一九九四、二〇〇一、Pflugfelder 1999、前川 二〇〇七、二〇一一、黒澤 二〇〇八、赤枝 二〇一一、木村 二〇一五）。しかし、これらの研究は、ともに性＝セクシュアリティに主眼をおいて、異性愛規範の成立を考察している点で共通している。まさにこれらの研究が、セクシュアリティ研究として括られる所以である。

このように男女の対関係が特権化されていった過程が、性行動や性規範をめぐる言説を対象として、何よりも「性」の領域の問題として論じられてきたということは、逆に言うと、男女の対関係が特権化されたことが、「愛」という領域のありように、何をもたらしたのかということを問う視点は、希薄であったことを意味する。だが、男女という枠組みが特権化されていった過程は、性行動にまつわる規範が形成されていった過程であると同時に、愛というものがジェンダーの枠組みにはめこまれていった過程でもあるはずである。したがって、愛という言葉

で表される精神的結合のありようや、愛する／愛される「行為」のあり方に、男女という枠組みがはめ込まれていった過程を問い、それが人々に何をもたらしていったのかを分析する必要があると思われるのである。

このような視点から異性愛規範の成立を考える上で、参考にすることのできるごく少数の研究に、近代日本における女性同士の親密な関係を、「ロマンティック・ラブ」という概念を使って読み解く、赤枝香奈子の研究がある（赤枝 二〇一一）。ロマンティック・ラブ・イデオロギーとは、一般的に愛と性と結婚の一致（愛する人と結婚し、一夫一婦の性関係を営むこと）を理想とするイデオロギーのことを指す。しかし、赤枝は、精神的つながりが重視されることや、女性を主体とする対等な関係性が望ましいとされることなど、「ロマンティック・ラブ」の別の側面に着目することによって（赤枝 二〇一一、三二頁）、近代日本における「ロマンティック・ラブの理念」の定着過程について、次のような仮説を提示した。

近代日本のようにジェンダーの格差があまりにも大きい状況下では、ロマンティック・ラブの理念がもたらされても、それをすぐに男女の間で実践することは難しい。その場合まずは、より身近な他者、すなわち同性との間で実践が試みられる（赤枝 二〇一一、三三頁）。

男女のものであることが自明視されてきた「ロマンティック・ラブ」が、近代日本においては男女ではなく、むしろ女性同士においてこそ実践されたという、きわめて斬新かつ重要な主張である。もっとも、赤枝の研究は「ロマンティック・ラブ」という社会学的な分析概念を用いて、遡及的に戦前の女性同士の親密な関係を分析するものであり、同時代の男女間の恋愛観念との関係を直接的に分析するものではないことに注意が必要である。

それでも赤枝の分析は、恋愛を主題とする本書においても、分析対象をア・プリオリに男女間の関係に絞るのではなく、女性間の関係にも目を配った上で、恋愛の中に「男」と「女」という枠組みができていった過程を問う必要があることを、強く示唆するものである。

残念ながら男性同士の関係については、赤枝のように愛に着目した研究は、存在しない。しかし、明治期の学生たちの間で行われていた「男色」イメージの変容を跡付けた前川直哉は、明治後期に「男色」とは異なる「男同士の恋」なるものが登場することを論じている（前川 二〇〇七、二〇一一）。重要なのは、前川が、「男同士の恋」が男女間の恋愛の代替ともなるものだったと指摘していることである（同上）。前川の主たる関心は、男同士の性的結合に対するまなざしの変化にあり、「男同士の恋」の内実については、それ以上具体的に明らかにしているわけではない。だが、「男同士の恋」が男女間の恋愛の代替ともなるものだったとすれば、恋愛の構築過程を考察するためには、男同士の親密な関係をも分析対象とする必要がある。

このように、赤枝や前川の議論をふまえるならば、愛を基盤とした関係が、どのような広がりをもって希求されていたのかを調べ、やがて男女という枠組みをもつ恋愛が特権化されていった過程を明らかにすることが不可欠である。男女という枠組みを自明の前提とし、男女間の関係のみを注視してきた従来の恋愛史研究は、抜本的な見直しを迫られているといえるだろう。本書が、単に恋愛の中にある男女の非対称性を問うにとどまらず、恋愛が男女の対という枠組みをもつものとして生じていった過程をも問うゆえんある。そもそもの男女という枠組みを問うことなしに、男女の非対称性の形成過程の全容を明らかにしたとはいえまい。

以上をふまえ、次節では、本書の取り組む課題を具体的に述べておきたい。

4. 本書の課題と構成

冒頭で述べた通り、本書の目的は、恋愛が男性と女性にとって異なる意味をもつものとして形成されていった過程を明らかにすることである。そのため本書では、特に恋愛観念が唯一無二の「自己」の希求と結びついて形成されていったという指摘をふまえ、恋愛において希求された「自己」なるものが、近代的な性別役割分業体制が形成されていく中で、ジェンダーとどのような関係を取り結んでいったのかという点を分析する。

分析課題をいっそう明確に述べるならば、次のようになる。

本書の第一の課題は、分析対象をア・プリオリに男女に絞ることなく、多様な関係の中で、「自己」を確認したいという恋愛と通底する欲求が芽生えていった可能性を探究することである。すなわち、「男と女」のみならず、「男と男」、「女と女」の親密な関係をも「自己」の希求という視点から分析する。その上で、「自己」の希求が、男女という枠組みをもつ恋愛に囲い込まれていった過程を検証する。

第二の課題は、「自己」の希求が男女間の恋愛と結びつけられていったことが、男女それぞれに何を意味したのかを、男女の非対称性に注意して検討することである。そのため、これまで中心的に扱われてきた男性によるテクストだけでなく、恋愛をめぐる女性の言説をも積極的に取り上げ、「男にとっての恋愛」と「女にとっての恋愛」の構築過程を分けて考える。

具体的には、明治中期から昭和初期までを対象として、雑誌記事を中心に、著名な恋愛論、小説、随想などを渉猟し、時代ごとに「自己」の実現と恋愛をめぐって生じた特徴的な言説を検討していく(4)。取り上げる言説は、

第六章を除き、近代的な「自己」の観念を先駆的に内面化していった層によるものがメインとなる。すなわち、少なくとも中等教育以上の教育を受けた層の言説である。その意味で、本書が論じるのは、当時の社会全体の状況ではなく、一部の階層において、恋愛をめぐる枠組みがつくられていった様相であることに注意されたい。

以下、本書の構成を述べておく。

第一章では、明治二〇年代において、夫婦愛の理念が形成されていく上で主導的な役割を果たした『女学雑誌』に着目し、近代的な「自己」への希求が、「真友」という性別を問わない関係を経て、夫婦という「男と女」の関係に接合されていった過程を浮かび上がらせる。その上で、「自己」の実現と結婚が接合されていったことの歴史的意味が、男女にとっていかに異なっていたのかを明確にする。

続く第二章、第三章では、特に男性と恋愛の関係に着目する。

第二章では、明治二〇年代後半から四〇年代にかけて、青年たちの間で「自己」を追求する風潮が高まり、夫婦愛とは異なる、男女間の恋愛への憧れが形成されていくとともに、「男同士の恋」が実践されていった状況を考察する。そのことを通し、男性の「自己」の希求にとって、恋愛における男女という枠組みがもっていた意味を明らかにする。扱った資料は、青年たちの支持を受けた北村透谷の恋愛論をはじめ、当時の青年の意識を映す第一高等学校の校内誌や『中学世界』の投稿記事などである。

それに対して第三章では、同時代に青年たちの「自己」の追求が、性別役割からの逸脱として問題化され、恋愛が「男であること」と不可分に結びつくものとして再定義されていった過程を明らかにする。それによって、恋愛によって「自己」を実現することの意味が、男性に課された性別役割を実現することに近接されていった過程を浮かび上がらせる。主たる分析対象としたのは、男性役割から逸脱する青年を批判する雑誌記事や、「男らしくあること」を自明視する性科学・優生学の言説である。

続く第四章、第五章、第六章では、女性に焦点を当てる。

第四章では、明治三〇年代後半から四〇年代において、女性たちの間でも「自己」なるものへの希求が芽生えていった中、「自己」を実現する関係として、「女同士の恋」が実践されていったことを論じる。その上で、なぜ女性たちが「自己」の実現において、男女ではなく女性同士の関係を選んだのかを考察する。資料としたのは、女性のみに特化した投稿雑誌である『女子文壇』や女性による初の文芸誌である『青鞜』、および、女性同士の親密な関係を描いた小説作品である。

第五章では、明治末から大正期にかけての性科学言説を含め、「自己」を追求する女性たちを批判する言説や、『青鞜』における恋愛至上主義の登場を取り上げ、女性の「自己」の追求にブレーキがかけられていった様相を浮かび上がらせる。具体的には、「自己」と「女」が接合され、「女」としての「自己」を実現するものとして「男と女」の恋愛にこそ価値をおく思想が形成されていった過程を論じる。

第六章では、大正から昭和初期にかけて、大衆的な婦人雑誌の代表格であった『主婦之友』を参照し、「愛されるため」というレトリックが、新たな女性役割を形成していったことに着目する。その上で、女性たちの間に、「自己」を実現することと、女性役割を担うことをめぐっていかなる葛藤が残されたのかを論じる。

最後に終章において、全体の議論を通して明らかになったことを整理し、近代日本において恋愛という観念が、個人の固有性という近代的価値の希求と、性別という属性に基づく近代的ジェンダー秩序の形成という二つのベクトルのせめぎ合いの中で構築されていったことを論じ、そのことが男たち／女たちに何をもたらしていったのかを考察する。

註

（1）「自己」なるものが実体としてとらえられていった詳しい経緯については、「自己」の誕生を近代文学の誕生とからめて論じた柄谷行人の研究をはじめ（柄谷 一九八〇→二〇〇八）、「近代自己」の誕生と変容を思想史的に追った竹内整一の研究や（竹内 一九八八）、近代日本における「自分らしさ」の追求に着目した先崎彰容の研究（先崎 二〇一〇a）、同じく近代日本における「自己実現」思想の展開を論じた佐々木英和の研究などが存在している（佐々木 一九九九、二〇〇四、二〇〇八など）。

（2）近年の歴史社会学的な恋愛史研究においては、恋愛や恋愛結婚の成立を「性」に関する規範に着目して論じる研究が主流であった。たとえば、デビット・ノッターによる『純潔の近代』は、まさしく「純潔」という恋愛における性規範に着目するものであるし（ノッター 二〇〇七）、加藤秀一による『〈恋愛結婚〉は何をもたらしたか』や菅野聡美による『消費される恋愛論』も、タイトルに恋愛を冠するものであるが、副題はそれぞれ「性道徳と優生思想の百年間」（加藤 二〇〇四）、「大正知識人と性」（菅野 二〇〇一）となっており、性＝生殖や肉体関係に着目して恋愛の近代を把握しようとしていることが明白である。

（3）小谷野が〈男の恋〉内実の長期的な共通性について論じている箇所は、本文で引用した。それとは別に、小谷野は近世から近代への〈男の恋〉の描かれ方の変遷も指摘している。小谷野によれば、近世の文芸作品に〈男の恋〉として描かれていたのは、その実「女に惚れられる英雄」（同、二一五頁）であり、彼らには「ひとりの女を自ら選びとる主体性は必要なく、惚れてくる女を受け入れていれば」よかった（同、一五一頁）。それに対して、近代文学に描かれる〈男の恋〉は、「人がどう思おうが、世間がなんといおうが、自分はこの女性が好きだ」という男性「個人」の声（同、一三三頁）、あるいは、「男の内面」（同、一六四頁）が描かれるようになったということ。大胆に図式化すると、受動的・没個性的であった近世的〈男の恋〉に対して、主体的・個別的な〈男の恋〉が描かれるようになったのが近代の特徴であるというのである。しかし、そのような近代においていかなる男女の非対称性が構築されていったのかは十分に分析されていない。

（4）本書は、これまで文学研究や哲学研究において論じられてきたような個人の個別性に立脚した恋愛論と、主に歴史社会学的な研究が対象としてきたジェンダー規範の形成との関係を問うものである。そのため、本書が取り上げる資料は、哲学的・文学的テクストから、歴史社会学的な研究が扱ってきた雑誌記事や投稿文などの資料まで、多岐に亘ることとなった。

第一章　夫婦愛の成立——「自己」と「役割」の緊張関係

序章で述べたように、恋愛という観念が、近代的な「自己」の観念と不可分に結びついて形成されていったことは、すでに先行研究の指摘するところである（宮野　二〇一四）。しかし、恋愛という観念に先行して登場する夫婦愛という観念については、「自己」なる観念との関係が、十分に検証されてきたとはいえない。そして、まさにそのことによって、恋愛観念の成立過程を解き明かす、ひとつの重要なピースが抜け落ちてきた、と本書は考えている。すなわち、「自己」の実現と結びついた親密な関係への希求が、なぜ、いかにして男女の関係へと囲い込まれていったのか、それを明らかにするためのピースである。

近代日本において、「自己」[1]なるものを実現したいという欲求が生じはじめるのは、明治二〇年代のことである。外界から区別された、その人の真実である「自己」。そのような「自己」を体現したいという欲求は、やがて「真の自己」を理解してくれる「真友」の希求へとつなげられていった。のみならず、「真友」という関係は、夫婦間においてこそ実現すべきであるとする価値観も登場していった。とすれば、「真友」という性別を問わない関係と夫婦という性別枠組みにのっとった関係が接続されていったことは、いかなる意味をもっていたのだろうか。本章では、このような視点から、夫婦愛の成立過程に光を当てたい。

もっとも、夫婦愛という観念の成立については、すでに多くの研究が存在する。愛情で結ばれた夫婦というものが、幸せな家庭イメージとともに理想化されていくのが明治二〇年代のことであり、その中心を担ったのが明治一八（一八八五）年に創刊された『女学雑誌』であったこと等は、先行研究によって比較的よく知られるようになった事実である（柳父 一九八二、二〇〇一、小長井 一九九六、佐伯 一九九八、モートン 二〇〇一、加藤 二〇〇四、宮野 二〇一四など）。夫婦愛の成立を考察する本章においても、主たる史料として用いるのは『女学雑誌』である。[2]しかし、本章と夫婦愛をめぐる従来の研究とでは、夫婦愛の誕生という「事件」を、どのような文脈に位置づけるのかという点で、一線を画している。

これまで夫婦愛の誕生は、基本的に男女の関係性の変容を辿る歴史の中にのみ位置づけられてきた。遊廓の色から夫婦の愛へ（佐伯 一九九八）。あるいは、親の決めた結婚から愛情に基づいた結婚へ（小長井 一九九六）。これらの物語において語られるのは、男女関係の変遷である。

このとき忘却されるのは、夫婦愛という観念が、「真友」という性別を問わない観念と連続性をもっていたという歴史的事実である。「恋愛結婚」の先駆者とされる巌本善治や北村透谷は、明治二〇年代初頭に、ともに自分の愛する女性のことを、恋人ではなく「真友／親友」とよんでいる。[3]現在では同性間のものとしてイメージされる友情と異性間のものとしてイメージされる愛情は、明治二〇年代においては地続きだったのである。そして、「真友」と夫婦愛とを結ぶ鍵となる観念こそ、「自己」なる観念であった。

すなわち、本章では、従来の研究のように男女の関係性の変容を辿る歴史の中で夫婦愛の成立を論じるのではなく、「真友」への希求が生じていった歴史的文脈に、夫婦愛の成立を位置づけたいのである。そのことによって、夫婦愛の成立を「自己」という観念との関係で考察し、「自己」なる観念と結びついた親密な関係への希求が、男女の関係へと囲い込まれていった歴史的過程を浮かび上がらせる。その上で、夫婦愛という理念が、男たち／女たちにとっていかに異なる意味をもっていたのかをジェンダーの視点から考察したい。また、夫婦愛と、後の恋愛観念との差異を明確にするために、夫婦愛と肉体的な欲望が、どのような関係にあったのかも最後に確認する。

1.「自己」の誕生

1-1 「真友」の希求

近代日本における夫婦愛の形成に重要な役割を果たした巌本善治が、明治二〇年代初頭に、自分の愛する女性のことを、恋人ではなく「真友」とよんだことは前述した。では、当時の社会において「真友」とは何を意味していたのだろうか。

明治二〇年代における「青年」の誕生を論じる木村直恵は、「真友」という観念が、まさしく「青年」の誕生とともに形成されていったものであることを指摘する（木村 一九九八）。木村のいう「青年」とは、徐々に教育制度が整えられていく中、自由民権運動に邁進する「壮士」のように直接的な政治行動に携わることなく、「現在」を将来の政治的活躍に向けての準備期間として認識しはじめた若い人たち（男性）のことである（同上）。すなわち、「真友」とは、新たな心性をもった「青年」という層の形成とともに登場した、新しい観念だったというのである。

ここでは、木村の研究に学びつつ、「真友」という観念の内実が、いかに近代的な「自己」の観念と不可分のものであったのかを確認していきたい。主に取り上げるのは、「真友」を論じる典型的な記事として木村も言及する、明治二二（一八八九）年の『国民之友』に掲載された「朋友」と題する記事である。

『国民之友』とは、明治二〇（一八八七）年に徳富蘇峰によって創刊され、青年たちの絶大な支持を得ていった雑誌である。明治三九（一九〇六）年の山路愛山の回想によれば、当時、『国民之友』を創刊した徳富蘇峰と『女学雑誌』を率いる巌本善治は、「文壇の双璧」として尊敬されており、両誌は「時代の要求に応じた」雑誌として、ともに注目されていたという(4)。その『国民之友』に、「朋友」とは何か、と読者に問いかける記事が掲載されたのである。記事は次のようにいう。

人は仮面を蒙る者なり、何人も或る意味に於ては俳優ならざるは莫し、彼等は人の前に立てば仮面を蒙りて躍り居るなり、礼儀と云ふ立派なる名の下に於て種々なる矯偽を為し居るなり、而して知己の目は此仮面を射りて其真相に透徹す、既に透徹すれば仮面を蒙るの必要なし、故に知己に対しては殆ど己自ら己に対するが如きのみ、天真茲に於てか始めて爛漫たり、自他の真価茲に於てか始めて発揮するを得るなり(5)。

引用文は、人は仮面をかぶるものであるという前提から出発する。誰しもがある意味、俳優であり、礼儀という名の下に偽りの自分を演じている。そのような中にあって、知己とは、仮面の下の真相に透徹する存在だという。言いかえるなら、仮面の下に隠された「真実の己」を理解してくれる存在。それこそが知己と呼ぶにふさわしい存在であるとされるのである。だからこそ、知己の前では、己を偽ることなく天真爛漫にふるまうことができ、自分と相手の真価を発揮することができるとされるのである。

このような「知己」（=「真友」）に対置され、否定的に言及されるのが、単に職業や趣味などの共通点によってつながる人間関係である。

人は幾多の生涯あり、職業の生涯あり、嗜好の生涯あり、学問の生涯あり、遊楽の生涯あり、其生涯に於て皆な朋友を伴はざるなし……然れども其朋友たるは主として其同しき所に在て、延ひて他に及ぼす者なれば、其同しき所を除くの外は、勢ひ其情趣薄からざるを得ず。(6)

「人は幾多の生涯あり」というのは、一人の人間が社会生活を送る上で、いくつもの顔をもつことを指す。職業、嗜好、学問、遊楽など、目的ごとに異なるコミュニティーに出入りし、それぞれに見せる顔の異なる友人ができる。しかし、こうした表面的な共通点によってつながる友人は、共通の関心事を離れると、どうしても情が薄くなってしまうという。(7) 引用に続く箇所では、だからこそ「千人の知面の士」を得ることよりも、ただ「一人の知己」をもつことの方に、はるかに高い価値があるという主張が展開された。

すなわち、記事では、部分的・表面的な共通性によってつながる関係が否定され、表面的な属性に還元されない自らの「真相」を理解してくれる存在こそが、「真友」として希求されているのである。ここから浮かび上がるのは、「人は皆、他者から理解されるべきなにものか」を持っているという確信である（木村 一九九八、二二九頁）。そのような確信は、言いかえるならば、行為や表現以前に「自己」なる本質を措定する心性であるといえよう。

このとき忘れてはならないのが、「自己」なる本質を措定し、「真友」を求めようとする心性が、決して普遍的なものではないということである。そのことは、たとえば、明治初期の福澤諭吉の論じた人間交際論と比較したときに、クリアに浮かび上がってくる。明治九（一八七六）年に発行された『学問のすゝめ』第一七編において、福澤は「人間交際の要」は「真率」さにあり、「虚飾に流るゝものは決して交際の本色」ではないとする交際論を展開した[(8)]。「表面の虚飾」をしりぞけ、「恐れ憚る所なく、心事を丸出にして」、はじめて「至親」に到達することができるという福澤の論理は、一見すると明治二〇年代の「真友」の希求につながるものがある[(9)]。しかし、以下の引用文から明らかなように、「丸出」しにした心が、唯一の実体的な「自己」を示すはずであるという幻想と、福澤は無縁である。

> 故に交を広くするの要は此心事を成る丈け沢山にして、多芸多能一色に偏せず、様々の方向に由て人に接するに在り。或は学問を以て接し、或いは商売に由て交り、或は書画の友あり、或は碁将棋の相手あり、凡そ遊冶放蕩の悪事に非ざるより以上の事なれば、友を会するの方便たらざるものなし[(10)]。

福澤の交際論の要は、交際を広くすることにあり、多様な人脈が人生を豊かにし、また実用的な観点からも利点があることに疑いが入れられない。したがって、広くかつ真率な交際をもつために、一色に染まることなく、「心事」を「沢山」にすることが求められた。そして、学問、商売、書画、将棋などの共通点によって友人を増やすことが、積極的にすすめられている。福澤の交際論は、「心事」をさまざまな関係を可能にする元来多面的なものであると理解する点で、唯一の「自己」を前提とする「真友」論とは対極にあるのである。

哲学者である宮野真生子が指摘するように、私たちは、たとえば「妻」や「教師」、あるいは「後輩」といった与えられた役割の中で、互いにふさわしいふるまいをすることを通して、自らの存在を形作っている（宮野二〇一四、一九一頁）。そのような現実の中、いたずらに「真の自己」なるものを追い求めることは、息苦しさを生み出す。そのような息苦しさに対して、宮野は「自己は、つねに演技し、虚構を孕むことで存在している」という事実を認識することの重要性を訴えている（同上）。すなわち、福澤的な交際論の重要性が、現在改めて主張されているのである。

だが、当然ながら「妻」や「教師」、「後輩」といった役割に、押し込められることもまた、ときに息苦しさを伴う。明治二〇年代における「自己」なる観念の登場は、個々人が「外面的」に与えられた役割に囚われることなく、自らの固有性を探求する可能性を拓くものであったという点では、画期的な側面をもっていた。特筆すべきは、年齢や性別さえも「自己」の本質とは関係ない、「外面的」な属性としてとらえられていたことである。「朋友論」には、「老人と少年との如き、若しくは男子と女子との如き」、「往々其異なる所ありて而も真友と為る者ある」と述べられている[11]。長幼や男女の間に上下関係があることが自明視された当時の社会にあって、年齢や性別をも超えて個と個が対面する「真友」観念の新しさは、際立っていたにちがいない。そして、そのような新しさにこそ、青年たちは魅了されたのではないかと思われるのである。

実際、明治二〇年代に青年の一人であった堺利彦は、「教会に行く人たちは、地位とか年齢とか性とかを論ぜず、皆親しい友達になる」と伝え聞き、強いあこがれを抱いたと後に記している[12]。

このように年齢や性別をも超越する可能性をもった「真友」観念はまた、ロマンティックなものであった。「朋友論」では、会うべき「真友」と出会った時には、「恰も電気の鉄線を走るが如き」「感応」が生じるはずだとされている。[13]「自己」の「真相」を理解してくれる「たったひとりのあなた」との結びつきは、その関係性が男女に限定される以前から、すでにロマンティシズムに彩られたものだったのである。

では、なぜ明治二〇年代に至り、「自己」なるものを希求する風潮が強まり、「真友」という関係性が求められていったのだろうか。次項では、これらの観念が他でもなく明治二〇年代に生じていった歴史的背景を考察する。

1-2 明治二〇年代という時代

宮野真生子は、「真の自己」なるものを想定し、それを実現しようとする心性が、四民平等が実現した明治以降の現象であることを指摘する(宮野 二〇一四、一四一頁)。なぜなら、それ以前の時代においては身分制度が存在し、人々の生き方は士農工商に従って決定されていたからである。「たとえば、紀州藩の御典医の息子に生まれれば、その子は紀州で暮らし、医者になる。あるいは大和の百姓の娘として生まれれば、百姓の子として、せいぜい近辺の村に嫁ぐくらいの自由しかない」(同上)。それに対して、明治新政府は人々に職業選択の自由と移動の自由を与えた。言い換えると、人々は自らの人生を自由に形づくることが求められていったのである。とりわけ士族になった者は、「武士以外の「何か」にならねばならなかった」(同、一四二頁)。こうして生じた「自分は何者なのか」という問いこそが、「真の自己」なるものの希求へと向かっていく。大まかに図式化するならば、宮野は、このようなストーリーを描く。

本書は宮野の組み立てたストーリーに、大枠において異論を唱えるものではない。しかし、宮野の説明だけではわからないことがある。たとえば、なぜ「自己」の希求は、明治二〇年代という、維新後二〇年を経た時期に生じたのだろうか。また、宮野によれば「自己」の探求は、職業的な地位の探求と密接に結びついたもののはずである。しかし、前節で見たように「自己」の希求は、「真友」という私的な関係への希求と結びつけられていた。とすれば、「自己」を実現したいという欲求は、どのようにして私的な関係への希求と結びつけられていったのだろうか。

こうした問いを考える上で興味深いのが、身分制度に基づいた世界観から切り離された「個」がきわめて不安定なものであることを懸念する声が、明治初期から存在したという思想史家の先崎彰容の指摘である（先崎 二〇一〇a）。先崎によれば、一方で旧来の身分制度を批判し、自らの社会的位置を自由に決定する「自主独立」の精神を養うことの重要性を先駆的に唱えた福澤諭吉にしても、他方では世界観の急激な変化についていけない人々の苦悩をも敏感に感じ取っていたという（同上）。たとえば、『学問のすゝめ』には、旧来の価値観をすでに放擲し、にもかかわらず未だ新たな価値体系を体得することができないために、「安心立命」を失い「遂には発狂する者」があると記されている[14]。では、そのような状況に対して、どのような処方箋が下されたのだろうか。

福澤は、明治八（一八七五）年に刊行された『文明論之概略』において、「人心を維持する」ためにこそ、人々に「わが本国の独立を保つ」という目的を与える必要を説いている。すなわち、「国家の独立」という「大きな物語」を形成することによって、「自主独立」した個々人に、人生の意味を与えることを福澤は唱えたのである[15]。実際、政治学者の松本三之介よれば、維新後最初の二〇年は、「国家的ニーズに応ずることが個人の行動目標であり、また政治社会の価値序列がとりもなおさず個人の行為価値（「立身出世」）を意味した」という（松本 一九九六、一九一頁）。すなわち、生の方向性を見失った人々は、「国家的ニーズ」に応えるという新たな指針の下に統御されていったというのである。それはまた、「ほかの社会的価値や機能」に対して「政治的価値や機能」が特権的な力をもったということでもある（松本 一九九六、一四〇―一四一頁）。

このような状況に変化の兆しが訪れるのが、明治二〇（一八八七）年前後のことである。背景には、維新の気風を受け継いだ「青年たちが生命をかけるに足ると信じた最後の理想」（中村 一九六三、七三頁）と言われた自由民権運動が退潮し、政治熱に陰りが生じていったことがある。そのことによって、まさしく木村直恵のいう、直接的に政治運動に携わらない「青年」が登場してくるのである（木村 一九九八）。この間の象徴的な出来事として、文学者の前田愛は、政治の世界における「立身出世」を描く小説にかわって、この時期に「立身出世」に疑念を差し挟む小説が登場してくることを指摘する（前田 一九七三→二〇〇一、一四二―一四三頁）。「文学の政治からの自立」を意味するこの出来事について、松本三之介は次のように述べる。

文学の政治からの自立化は、これまで国民生活の全般にわたって一元的に支配していた政治的価値の優位がようやく揺らぎはじめ、経済や文化の面などにおける人間の非政治的な営為が、それぞれ固有の存在理由を主張しはじめる時期に立ち至ったことを暗示するものであった（松本 一九九六、一四九頁）。

すなわち、明治二〇年前後という時代において、政治という一元的な生の目的に揺らぎが生じ、政治にかわる別の価値が求められていったというのである。

このとき、柄谷行人によれば、文学は単に扱うテーマを政治から乗り換えたという以上の、根本的なパラダイム転換を果たしていた（柄谷 一九八〇―二〇〇八）。すなわち、物語の表現形式が不可視化され、文学とは何よりも「自己表現」であるとみなされるようになっていったのである。柄谷によれば、文学を「自己表現」とみなすパラダイムは普遍的なものではなく、まさしく明治二〇年代につくられていったものである。たとえば、明治以後のロマン派は、万葉集の歌に古代人の率直な「自己表現」を見るようになるが、「古代人が自己を表現した」というのは近代から見た想像にすぎない（同、一二三頁）。というのも当時は、人に代わって歌う「代詠」や、適当な所与の題に基づいて作る「題詠」が普通だったからである（同上）。

では、何が「自己表現」としての文学を可能にしたのか。柄谷は、その答えを「言文一致」という制度に見出す。柄谷によれば、文語体ではなく口語体で文章を書く「言文一致」とは、「自己意識」である「内的な音声」をそのまま写すものとしてつくられたスタイルである（同、七五―七六頁）。したがって、「言文一致」のスタイルとは、まさしく内的な「自己」なるものの現前性を確立するものであったといえる（同上）。すなわち、「言文一致」の登場とともに近代文学が整備されていくことにより、政治や政界での「立身出世」に収斂されない「自己」なるものの存在を保証する領域が立ち上がっていったのである。

ここで、いったん議論をまとめておこう。「青年」たちが明治二〇年代という時代において「自己」を希求しはじめた背景には、同時期に政治の世界における地位達成という一元的な目標が失われたことがあった。「立身出世」に収斂されることのない自分を発見することからはじまった「自己」の探求は、職業的地位の探求に向かう以前に、「真友」を夢想することへとつながっていったのだといえよう。

このとき本章にとって興味深いのは、次にみるように、同時代に「真友」と夫婦を接続させる言説が生じはじめていたことである。では、「真友」という性別を問わない関係は、どのような論理によって夫婦という性別枠組にのっとった関係へと接続され、そのことは、男たち／女たちに何をもたらしていったのだろうか。ここにこそ、本章の中心的な関心が存在する。

2. 夫婦愛の成立

2-1 「真友」と夫婦の接続

「真友」が希求されていた明治二〇年代はまた、従来の家族のあり方とは異なる新しい家族を示すものとして、「家庭（ホーム）」という概念が構築されていった時代でもあった。その先鞭をつけたのが、明治一八（一八八五）年に近藤賢三と巌本善治によって創刊された『女学雑誌』（図1-1）であることは、よく知られている。したがって、『女学雑誌』に描かれた家庭の姿は、すでに多くの研究によって論じられてきた。その中で、本書が着目したいのは、『女学雑誌』に描かれた家庭が、家族成員間に特別な関係性、愛情や親密さといった情緒的結合を求めるものであったという指摘である（犬塚 一九八九、山本 一九九一など）。いったいなぜ、『女学雑誌』では情緒的結合を強調した家庭像が、しかも明治二〇年代という時代に、語られていくこととなったのだろうか。夫婦と「真友」の接続を論じるために、まずはこの問題から考えはじめたい。

従来の研究において、家族の情緒化は、「家内領域と公共領域の分離が明確に意識され、家庭が社会と一線を画する私的存在である」（小山 一九九九、三四頁）ととらえられるようになったことと結びつけて論じられてきた。私的存在としての家庭がいかに新しいものだったのかということは、前近代社会における農民や町人、武家の家族を想像するとわかりやすい。それらの家族は、それぞれ「家業」と「家産」あるいは「家禄」をもつ、ひとつの経営体の担い手であった（小山 一九九九、一二頁）。しかし、俸給によって雇用される近代的職業の登場とともに、家族は「家業」を失い、生産共同体としての機能を失っていった。その結果、家族を結びつけるものは、もはや情緒的な結合しかなったというのである（上野 一九九〇）。
労働形態の変容が、家族形態の変容を引き起こし、家族は生産共同体から情緒的な共同体に変貌したという説明は、理論としてはわかりやすい。大枠としては、まちがっていないだろう。だが、なぜ未だ近代的職業に就く人がごくわずかであり、家庭という観念も未だ理念的にしか存在しなかった明治二〇年代という時代に、敢えて家庭の情緒化が求められたのだろうか。しかも、漠然と表現される「家族間の情緒的結合」とは、具体的にいかなるものだったのだろうか。

従来の研究が明らかにしてきたとは言い難いこれらの問いに答えるためには、本章がこれまで見てきた同時代における「自己」の希求、そして「真友」の希求という文脈を考慮することが有効である。

『女学雑誌』の編集人であり、後に明治女学校校長となる巌本善治（図1‐2）は、明治二四（一八九一）年に、夫婦は「真の友なり」と宣言している(16)。この宣言に象徴されるように、『女学雑誌』においてもっとも重視された「家族間の情緒的絆」とは、親子間ではなく夫婦間の絆であり、その内実は、「真友」という言葉で表現されるべきものだった。夫婦を「真友」、すなわち、互いの「真実」によって結びつく関係とする志向性は、巌本のみならず、『女学雑誌』に掲載された多くの記事に見る

図 1–1　『女学雑誌』創刊号（明治 18 年 7 月）

出典）日本近代文学館所蔵

図 1–2　巌本善治

出典）笹淵編，1973，筑摩書房，口絵

ことができる。

たとえば、適切な配偶者を選ぶためには、本当の自分を「メッキ」で覆い隠すことなく、「有りの儘」の自分を見せ、また「有りの儘」の相手を見極めることが必要であると説く投書がある[17]。そこでは、容姿を飾り、体裁を繕うことは、虚飾であり、詐欺であるとまで非難されている。他にも「門地、名誉、財宝、壮健、資性、才学、容色」といった「付属物」をすべて取り払った後の「かれ自ら」を愛することこそが、正しい婚姻であると述べる寄稿などが掲載されている[18]。

すなわち、「自己」を体現する「真友」という関係性が希求される時代にあって、『女学雑誌』ではそれを夫婦関係において見出そうとしたのである。したがって、同誌における「家庭」という観念の成立は、「自己」の領域としての「家庭」の登場であったとみなすことができる。前節で指摘したように、「真友」という観念は、年齢や性別をも超越する「自己」と「自己」の結びつきであるとされており、決して男同士の関係のみを指していたわけではなかった。したがって、巌本が男女の関係を「真友」と呼ぶことは、決して突飛なことではなかったのである。

以上からいえるのは、明治二〇年代における家族の情緒化は、従来想定されていたような労働形態の変化の直接的な結果というよりも、「自己」なるものを理解してくれる関係性への希求という文脈にこそ位置づけられるということである。

このとき注目すべきは、夫婦を「真友」として理想化する見方とともに、愛という観念が刷新されていったことである。「愛す」という言葉の使われ方の変遷を、平安時代からの長いスパンで調べた国文学者の宮地敦子によれば、「愛す」を人間に対して使うとき、近世までは「専ら上から下への行為をあらわし、しかも多くは主我的なものであって、相手に対する執着乃至もてあそびの場面にいったらしいとみられるものが多い」（宮地 一九六六、四四五頁）と結論づけている。すなわち、「愛す」という行為は、上位者から下位者、たとえば、親から子、男から女、主人から家来に向けられるものであり、しかもどちらかといえば否定的な意味をもつものだったというのである。

それに対し、『女学雑誌』において使われた愛の観念は、こうした用法とは大きく異なっていた。たとえば、明治二〇（一八八七）年に掲載された木村秀「愛心の交際に必要なるを論ず」では、仁義礼智といった儒教の徳目が規範的な「型」であるのに対し、愛とは「真実」の感情であるということが説かれている。

> 仁義礼智亦《み》な皆な愛に由て活き愛を受けて働くものなり、見よ愛なきの智は猾に陥いり易く、愛なきの礼は稍々もすれば虚飾の儀式に流れ易きことを、仮へ口に仁義を唱ふるも、心に友愛なければ又奚《なん》ぞ偽善の仮面を免れんや、是故に一言一行真正の愛心より発するにあらざれば何程交際に巧みなるも観るにたらざるべく、交友多きも頼み甲斐なしと謂ふべきなり、凡そ愛心なきの交際は之を譬《たと》ふるに軍隊に将校なしと均し[19]……。

ここからは、愛が仁義礼智といった儒教的徳目とは、次元の異なる観念としてとらえられていることがわかる。愛は仁義礼智に息吹を吹き込むものであり、仁義礼智は愛が根底にあってはじめて働くものであるとされている。愛という「真正の心」から発したものでなければ、仁義礼智はすべて形だけのものとなり、それは「狡猾」、「虚飾の儀式」、あるいは、「偽善の仮面」でしかなくなるというのである。仁義礼智は心とは無関係な、外面的な「型」であるのに対し、愛とは心そのものであり、その人の真実を表す本質的・内面的なものであると理解されたのである。

引用文に続く箇所においても、仁義礼智という「法則」は「外形上」のものであり、「器械的」であるという論が展開される。だからこそ、仁義礼智といった型は、愛によってはじめて嘘偽りのない真実となることができるとされたのである。仁義礼智は「口に唱える」ことや「一言一行」を制御する。しかし、重要なのはその背後に潜む真実であり、仮面の下の素顔こそが、探られねばならないのである。素顔の自分から発する感情こそが愛であるとすれば、愛とは、「真の自己」を体現する感情の名前だったということができる。

明治二三年に「我彼を愛す、何となれば我彼を愛すればなり[20]」と記したのは山路愛山であったが、他のどのような論理によっても説明し得ない愛によってこそ、他のどのような論理にも回収され得ない「自己」そのものを体現できるとされたのである。

愛がこのようなものとされたのであれば、愛とはまさしく「真友」との間に交わされる感情としてふさわしいものであったといえよう。したがって、「真友」としての夫婦を実現するに当たって重視されたのは、「真の愛」と「偽の愛」の弁別であった。この感情は、相手の「人格」と自分の「人格」が共鳴しあっての愛なのか、それとも単なる気の迷いなのか。「一時の欲情の為めにアワツル勿れ[21]」と警鐘が鳴らされ、「只真にパーソンを愛するに至れるや否やを思へ、至らずとせば空愛に狂ふ勿れ、理性をして煩悩に勝たしめよ[22]」と「真の愛」に到達できるのかを見極める必要が説かれた。このように自らの感情が「真の愛」なのかどうかを点検することによって、「自己」を見誤らないことが求められたのである。

では、なぜ「真友」や愛は、とりわけ夫婦という枠組みにおいて希求されていったのだろうか。すなわち、「自己」に基づいた個と個の関係は、なぜ夫婦という制度化された関係へと、いともたやすく接続されていったのだろうか。

2‐2　夫婦愛の特権化

夫婦は単に「真友」であると述べられたのではなかった。巌本善治は、夫婦を「唯一《たゞひと》つの真の友なり」と述べている。つまり、夫婦は何人かいる「真友」の一人ではなく、この世でただ一人の「真友」であるとされたのである。逆にいうと、「真友」という関係は、唯一夫婦関係にのみ限定されたことになる。妻は「朋友中の朋友」や「終身の友」(23)と呼ばれ、他の「朋友」からは区別される特別な存在に仕立てられた。その根拠はこうである。世の中において真に同等な地位にあるのは、夫婦をおいてなく、その他の関係にはいずれも上下関係が含まれる。社会における身分、学校における級席、官海における爵位など、世の中の人間関係には、常に貧富長幼貴賤の別がついてまわる。家族内においても親子、兄弟、姉妹、主僕の間に上下がある(24)。人間として同等であるという建前が存在したところで、社会的に上下間の礼儀作法が存在している以上、「自己」をさらけ出した交流をもつことは現実的には難しい。それに対して、配偶者は世の中でただ一人、同等な地位にある相手である。だからこそ、妻のみが唯一の「真友」となることができる、というのである。

しかし、社会の中で唯一同等な関係であるという夫婦の理想は、当時の夫婦の実態からはほど遠いものであった。そのことは当時の論者にも認識されていた。たとえば、巌本は、現実の夫婦関係においては、妻が「下婢」の扱いしか受けていないことをたびたび批判している(25)。だとすれば、なぜ現状に逆らって敢えて夫婦こそ、世の中で唯一同等な「朋友中の朋友」であるべきとする主張がなされたのだろうか。なぜ彼らは夫婦という枠組みにこだわったのだろうか。

それを理解するためには、ひとまず巖本善治をはじめ『女学雑誌』の寄稿者の多くがキリスト者であったということを押さえておく必要がある。すなわち、「真友」としての夫婦の理想化には、キリスト教の世界観が反映されているのである。その意味するところは、カロライン・カークスの翻訳記事に詳らかである。[26]

神はじめよろづのかしらに男をつくり給ひしが、男のみにてはよろしからずとて、さらにその血をわけて女をつくり給ひしよし。されば、男は女のとも、女は男のともにして、まことに天のおん配偶とぞんじ候。神は人情のはじめにまづ妹背のみちをたて、あはせて一体となし給ひたれば……夫婦ほどの友達は、凡そこの世にあるまじく候。[27]

最上の「友」は夫婦であるという枠組みの自明性は、神によって根拠が与えられることによって成立したのである。

しかし、このようなキリスト教的価値観が、近代国家の建設という文脈と結びついていたことも忘れてはならない。文明開化の一環として、男と女の関係を改良する必要があるという認識は、明治の早い段階からもたれていた。そして、『女学雑誌』が創刊された明治二〇年前後には、近代国家にふさわしい男女同等な夫婦を形成していくために、女性の地位を向上させる必要や、男性に性の放縦を許す性道徳を改良する必要が、開明派知識人に課題として共有されはじめていた。『女学雑誌』は、まさにそのような文脈において登場し、何よりも文明国(＝近代国家)の夫婦をつくるという使命を帯びた雑誌であった。すなわち、『女学雑誌』における夫婦愛は、「自己」の希求という心性の登場と、文明国にふさわしい夫婦関係を形成するという二つの関心から形成されていったのだと考えられるのである。

このような『女学雑誌』において、近代国家の基礎として理想とされた夫婦とは、「男は仕事、女は家庭」という近代的な性別役割を体現する単位であった。すなわち、生産労働と再生産労働が分離され、男性は生産労働に従事することによって直接的に社会に貢献し、女性は労働の再生産を担うことによって間接的に社会に貢献するという性別役割分業にのっとった夫婦が想定されたのである。

このこともまた、妻が「自己」を理解してくれる特別な存在に仕立てられたことに大きく関わっていたと考えられる。というのも、近代的性別役割分業に基づく家庭とは、男性が労働に就く公的領域から切り離された領域であった。社会における身分や上下関係から切り離された私的な領域。そのような領域に存在する妻以上に、仮面を脱ぎ捨てた「自己」を理解し、受容してくれる存在としてふさわしい相手はいないということである。

恋愛が「自己」という観念を基盤に形成されていったことを論じる宮野真生子は、その基点を北村透谷においた（宮野 二〇一四）。北村以前に、巌本善治を中心に論じられていた夫婦愛については、「友愛結婚」をベースにした穏やかな「ラブ」であり、「愛ある家庭を築くためのもの」（宮野 二〇一四、一二七頁）であったため、「自己」なる観念との関係は希薄であったと位置づけられたのである。たしかに、巌本は結婚生活の安定を前提に愛を論じており、その意味で彼の論じた夫婦愛が穏当なものであったことは、その通りである。しかし、本章がこれまで見てきた通り、巌本を中心に論じられていた夫婦愛も、「自己」という観念と無縁ではなかった。個々人をばらばらの方向に導きかねない「自己」の探求は、夫婦という共通の枠組みを与えられることで、社会に組み込まれていったのである。

しかも、夫婦関係において「自己」の実現が求められた背景には、近代的性別役割分業体制において、家庭が男性にとって私的な領域として観念されたことと密接に結びついていた。

このような見方に立った時、はじめて次のような問いが生まれてくる。夫婦愛を通して「自己」を実現することは、異なる性別役割を担うことが期待された男性と女性にとって、いかに異なる意味をもっていたのか、という問いである。

3．夫婦愛のジェンダー構造

3-1　男の「自己」と「役割」

夫婦愛という観念が成立した明治二〇年代は、同時に「男は仕事、女は家庭」という近代的なジェンダー秩序が成立した時代であった。『女学雑誌』に描かれる夫婦は、愛で結ばれた夫婦であると同時に、性別役割を担う夫婦であった。だが、そのことが何を意味するのかという点については、これまでほとんど考察されてこなかった。夫婦愛の成立と、近代的ジェンダー秩序の成立は、それぞれ別個に論じられてきたというのが実情なのである。前述したように、家族から「家業」や「家産」といった公的な側面が取り除かれ、公私の領域が分割されていったことが、家族の情緒化と関連していたとする考察はこれまでもなされてきた。しかし、公私の領域の分割とともに、男女に異なる役割がわりふられたことと、夫婦愛の成立との相互関連については、そもそも考察の対象とされてこなかった。

これまで述べてきた通り、本書では夫婦愛という観念の成立は、同時代に存在した「自己」を希求する風潮と深く結びついていたと考えている。以下では、「自己」というキーワードを投入することによって、同時期に成立した夫婦愛という観念と近代的性別役割をつなぐ回路が、はじめて浮かび上がってくることを示したい。

さしあたって確認しておきたいのが、「男は仕事、女は家庭」という性別役割によって、家庭というものが、必然的に男性と女性にとって大きく異なる意味をもつものとしてつくられていったことである。外で働く男性にとっては、家庭とは休息の場である。それに対して、家庭における責任者とされた女性にとっては、家庭こそが労働の場であった。「家庭は、一般婦人が業を遂げ功を立つ可きの戦場[28]」であったのである。したがって、次のような家庭の描写は、そのような男女の立場のちがいを考慮して読み解かれる必要がある。

其内（家庭——引用者）には利害の勘定あることなし、富貴名誉のけじめあることなし、冷評罵詈《ばり》の恐れあることなし、之を愛するの愛に偽はる所ろなく、之を怒るの怒りに毒気あるなし、若し幸あるときは共に笑ふ、若し不幸あるときは共に悲しむ、其涙に塵を混ぜず、笑ひに飾ることなし、総《すべ》て是れ真情真実より発す[29]。

ここでは、家庭が利害の対立や富貴名誉の序列のない真情真実の場、言いかえるならば、「自己」の「真相」が解放される場として美化されている。注目すべきは、そのような場としての家庭が、言外に利害関係に満ち溢れ、富貴名誉の序列が存在する家庭の外の世界との対比においてとらえられていることである。だが、家庭と家庭外の領域を行き来することが期待されたのは、当然ながら、女性ではなく、男性である。このことを考慮するならば、公的領域との対比において家庭をとらえるのは、男性の視点である。すなわち、「自己」の解放を許される場としての家庭は、公的領域において仮面をかぶる男性が、仮面を脱ぎ捨てることのできるユートピアとして構築されていったのである。

このようなユートピアとしての家庭の構築は、そこに住む女性を天使のような存在とする幻想の構築と一体のものであった。

嗚呼女子よ汝ぢの涙は天国の露なり、優たる汝ぢの情は愛花の馥郁《ふくいく》すべき温室なり、世は汝あるによつて濕《う》るほい、汝あるによつて楽し、若し汝なかりせば、虎狼人界に充満して世は茫々《ひろく》たる大砂漠とならん。(30)

家庭とは、温室のように、あるいは、オアシスのように、自分を包み込んでくれる女性のいる場として、男性の視点から構築されていったのである。

しかし、男性にはオアシスにばかり入り浸ることは許されない。くりかえすが、家庭という幻想は、家庭の外の公的領域との対比において、はじめて生まれてくれるものである。そもそも家庭とは物質的な生活基盤でもあり、公的領域における男性の働きなしには成立し得ないものである。したがって、家庭という私的領域における「自己」の解放は、常に公的領域における活動とセットで存在するものだったのである。そして、私的領域こそが「自己」の領域とされたということは、公的領域においては「自己」云々ではなく、社会的な「役割」を担うことが求められていったということを意味する。

以上から言えるのは、男性にとって、私的領域と公的領域の分離は、「自己」の領域と「役割」の領域の理念的な分離を意味したということである。男性にとって公私の領域の区分は、固有な「自己」をもつ個人であるとともに、固有性が求められない生産労働者であることを両立させる制度だったのである。

したがって、男性には私的領域における「自己」と公的領域における「役割」の間でバランスを保つことが求められた。すなわち、私的領域に没頭することによって、公的な「役割」を忘却することが諫められたのである。たとえば、公的任務に支障をきたすため、いくら妻と愛し合っていても、愛に「溺れ」ることは、あらかじめ禁じられている(31)。すなわち、愛で結ばれた夫婦の形成という近代のプロジェクトは、男性に対して、一方では男女間の愛の素晴らしさを訴えながら、他方では仕事以上に愛を重視しすぎてはいけないという戒めを伴っていたのである。

そのような戒めの最たるものが、同時代の『国民之友』に掲載された、徳富蘇峰による「非恋愛」と題する論考である。徳富は、「人は二人の主に事る(32)」ことはできないため、青年は「恋愛の情」と「功名の志」のどちらか一つを選ばねばならないという前提から出発する。そして、男子たるもの「恋愛」ではなく「功名」を取るべきだと主張した(33)。ここに提示されているのが、私的領域を公的領域の下位に位置づける価値観であることは、徳富の論考を分析した社会学者の澁谷知美によって、すでに指摘している（澁谷 二〇一三）。本書の文脈に即していいかえるならば、それは「自己」よりも男としての「役割」が強調されたということになる。男性にとって「家庭」という私的領域における「自己」の解放と、公的領域における「役割」の間には常に緊張関係が孕まれたのである。

では、公的領域と私的領域という二つの領域を行き来することが求められた男性に対して、家庭という私的領域のみを唯一正統な居場所とされた女性たちに対しては、夫婦愛とはどのようなものとして形成されていったのだろうか。

3-2　女の「自己」と「役割」

明治二〇年代に生じた「自己」なるものの希求は、そもそも男性たちの間で生まれたものであった。『女学雑誌』において、「自己」と密接にかかわる観念である愛を論じていたのも、ほぼ男性たちであった。彼らが求めていたのは、自らの「自己」を実現することである。しかし、彼らは同時に、妻を「真友」とみなし、夫婦を愛で結ばれた関係とみなすことは、女性にとっても大変名誉なことにちがいないと考えていた。というのも、妻を「真友」とみなすことは、妻を男性と同様に固有な「自己」をもつ存在として尊重することと、同義であると考えられたからである。

実際、女性が精神的な愛の対象とみなされるようになることは、女性が単に肉体的な情欲の対象であった時代を想定することにより、明確に女性の地位向上を示すこととして論じられていた。たとえば、『女学雑誌』第二号の社説において、巌本善治は「肉体上の情欲」である「色」の時代は、女性が「力の弱きが故に非常に男子の圧制をうけた時代」であったと述べている[34]。それに対して、「霊魂より発する」「愛」の時代は、「婦人初て男子の軽蔑を免れ亦た男子の圧制を脱し一個の人類たる権力を享け」る時代であると規定された[35]。

また、愛で結ばれた「真友」としての夫婦という理想は、夫婦をめぐるさまざまな実践的な局面においても、女性の尊重につながると考えられていた。たとえば、当時の中等以上の階層においては、親が財産・家格に基づいて決定する結婚が主流であったのに対し[36]、「真友」としての夫婦を形成するという文脈においては、配偶者選択において相互の「合性」が重視された[37]。「合性」を考慮するということは、妻にも固有な「人格」が存在することを認めることである。そのことは、妻というものは夫に和し、婚家に同化すべき存在であるとされ、何よりも「温柔」さが求められた当時の一般的な考え方からすれば[38]、画期的な発想であった。夫婦愛の理想は、女性にも固有な「自己」があるという認識に基づくものであり、男女同等の理念の登場と不可分のものであったことは、今一度強調しておく必要がある。

しかし、妻の愛の語られ方は、ときに夫のそれと全く色彩を異にしていた。たとえば、巌本善治は、いくら夫が「己を愛し己を同体の妻として遇する」としても、妻が自ら夫を愛さなければ、その身は「婢」と変わらないと述べ(39)、妻が自ら夫を愛することの重要性を女性に説いた。その内容は、以下のようなものであった。

> 夫を能く知ることを勉め、夫の志を助け、夫の憂苦をなぐさめ、夫をして事業を為すに勇進せしむるやう之を励まし、夫の一敗して落胆したるときは心を尽して之を慰め、夫の運あしくして貧苦に陥るときは自ら安んじ甘んじて夫に苦労せしむるなく、夫をして如何に外には心を苦しむ所あらず《ママ》とも内に帰りては心気を快活にして楽しみ安んぜしむるやうにもてなすべし(40)。

ここで語られている妻の愛の内実は、端的にいうと、家庭という領域が夫にとっての「自己解放」の場となるように、ひたすら奉仕することに他ならない。注目すべきは、妻の「自己解放」が、ほとんど問題にされていないことである。妻の愛は、妻自身の「自己」の実現のためというよりも、まさしく夫のためのものとして語られたのであった。すなわち、妻の愛とは、女性が「家庭」において課される「役割」の別名でもあったのである。

そのことは、「若しも真正の愛が心に満ちて居ましたらば如何なる御婦人方でも必ず其夫を幸いにし其家に福を来たし尚其夫を立派高尚なる人物とならすることが出来ませう(41)」というような文面に明白に示されている。

このように男性にとっての愛が常に「自己」の問題として語られたのに対し、女性の場合はそうではなかった。

男性を中心にして構築された構造の中で、女性たちは「役割」を担う公的領域と「自己」が存在する私的領域という区分をもたなかったため、「自己」と「役割」の境界は曖昧なままにおかれたのである。したがって、女性にとって、夫婦愛を通して「役割」と区別される「自己」を具現化することは理念的に不可能であった。夫婦愛と「自己」の関係をめぐる、こうした男女の非対称性は、続く時代の恋愛観念の形成に、重要な意味をもっていくことになる。次章以降で明らかにしていくように、愛をめぐって異なる位置におかれた男性と女性は、異なる形の親密な関係を求めていくことになるのである。

だが、それを明らかにしていく前に、明治二〇年代において議論された夫婦愛と、夫婦愛によって実現することが希求された「自己」なるものが、肉体性とどのような関係にあったのかということを見ておきたい。というのも、明治三〇年代以降の時代において、「自己」と肉体の関係をどのように位置づけるのかということが、「自己」をどのような関係の中で実現するのかという点において、重要な意味をもっていくからである。

4. 肉体性へのまなざし

4-1 肉体から切り離された愛

近代における愛が、精神と肉体を分離する二元論の下、肉体性を排除し精神性を重視するものであったことは、これまでもたびたび指摘されてきた（柳父 一九八二、佐伯 一九九八、二〇〇八、菅野 二〇〇一など）。そのことは、『女学雑誌』における次のような言説にも明らかであろう。

吾人は時として生理的作用に由りて愛ラシキ情念を惹起することあり、凡て斯かる時には静止黙考して熱愛の幻象より次第に附属を取除き看るべし、取り除き得ずんば勿論、取り除きてかの幻像消ゆるあるか、これ愛には非ざるなり。而して同時に事実をして経過せしめよ。／……情念ムラ〳〵と迸しりて天地を忘れ、心緒《しんちょ》解乱《ときみだ》れてウットリとする時、汝静かに省るべし[42]。

ここでは、自らの感情が愛なのか「生理作用」なのかを点検することによって、「真の愛」と「偽の愛」を弁別することが求められている。「生理作用」の混入した愛は、純粋な愛であるとは考えられなかったのである。別の論考においても、「動物本能」である「色情」と、「理性存在者の特有物」である「愛情」とは、「全然独立する」ものであると述べられている[43]。すなわち、愛とは「生理作用」や「色情」といった肉体的な欲望とは別物であるにもかかわらず、両者は混同されやすく、それゆえに注意深く区別する必要があると考えられていたのである。では、当時において肉体的な欲望は、どのようなものとして認識されていたのだろうか。

明治期には生殖、性的快楽、性道徳など、現在の観念でいう「性」にまつわる知識が一挙に欧米から流入し、「開化セクソロジー」とよばれる分野が花開いていた。赤川学によれば、「開化セクソロジー」では、「色情」や「情欲」は、生殖に従属するものであるという見解が提示されていたという（赤川 一九九九、一〇二頁）。先の引用文における「動物本能」や「生理作用」という言葉からは、『女学雑誌』においても「色情」や「情欲」とよばれた性的な感情を、生殖にまつわる欲求として理解する見方が形成されつつあったことがうかがえる。「色情」が生殖欲なのであれば、それは生殖可能な男女間にのみ生じるものであるということになる。したがって、後の時代においては、そのことを根拠に、同性間の親密な関係に対して男女の親密な関係の優位性が主張されていった。

しかしながら、明治二〇年代の『女学雑誌』においては、先に引用した通り、愛は肉体的な欲望と切り離されていた。したがって、夫婦が肉体的にも結ばれる関係であるという事実は、夫婦の愛を他の関係に対して特権化する根拠としては用いられなかったのである。巌本善治は、「吾人の理想によれば人間は遂に肉交を以て一種の義務と心得、仕方なくして夫婦肉体の交わりを為すの日に至らんと信ず」(44)とまで述べている。「肉交」は、純粋に生殖のためにのみ必要なものであり、それはよもや関係性のあり方を規定すべきものではなかった。

このように愛が肉体性から明確に切り離されていたことはまた、愛によって実現される「自己」なるものへのイメージが、後の時代とは異なっていたことを意味する。次章で見るように、明治三〇年代以降、「欲望」や「本能」に忠実であることが、あたかも「自己」を忠実に実現することであるかのような価値観が広まっていく。しかし、明治二〇年代において「自己」の核とされていたのは、「本能」ではなく「理性」であった。「生理作用」に支配されるのではなく、「理性」によって合理的な、正しい判断ができる「自己」。そのような個のあり方こそが、人間の本来の姿であるとされていたのである。それは、神の前にあって恥じることのない姿でもあった。「役割」から解放された「自己」の姿は、理論的にはあらゆる可能性に開かれたものである。しかし、『女学雑誌』において、「自己」の姿は、神の前にあって恥ずかしくないという最低条件が付与されていた。その意味で、この時代に追求された「真の自己」は、「あるべき正しい自己」と地続きでもあったことを覚えておきたい。

また、愛によって実現される「自己」が肉体性から自由であったということは、愛が男女間のものでなければならない決定的な根拠が、未だに登場していなかったことを意味する。明治二二（一八八九）年に『女学雑誌』にダイジェスト版が掲載された元良勇次郎の「愛情論」では、「愛情」は単なる「肉情」とは異なる「精神現象」

であり、したがって「愛情」は同性の間にも生じるものであるとされている[45]。すなわち、愛で結ばれた「真友」として、夫婦関係の特権化がすすめられながらも、愛が夫婦間のものでなければならない決定的理由は未だ示されず、そのため愛という観念は同性間に対しても完全に閉ざされていたわけではなかったのである。

しかし、次に見るように、明治二〇年代には男女というカテゴリーを、生殖を基盤として、ある種「生物学的」にとらえることで、特権化しようとする視線もすでに生じはじめていた。

4-2 男女という枠組みへの生物学的視線

明治七（一八七四）年に「男も人なり女も人なり」と言った福澤諭吉は、その根拠として「この世に欠く可らざる用を為す」ためには、男も女も必要だからという理由を挙げた[46]。「この世に欠く可からざる用」とは、もちろん生殖のことである。福澤は後の明治一八（一八八五）年にも、「卵は女体に潜みて、精液は男体にあり。精液独り子となるべからず、卵もまた独り化するを得ず[47]」と、男女は生殖において同等の貢献をするという近代医学に基づいた生殖観を根拠にして、男女の同等性を正当化している。

同様に、欧化主義者の森有礼は、早くも明治六（一八七三）年に、夫婦を生殖の対として定義することを主張した。なぜ森は、敢えてそのようなことを主張したのか。森の認識によれば、日本では血縁にあまりこだわらず、家系を存続させるためには躊躇なく妾腹や養子縁組が利用されていた[48]。それに対して、欧米諸国では「血統」を重んじる習慣が根付き、「血統」が倫理の基礎になっていると森は主張している[49]。ここで森の言う「血統」とは、親子の「血のつながり」を意味する。森は子ども（後継者）とは両親の血を正しく受け継ぐ存在であるべきと考え、そのため「血統」を正しく受け継がないのであれば、夫婦とは実体はおろか「名義も存するとはいえない[50]」

と結論づけた。裏を返せば、子を生み出す生殖の対こそが、夫婦の実体であるという認識を森はもっていたのである。

このように男女の関係の基盤に、生殖を据える見方に続き、そのような男女関係を同性関係に対して特権的なものとする論考も提出された。たとえば、明治一九（一八八六）年に発表されて話題を呼んだ福澤諭吉による「男女交際論」である。

福澤は、男性同士の交際が盛んなのに対し、男女の交際がほとんど存在しない当時の状況を問題視し、男女間の交際を活発化させることに腐心していた。というのも、西洋の文明諸国においては婦人が交際を司ることによって、男性の心事を調和し、事務を円滑にしていると見立てていたからである。それに対し、日本においては婦人を活用していないため、国を維持する力が半減していることを、福澤は憂いていたのである[51]。

だからこそ、福澤は肉体的な関係に基づく「肉交」と精神的な関係である「情交」を明確に区別した上で、男女間の「情交」の促進を訴えたのであるが、このとき男女の「情交」には、次の引用にあるように、同性間の交際に対して特別な価値が付与された。

（男女の交際は――引用者）双方相互いに説を以て交わり、文事技芸を以て交わり、あるいは会話し、あるいは同食する等、同性相互の交際に異ならずといえども、ただその際に微妙不可思議なるは異性相引くの働きにして、双方の言語挙動相互いに情を感じ、同性の間なれば何の風情なき事にても、ただ異性なるがためにこれを聞見して快く……無限の情を催す[52]……。

肉体的な結合を伴わない精神的な「情交」であっても、男女間の交際であれば、同性間の交際においては得られない「無限の情を催す」という主張である。同様に、男女両性は「電機《ママ》の消極と積極」のようなもので、互いに引きあうのに対し、「同名なる男男また女女」は衝突するという言い方もなされた(53)。

しかも、注目すべきは、福澤がその根拠として、生物学的な比喩をもちだしていることである。たとえば、「男女両性相近づくの情は人類にふつうなるのみならず、禽獣草木いやしくも生あるものは皆然らざるはなし(54)」と、生物全体の事実を挙げたり、牡馬だけを厩に同居させると争うが、牝牡を同居させるとうまくいくという馬の事例を、男女交際が同性間の交際よりも優れている根拠としたりした。

福澤の「男女交際論」は、肉体的関係と精神的関係を区別する点においては、肉体と精神の二元論に立って愛を論じる『女学雑誌』の論調と大きく異なるものではない。しかし、精神的なものである「情交」をも、他の生物にも見られる普遍的現象として、「生物学的」にとらえようとした点で、突出しているのである。未だに比喩レベルであったとはいえ、男女という枠組みを特権化する上で、「生物学」の顔をした根拠がもち出される時代が到来しつつあったのである。

とはいえ、『女学雑誌』においては、福澤のように生物学的な視点から男女という枠組みや夫婦関係が特権化されることはなかった。本章でみたように、夫婦こそ唯一の「真友」であるという言説は存在していたし、そのような理念は、個々人のばらばらの「自己」の追求を、公私の分離を基盤とするジェンダー秩序に組み込んでいく上で、重要な役割を果たすものであった。しかし、なぜ「真友」は夫婦でなければならないのか、なぜ愛は男女のものでなければならないのか、決定的な根拠は未だに存在しなかったのである。

であればこそ、次章で見るように、夫婦という枠組みをも突き破り、「自己」を突き詰めていこうとする価値観が生み出されていく余地があったのだといえよう。では、夫婦という枠組みから彷徨い出た「自己」は、どのような関係において実現することが求められたのだろうか。そして、そのことは男たち／女たちに何をもたらしていったのだろうか。

註

（1）「自己」、「自我」、「我」、「己」、「自身」、「自ら」など呼び方はさまざまであった。

（2）『女学雑誌』は「婦女改良の事に勉め希ふ所は欧米の女権と吾国従来の女徳とを合せて完全の模範を作りなさんとする」ことを目的として明治一八年の創刊後、約二〇年間発行され続けた。女性の地位向上、女子教育、結婚や家庭のあり方などを中心的なテーマとした雑誌であり、「「女性史」上の金字塔を築いた」と評価されてきた（早野 一九八三、三頁）。初代編集人の近藤賢三の急逝後、第二四号から第五二三号までは、明治一八年に設立された明治女学校の発起人の一人で後に校長となった巌本善治が、五二四号から最終号五二六号まで明治女学校教員であった青柳有美が編集人を務めた。

（3）北村透谷「石坂ミナ宛書簡草稿」明治二〇（一八八七）年八月一八日（小田切秀雄編『北村透谷全集』筑摩書房、一九七六年、二八八頁）、巌本善治「婚姻論（二）」『女学雑誌』第二七五号、明治二四（一八九一）年七月二五日（復刻版、臨川書店、一九六六―一九六七年）。

（4）山路愛山『現代日本教会史論』警醒社書店、明治三九（一九〇六）年（藪禎子・吉田正信・出原隆俊編『キリスト者評論集』岩波書店、二〇〇二年、四五三頁）。

（5）「朋友」『国民之友』第五巻第六七号、明治二二（一八八九）年一一月二日（復刻版、明治文献、一九六六―一九六八年）。

（6）同前。

（7）同様の趣旨を展開する記事は、『少年子』と題する少年雑誌にも掲載されている。「衣食の友は頼むべからず、美衣美食の歓尽くれば輙ち去る。歓楽の友は頼む可らず、弄花賞月の楽尽くれば輙ち去る、功名の友は頼む可らず、企図志業破るれば輙ち去る。頼むべきものは真実の友なり、親愛の友なり、知己の友なり」（「友」『少年子』第一五号、明治二二（一八八九）年一〇月）。

（8）福澤諭吉『学問のすゝめ』明治五（一八七二）―九（一八八六）年（日本評論社、一九四一年、二四七頁）。『学問のすゝめ』は明治五（一八七二）年から九（一八七六）年にかけて順次出版された一七編の小冊子からなる。明治一三（一八八〇）年に一冊の本に合本された。

（9）同、二四七―二四八頁。

（10）同、二四八―二四九頁。

（11）「朋友」『国民之友』第五巻第六七号、明治二二（一八八九）年一一月二日（復刻版、明治文献、一九六六―一九六八年）。

（12）堺利彦『堺利彦伝』平凡社、一九二六年、七七頁。

（13）「朋友」『国民之友』第五巻第六七号、明治二二（一八八九）年一一月二日復刻版、明治文献、一九六六―一九六八年）。

（14）福澤諭吉『学問のすゝめ』明治五（一八七二）年―明治九（一八八六）年（日本評論社、一九四一年、二二九頁）。

（15）その後、明治一〇年代後半に至って、福澤は人々の「安心立命」の処方箋として「「帝室と「宗教」といった非合理的なもの、伝統的価値観の集積」を見出していったことが指摘されている（先崎二〇一〇a、四六頁）。

（16）「婚姻論（二）」『女学雑誌』第二七五号、明治二四（一八九一）年七月二五日。以下、指定がない場合は『女学雑誌』（復刻版、臨川書店、一九六六―一九六七年）からの引用。

（17）泣血生「婚事雑感」第三三〇号、明治二五（一八九二）年一〇月二二日。

（18）方寸子「婚姻箴（愛山生に次ぐ）」第二五五号、明治二四（一八九一）年三月七日。

（19）木村秀「愛心の交際に必要なるを論ず」第九〇号、明治二〇（一八八七）年一二月二四日。

(20) 愛山「恋愛の哲学」第二四〇号、明治二三（一八九〇）年一一月二三日。
(21) 方寸子「婚姻箴（愛山生に次ぐ）」第二五五号、明治二四（一八九一）年三月七日。
(22) 雲峯生「婚姻箴（方寸子に次ぐ）」第二五六号、明治二四（一八九一）年三月一四日。
(23) 「姦淫論（下）男女夫妻」第一九八号、明治二三（一八九〇）年二月一日。
(24) 同前。
(25) 社説「日本の家族　第二」第九七号、明治二一（一八八八）年二月一八日。
(26) カロライン・カークスとは、明治二一（一八八八）年に設置された女子教育機関である東京女学館の校長として迎えられた英国人女性である。
(27) カークス、カロライン「婚姻」第二八七号、明治二四（一八九一）年一〇月一七日。
(28) 「家庭は一国なり」第三二四号、明治二五（一八九二）年八月六日。
(29) 社説「姦淫論（中）」第一九七号、明治二三（一八九〇）年一月二五日。
(30) 社説「日本の家族　第七」第一〇二号、明治二一（一八八八）年三月二四日。
(31) 巌本善治「犠牲献身」第一七二号、明治二二（一八八九）年七月二七日。
(32) 徳富蘇峰「非恋愛」『国民之友』第九巻第一二五号、明治二四（一八八一）年七月二三日（復刻版、明治文献、一九六六―一九六八年）。
(33) 同前。
(34) 「婦人の地位（上）」第二号、明治一八（一八八五）年八月一〇日。
(35) 同前。
(36) 「男女相択ぶの説（下）」第七二号、明治二〇（一八八七）年八月二〇日。
(37) 「日本の家族　第六」第一〇一号、明治二一（一八八八）年三月一七日。
(38) 「婚姻論」（第二七七号、明治二四（一八八一）年八月八日）によれば、妻が「温柔」であれば、「何如なる夫にも能く和」すことができる、「故に、娘が縁談の善悪は、娘が心得次第によりて決するもの」であるとされていたという。
(39) 社説「妻は夫を知り夫を裨くべし」第一八号、明治一九（一八八六）年三月一五日。
(40) 同前。
(41)「細君に告ぐ」第七八号、明治二〇（一八八七）年一〇月一日。
(42) 方寸子「婚姻箴（愛山生に次ぐ）」第二五五号、明治二四（一八九一）年三月七日。
(43) Y・T「色情愛情弁」第二五四号、明治二四（一八九一）年二月二八日。
(44) 巌本善治「男女交際論（三）其効益」第一一四号、明治二一（一八八八）年六月一六日。
(45) 元良勇次郎「愛情論」『六合雑誌』第一〇〇号、明治二三（一八八九）年四月一五日。
(46) 福澤諭吉『学問のすゝめ』明治五（一八七二）年―九（一八八六）年（日本評論社、一九四一年、一六四頁）。
(47) 福澤諭吉「日本婦人論後編」『時事新報』明治一八（一八八五）年七月七日―一七日（中村敏子編『福澤諭吉家族論集』岩波書店、一九九九年、六五頁）。
(48) 同前。
(49) 森有礼「妻妾論の二」『明六雑誌』第一一号、明治六（一八七三）年六月（復刻版、大空社、一九九八年）。
(50) 同前。
(51) 福澤諭吉「男女交際論」『時事新報』明治一九（一八八六）年五月二六日〜六月三日（中村敏子編『福澤諭吉家族論集』岩波書店、一九九九年）同前。
(52) 同、一〇九―一一〇頁。
(53) 同、一〇〇頁。
(54) 同前。

第二章　反社会としての恋愛——男たちの「自己」の追求

第一章では、明治二〇年代に生じた夫婦愛という観念が、いかに「自己」なる観念とつながっていたのかを論じた。すなわち、夫婦愛という理念の形成は、夫婦とは互いの真実の姿によって結びつくものであるとし、夫婦の位置づく家庭＝私的領域を「自己」の解放される領域として夢想することと不可分に結びついていたのである。夫婦愛の理念はまた、本来ばらばらであるはずの個々人の「自己」の探求に、共通の方向性を与えることによって、「自己」と社会を調和させるものでもあった。このことは、男性についていえば、家庭というユートピアが与えられたのと引き換えに、その外部においては、男としての「社会的役割」を担うことが期待されたということに他ならない。「役割」を遂行すべき公的領域において、「自己」を云々するのは、筋違いというものであった。

ところが、こうした前提に異議を唱える青年たちが、明治二〇年代後半から明治末にかけて登場する。彼らは、「立身出世」規範をはじめ、公的領域において男性が担うことを期待された「役割」を否定し、本来の「自己」を生きることのみを追求しようとしたのである。これと連動していたのが、必ずしも夫婦という制度に結びつかない恋愛の希求であった。その嚆矢として位置づけられるのが、明治二五（一八九二）年に発表された、北村透谷の「厭世詩家と女性」である。

これまで北村透谷の恋愛論については、文学研究を中心に、数多くの論文が発表されてきた（中山 一九六七、関谷 一九九七、呉 二〇〇一b、永渕 二〇〇二、宮野 二〇一四など）。そのすべてをここでレヴューすることはできないが、小倉敏彦が指摘しているように、これまでの研究の多くは、北村を「近代的自我の発見者」として論じるものであった（小倉 一九九九a、二一頁）。中でも、本書でたびたび引用している宮野真生子は、北村が恋愛によってこそ「自己」が実現できるとした論理を、詳細に分析にしている（宮野 二〇一四）。

本章では、これらの研究成果を受け継ぎつつ、北村以前にすでに「自己」なる観念との関連で夫婦愛が提唱されていたという、従来の研究においては見過ごされてきた事実をふまえ、北村の恋愛論と夫婦愛との相違を明確にしたい。繰り返しになるが、夫婦愛による「自己」の実現とは、私的領域における「自己」の解放と引き換えに、男性に対して公的領域においては「社会的役割」を担うことを求めるという、性別役割分業システムを前提としたものであった。このような知見を土台として北村の恋愛論を読み解くということは、北村の恋愛論を近代的ジェンダー秩序との関連で考察することに他ならない。北村が夫婦愛ではなく、恋愛という観念によって、「自己」を実現するという発想を提出したことは、愛をめぐるジェンダー構造を、どのように破壊した／しなかったのだろうか。このような視点こそ、本書と従来の研究を分かつものである。

もっとも、これまでもジェンダー視点からの分析が全くなされてこなかったわけではない。澁谷知美は、北村が公的領域における仕事と私的領域における恋愛との対比において、後者に軍配を挙げている点で、男性の性別役割規範から逸脱していることを指摘している（澁谷 二〇一三、一九四―一九八頁）。しかし、澁谷の分析は、そのような北村の男性規範からの逸脱が、「自己」なる観念とどのような関係にあったのかという点については、考察が及んでいない。

また、澁谷は北村を例外的な存在として位置づけ、男性規範から逸脱する恋愛論が登場してきた社会的背景については、一切論じていない。[1]それに対して本章では、議論を北村の恋愛論に終始することなく、明治三〇―四〇年代に北村的な恋愛論が青年たちに受容されていった様相と、その歴史的・社会的背景を明らかにしていきたい。

さらに本章では、恋愛という観念の登場によるジェンダー秩序のゆらぎが、「男と女」という異性愛の枠組みに関しては、どのような意味をもっていたのかということをも問いたい。序章で述べたように、こうした視点は、恋愛を男女のものとすることを自明の前提としてきた従来の恋愛研究には存在しないものである。しかし、「男性同性愛者」の誕生を論じる前川直哉は、同時代の男子学生の間で、恋愛の代替となる「男同士の恋」が流行していたことを指摘する（前川 二〇〇七、二〇一一）。こうした指摘をふまえるならば、恋愛という観念が影響を及ぼした範囲を「男と女」の関係だけでなく、「男と男」の関係にまで広げた上で、恋愛とジェンダーの関係を考察する必要があるだろう。

以上から、本章では、まずは北村透谷の恋愛論を分析する。その上で、高山樗牛や姉崎正治など、北村の提示した枠組みを引き継いでいった言論人の言説をはじめ、第一高等学校の校内誌や『中学世界』の投稿記事、さらに青年を描いた小説等を参照し、明治三〇―四〇年代に、北村的な恋愛論が青年たちに受容されていった様相を明らかにしたい。最後に、同時代に実践されていた「男同士の恋」に着目し、恋愛観念がジェンダー秩序に対してもっていた両義性を浮かび上がらせる。

それでは、まずは明治二五（一八九二）年に『女学雑誌』に掲載された北村透谷による「厭世詩家と女性」から話をはじめよう。

1. 北村透谷の恋愛論

1-1 「自己」の牙城としての恋愛

「恋愛は人世の秘鑰《ひやく》なり、恋愛ありて後人世あり、恋愛を抽《ぬ》き去りたらむには人生何の色味かあらむ」。鮮烈な恋愛賛美ではじまる「厭世詩家と女性」と題する恋愛論を、北村透谷が発表したのは明治二五(一八九二)年のことである。「厭世詩家と女性」を読み解くに当たって、まず着目したいのは、タイトルにも記されているように、この恋愛論が「厭世詩家」という立場から書かれたものであるという点である。いったい「厭世詩家」とは、何者なのだろうか。

北村によれば「厭世詩家」とは、「社界の規律に遵《した》ふこと能はざる者」であり、「社界といふ組織を為す可き資格を欠ける者」である(2)。すなわち、北村は、この論文を、「社界」に適応できない自分から出発しているのである。そのような自分から出発し、「社界」を批判していったのである。

北村は、「社界」=「実世界」は「義務」と「労働」に満ちあふれた抑圧的な世界であると論じている。それに対して北村自身の内面世界である「想世界」は、「社会の寅縁《いんえん》に苦しめられず真直に伸びたる小児」や「義務徳義を弁ぜざる純樸なる少年」と表現される(3)、世俗的な価値観に染まらない「純粋」な自分が存在する世界であった。しかし、人はいつまでも純粋無垢な子どものように、自分だけの世界で生きていくことは許されない。必ずや抑圧的な「実世界」と直面せざるを得ないときがくる。このときこそ、「厭世詩家」をして立てこもる牙城となるのが、恋愛であった。[4] 恋愛をしている自分は、「社界」に拘束されることのない「純粋」な自分のままでいられるというのである。すなわち、北村の恋愛論は、「実世界」への違和感からはじまり、その裏返しとして「実世界」に適応できない「自己」が受容される領域として、恋愛を理想化するというものだったのである。

澁谷知美は、北村が「実世界」＝「社界」に対して感じた違和感の中心には、男性に課された「立身出世」規範があったのではないかと論じている（澁谷 二〇一三、一八九―一九八頁）。たしかに北村は「厭世詩家と女性」において、「名誉」、「利得」、「王者の王冠」、「鉄道王の富栄」といった、男性が「立身出世」によって獲得することが期待された価値の一切を、はっきりと否定している。[5] 同年に発表された「我牢獄」と題する論考においても、自身が「名誉」「権勢」「富貴」「栄達」といった「獄吏」に監視された「牢獄」に囚われているとし、その苦悩を吐露している。[6] かつて政治家になることを目指して自由民権運動に身を投じながらも挫折し、「立身出世」への道を打ち砕かれた経験を有する北村が、「立身出世」規範に抑圧を感じていたというのは、妥当であろう。

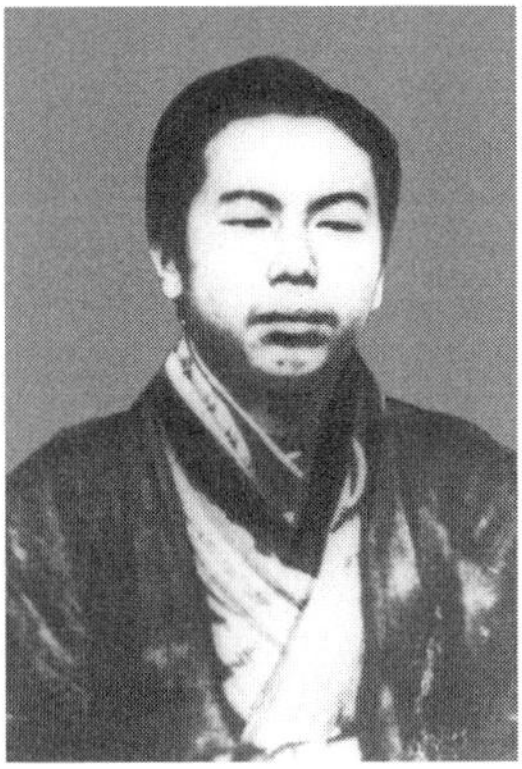

図 2-1　北村透谷

出典）毎日新聞社

「厭世詩家と女性」に話を戻そう。北村にとって、外面的な物差しで測ることのできない「自己」が具現化される関係こそが恋愛だった、というところまで論じてきた。ここまでの見解については、実は、さして目新しいものではない。いわゆるロマン主義的立場の論者として、北村が「自己」の外部の論理に対して、「自己」の内部の論理をあくまで押し立てていこうとする精神をもっていたことは、これまでも指摘されてきたことだからである。だが、このような北村の恋愛賛美は、同時代における夫婦愛の理念と比較したとき、どのような点で新しく、そして、近代的ジェンダー秩序とどのような関係にあったのだろうか。ここからの考察においてこそ、本書の本領が発揮される。

1-2　夫婦愛と恋愛のちがい

恋愛を賛美した北村だが、彼は同じく男女の愛である夫婦愛には何の希望も見出していない。恋愛の帰結としての家庭生活については、かなりの力点をおいて否定したのである。その理由を北村は次のように語る。

男女既に合して一となりたる暁には……今迄は縁遠かりし社界は急に間近に迫り来り、今迄は深く念頭に掛けざりし儀式も義務も急速に推しかけ来り、俄然其境界を代へしめて、無形より有形に入らしめ、無頓着より細心に移らしめ、社界組織の網繩に繋がれて不規則規則にはまり、換言すれば想世界より実世界の擒となり、想世界の不羈を失ふて実世界の束縛となる、風流家の語を以て之を一言すれば婚姻は人を俗化し了する者なり。(7)

ここでは、結婚がそれまで縁遠かった儀式や義務を呼びよせるものであり、結婚によって社会の規則に束縛されてしまうということが訴えられている。家庭をもてば、男性には稼ぎ手であることを含め、家長として家庭を維持していくためにさまざまな義務が要請される。家庭が社会からの避難所であるというのは、自らが「実世界」において社会の一員としての務めを果たす限りにおいてである。そう、家庭は社会からの避難所であるとともに、実は社会の基礎であり、自らを社会の一部に組み込む装置である。そのことを、北村は鋭く見抜いていた。

つまり、北村は、夫婦愛という理念によって、「自己」を発現させる場として制度化されつつあった家庭をも、「実世界」の一部として否定し去ったのである。そのことによって結婚という制度につながれない純粋な恋愛感情のみを北村は求めたのだといえよう。

だが、「社界」に違和感をもつ「自己」を「社界」へとつなぐ、結婚という回路無き後に残るのは、「実世界」と「想世界」、あるいは、「外面」と「内面」との解消されない対立だけなのではないか。実際、北村は婚姻によって人が「俗化」されることは、社会において「正常の位地」に立つことであり、「人を真面目ならしむる」ものであることを認めている(8)。それでも北村は、婚姻を否定し、恋愛のみを賛美することによって、「真面目」な社会の一員として義務を果たしていくことよりも、社会に反抗し続けることを選んだ。むしろそこにアイデンティティを見出したのである。

まとめよう。夫婦愛という理念においては、私的領域を「自己」の領域とすることの裏返しとして、公的領域において男性としての「社会的役割」を担うことがセットになっていた。すなわち、「自己」と「役割」の両者を両立させることが求められていたのである。それに対し、北村透谷は「自己」にのみ至上の価値をおいた。結果的に、「社会的役割」を呼び込むことになる結婚をも否定したのであった。

では、北村はいかなる論理によって、他でもなく恋愛こそが「自己」を実現するものであることを、正当化したのだろうか。詳細は宮野真生子の研究に譲り（宮野 二〇一四）、ここでは北村が恋愛を正当化する上で、「自然」というキーワードを用いたことを指摘するにとどめたい。北村によれば恋愛とは、「自然界の元素」あるいは「宇宙の存すると共に存する一種の霊界の元素」であった(9)。あるいは、恋愛は「造化の花」であり、「造化の威厳と妙契とが深ければ深き程、其花の妙は尊きなれ」とも記している(10)。このとき「造化」という言葉には「ネーチユーア」とルビがふられている。すなわち、西洋形而上学における「自然」と「社会」（「ピュシス」と「ノモス」）の二項対立において、北村は恋愛を「自然」に属するものとして位置づけたのである。恋愛は「自然」なものだからこそ、同じく「社会」以前に存在する「自然」な「自己」を具現化する。このような構図が、北村の恋愛論には存在したのである。これは言うまでもなく、「自然」との一体化を目指し、かつ、恋愛を「自然」なものとして賛美した西洋のロマン主義の影響を色濃く受けた構図である。すなわち、北村の恋愛論は、夫婦という社会制度の代わりに、「自然」なものとしての男女の恋愛に、「自己」の実現を託すものだったのである。

しかし、どこまでも社会の規範に反抗した北村も、他方で恋愛という関係性が、男女のものであることは、自明のものとして疑わなかった。「立身出世」という重圧をかけてくる社会に対して、北村は愛情で結ばれた男女の空間をユートピアとして夢想した。結婚という枠組みを否定してもなお、男女の親密な空間を避難所とする点で、北村の恋愛論は、家庭こそを公的領域からの避難所とする発想と地続きなのである。そのことは、恋愛が「身方《ママ》となり、慰労者となり、半身となるの希望を生ぜしむる者」であり、「此恋愛あればこそ、実世界に乗入る欲望を惹起する」といった北村の言葉に[11]、とりわけ明確に示されていよう。

また、北村は、後に恋人となる石坂ミナ宛ての書簡に、「貴嬢は常に生のハッピイなるを祈りたまふ我親友なりかし、然らば則ち生のミザリイを察して心の苦を慰むる術もあらば、是を指示してくれたまふ可き道徳上の義務をもちたまふ御身なるべし」[12]と書いている。石坂を「親友」と呼び、自らの苦しみを理解してくれる存在として持ち上げつつ、明らかに石坂に自らを慰安し、支えるという女性役割を期待していることが読みとれる[13]。自らは恋愛において、社会から屹立した「自己」を具現化することを求めながらも、相手の女性には、自らの「自己」を全的に受け止めてくれる幻想の「女」であることを求めたのであろう。実際、北村自身、そのような自らの願望に気づいていたと思われる。というのも、北村は「抑も恋愛の始めは自らの意匠を愛する者にして、対手なる女性は仮物なれ[14]」と明確に述べているからである。

つまり、北村は女性に慰安役割を課す既存のジェンダー枠組を存分に利用することによって、男性に社会的に課される「役割」に抵抗しようとしたといえるだろう。女性役割は強化しつつ、「立身出世」といった男性規範には抗う。北村の恋愛論は、性別役割をめぐって、このような二重性をもつものだったのである。

もちろん北村の意図は、女性を抑圧することではなく、自らの「自己」を追求していくことにあった。そして、それは（男女という枠組み以外の）一切の社会的拘束から逃れた「自己」を想定することによって、社会規範に対抗することと同義であった。社会よりも個人に価値をおく北村の思想は、明治二〇年代にあっては類例を見ないものであり、強烈なインパクトをもつものであった。

しかし、何よりも「自己」に、そして恋愛に価値をおこうとする心性は、明治三〇―四〇年代に一部の青年層の支持を得ていくことになる。では、そこにはどのような社会状況が存在していたのだろうか。

2．明治三〇年代における展開

2-1　「立身出世」と恋愛

「立身出世」に背を向ける北村の姿勢は、明治二〇年代においては依然として特異なものであった。それが、明治三〇年代になると「立身出世」規範への疑問が噴出し、「煩悶青年」とよばれる北村的な青年が、群をなして登場してくることになる。

E・H・キンモンスによれば、明治三〇年代に青年たちの間で「立身出世」をめぐる「煩悶」が肥大化していった背景には、それ以前の時代には可能であった華々しい出世が困難になったことがあるという（Kinmonth 1981=1995, pp. 201-206）。たとえば、キンモンスは明治初期から明治後期にかけて、大卒者の初任給が四分の一から五分の一へ、物価の高騰を考慮すると実質的には八分の一から一〇分の一に下がったことを指摘する（同、p. 202）。それでも高等教育を受けた青年たちが、エリートであったことに変わりはない。しかし、彼らは自分より下位の者など眼中になく、それ以前の時代の華々しさと自らの境遇を比較したのである。

また、平石典子は、「煩悶」の肥大化の背景に、ゲーテによる『若きウェルテルの悩み』をはじめ、「煩悶」する青年を描く翻訳文学の影響を指摘する（平石 二〇一二、三一―三二頁）。文学を通して、「煩悶」すること自体がエリート青年の特権として模倣されていったというのである（同前）。

いずれにしろ、華々しい「立身出世」が直ちに達成されるという状況が転換を迎えたまさにそのとき、「立身出世」という近代の男性に課された最大の社会規範の遂行にかわる、人生の意味が探られはじめていったのである。

「煩悶青年」が社会的に可視化される直接のきっかけとなったのは、つとに指摘されるように、明治三六（一九〇三）年五月二二日に決行された、一高生・藤村操の華厳の滝への投身自殺であった。人生が「不可解」であるとの旨を記した「巌頭之感」と題する彼の遺書は、冊子として出版されると、ベストセラーとなったことが伝えられる（Kinmonth 1981=1995, pp. 189-193）。人生が「不可解」であるという藤村の提示した苦悩は、多くの青年たちに共有されるものだったのである。そして、人生の意味を探る青年たちが往々にして辿りついたのが、人生の意義は「自己」「自我」「我」なるものを追求するところにこそある、という結論であった。

「自己」に至上の価値をおく北村的な思想は、こうした心性をもつ明治三〇―四〇年代の青年たちによってこそ、支持されていくことになったのである。たとえば、そのことは、明治三五（一九〇二）年にすでに亡き北村の全集が刊行されたことや、北村をモデルにした島崎藤村の小説『春』が明治四一（一九〇八）年から『東京朝日新聞』で連載されはじめたことにもうかがえる。しかし、より重要なのは、彼らが北村の影響下にあったということではなく、北村的な思想が明治三〇―四〇年代を生きた青年たちの、生きた言葉によって語られていったことである。

中でも大きなインパクトをもったのが、北村によって提示された「社会」と「自己」の対立を、より直截的な言葉によって世に問うた高山樗牛の「美的生活を論ず」である[15]。明治三四（一九〇一）年に発表されたこの論考で、高山は「本能」（＝「自然」）対「道徳」（＝「社会」）という二項対立を設定し、人間の「本能」を拘束する「道徳」を全面的に否定した[16]。というのも、高山は北村と同様、「道徳」（＝「社会」）に拘束される以前の「生れながらの小児の心[17]」なるものを夢想し、「本能」のままに生きることによって、そのような心を開花させることができると考えたからである。

このとき、高山が「本能」を拘束する「道徳」の最たるものとして敵視したのは、明らかに男性を拘束する「立身出世」規範であった。高山は言う。

> 金銭のみ人を富ますものに非ず、権勢のみ人を貴くするものに非ず……／悲しむべきは貧しき人に非ずして、富貴の外に価値を解せざる人のみ。吾人は恋愛を解せずして死する人の生命に、多くの価値あるを信ずる能はざる也[18]。

高山は、ここで「立身出世」によって手に入る「富貴」という外面的な基準で人生の価値が測られることに激しく抵抗し、その裏返しとして恋愛に高い価値をおいている。高山のいう「本能」は恋愛に限定されないものの、高山にとって恋愛は「美的生活」の「最も美《うる》はしきもの」のひとつであった(19)。

このように「立身出世」や「国家への貢献」という、それまで自明視されていた価値観が疑われ、より大きな価値が「自己」なるものに置かれはじめたとき、男性が生産労働に従事させられること自体への批判も登場することになった。代表的な論者が、「吾等青年」という語によって青年を代弁した、洋行帰りの若き宗教学者であった姉崎正治である。姉崎は、明治三六（一九〇三）年に「社会」と「教育」によって、「青年」たちがひたすら業務にのみ堪能で、収入の多いという外に「人格」のない「国家有用の材」、あるいは、「パンを造り出し金をまうける器械」として「平凡化」させられることを問題視した(20)。「青年」を「平凡化」させることは、「青年」から「天真の本性」を発揮する機会を奪い、「「我れ」の自由の発露」を妨げるという意味で悪であることは、彼にとって疑い得ないことだった(21)。そのような姉崎はまた、例にもれず、男女の愛によって深く「我れ」の合一を味わうことを価値化した(22)。

「立身出世」に邁進し、あるいは、「稼ぎ手」として平凡な働き手になり、男性として規範化された「役割」を担うことよりも、「自己」の追求こそが大切であるという思想は、高山や姉崎などの著名な書き手だけでなく、一般の青年の手になる書き物にも波及していた。たとえば、当時第一高等学校の生徒だった和辻哲郎は、校内誌によせた「霊的本能主義」と題する論考において、人は何のために生きるのかという「人生問題」を論じている。そこで彼が提唱したのは、「皮相なる形式的道徳」を切り捨て、また、「富豪」や「華族」に代表される地位、財、名誉を求めることとも縁を切り、「内的生命」の発する「内的欲求」を充たすことであった[23]。

同様に、翌年の第一高等学校の校内誌にも、「われわれは自らのために生きずして何者の為に生くべき乎。三千世界を以て「我」の一年に摂す」という「詩人」の言葉を紹介する投書が掲載されている[24]。これは明治三五（一九〇二）年に『太陽』に掲載された、次のような高山樗牛の言葉からの引用であると思われる。「吾れは吾れ自らの為に生きずして抑々何物の為に生くべき乎。吾れは必ずしも社会国家を軽しとせざるも、而かも吾れ自らの重きに比すべからざるを思ふ[25]」。

ただ、第一高等学校の校内誌には、「内的生命」や「我」なる観念への傾倒は見られたものの、校内誌という性格上、高山や姉崎の論考とは異なり、恋愛への言及は見られない。校内誌にかわって、純粋な「自己」を発露させることのできる恋愛への憧れが描かれる場となったのは、青年向け商業誌の投稿欄であった。たとえば、明治三〇年代の中学生を読者対象とした『中学世界』には、恋愛は「賢愚才痴の別なく貴賤貧富の差なく」、「真に天真を露はし無垢を示す」ものであると説く投書[26]や、「財宝」「名誉」「権勢」といった世俗的価値を否定し、「青春の士女」が求めているのは「恋人が一遍の同情と一言の慰藉のみ」と恋愛に至上の価値をおく投書など[27]が見られる。

また、同誌の投稿欄の創作作品の中には、女学生との恋愛を実践する青年の姿も描かれている。明治三〇年代は女学生の登場が社会的な注目を集める時期であり、それは男子学生にとって具体的な恋愛対象として、女学生を想定することが可能になったことを意味する（前川 二〇〇七、二〇一一）。かるたとりにラブレターの交換、手をとりあっての逍遥、浜辺での貝拾いなどに彩られた幸福な交際[28]は、しかし、当時の時代状況を反映して、恋人である女性が他所へ嫁ぐことによって、失恋へと帰結する。絶望し、涙を流し、「人世を果敢なみ[29]」、あるいは、

「死なんと迄《まで》悶えぬ(30)」といった人目をはばからぬ懊悩ぶりが目立つ。

このように青年たちの間で恋愛が理想化されていった時代状況を、さらに具体的につかむため、次項と次次項では、この時期に「芸術」という観念、あるいは、「社会主義」いう思想が存在感を増しつつあったことにふれたい。これまで述べてきた「自己」や恋愛の価値増大は、「芸術」の価値化や「社会主義」の登場と呼応するものだったのである。

2-2 「芸術」の登場

北村透谷の恋愛論が、「厭世詩家」という立場から書かれたものであったことを、今一度思い出されたい。「厭世詩家」とは、「厭世家」と「詩人」を合体させた北村の造語である。「厭世詩家」が、社会の一員として不適格な者を指すことは先に述べた。しかし、それだけなら、「厭世家」でも十分であろう。にもかかわらず、北村はそこに「詩人」という言葉をくっつけた。「詩人」=「芸術家」として自らを位置づけることによって、北村は「厭世家」である自分を単に社会に適応できない存在とするのではなく、特別な才能をもつ存在として積極的な価値を与えようとしたのである。あるいは、「芸術家」であるというアイデンティティが先にあって、社会に適応できない自分というものを見出していったともいえるかもしれない。というのも、まさに西洋社会における芸術家観が、西洋の芸術作品とともに流入しつつあったからである（高田二〇一二、七五頁）。

では、西洋的な芸術家観とは、いったいいかなるものだったのだろうか。松宮秀治によれば、近代西洋において「芸術家」とは、反社会であるというまさにそのことによって、社会に存在意義を認められた存在であった（松宮二〇〇八）。反社会であるとは、社会的に統御される「以前」の存在であり続けること、すなわち、「自然」

な、「あるがまま」の、「真の自己」からあふれ出る自由な発想をもち続けることである。「自己」を表出する存在として「芸術家」を価値化するということは、伝統的な技術や形式に対して、「自己表現」なるものに無条件の価値を見出すことに他ならない。このような心性は、まさに明治三〇―四〇年代の社会において定着していったものである。たとえば、日露戦争後の日本の文壇を席巻したのは、田山花袋の『蒲団』をはじめとする、所謂「自然主義」と呼ばれる文学である。人間を「あるがまま」に写そうとする「自然主義文学」の登場は、文学とはあるがままの「自己」を表現（「告白」）するものであるとする文学観と切り離せない[31]。

文芸評論家の片山天弦は、明治四一（一九〇八）年に、文学とは「自分の眼で見、自分の心に真に感じ思ったところを表白する」ことであり、ずばり「自己の抑へ難き心もちを表はす」ことである[32]、と断言している。こうした文学観が、より大きな枠組みにおいて、「芸術」を「自己表現」として価値化する芸術観の下にあったことは明らかであろう。詩人・評論家である相馬御風の明治四二（一九〇九）年の言葉を借りるならば、「芸術」とは「自然にやみ難い一種の衝動から、外に形を成した[33]」ものである、とする芸術観である。

ありのままの「自己」を表現することが「芸術」として社会的に認知され、「文学者」や「芸術家」という地位が与えられていったということは、「自己」なるものを私的領域のみならず、公的領域においても発揮して自由に生きる方途が、たいそう狭き門ながらも開かれはじめたことを意味する。そのような生き方に、「立身出世」に邁進することや、単なる「稼ぎ手」として使い捨てにされることへの反発を強めていたインテリ層が、共鳴しなかったはずがない。たとえば、姉崎正治から高山樗牛への公開書簡には、次のような記述がある。

吾が言はんと欲する所を言ひ、己が信ずる所を執て世の波に動かず、己に忠に自ら守り、而も此によりて寸分だに世を動かし人を化するを得ば、是れ我等の最大幸福にあらずや。……栄達名利は此信と此力との前には顔色なき事。……自分自ら楽しむを得ば、此にすぎたる美はなからん。[34]

世の中に流されることなく「己」を信じ、「己」に忠実に、「己」の欲することを言う。そして、世を動かす。「自己」を殺し、「パンを造り出し金をまうける器械[35]」にされることに抵抗した姉崎は、まさに「自己表現」と仕事を結びつけることを求めたのだといえる。「自己表現」と仕事が一致しているということはまた、楽しみと仕事が一致している状態でもある。そのような人生こそが「美」と呼ぶにふさわしい人生であり、「立身出世」以上の価値があると姉崎は訴えるのである。姉崎の文面からは、自らは決して「自己」を殺さない生き方をしているのだという自負が伝わってくる。

ここからわかるのは、恋愛を通した「自己」の実現への希求は、公的領域における仕事さえもが「役割」ではなく、「自己表現」であるかのような生き方への憧れと連動していたということである。そのような憧れは、「自己」と「役割」を分離する公私の境界なく、常に「自己」として生きることを求めるものであったという意味で、公私の秩序を揺るがす潜在性をもつものである。

もっとも、これはあくまでも男性にとっての話であって、恋愛の対象となる女性たちにも、同様に公的領域における「自己表現」への道が拓かれるべきだと考えられたわけではない。女性には、恋愛を通して男性の「自己」を理解し、受け止め、慰安する「役割」が、依然として期待され続けたのである。ここには、「自己」をめぐる男女のダブルスタンダードが画然と存在していた。

だが、男性にしても、誰もが「自己表現」であるかのような仕事につけるわけではない。学者であった姉崎正治や、批評家として成功していた高山樗牛は、ほんの一握りの例外であった。このとき存在感を増しつつあったのが、初期社会主義思想である。

2-3 初期社会主義思想の登場

初期社会主義運動を牽引した幸徳秋水と堺利彦によって「平民社」が設立され、『平民新聞』の発行が開始されたのは、明治三六(一九〇三)年のことである。すなわち、「自己表現」に高い価値が置かれ、「パンのための労働」に忙殺されることを忌避する価値観が芽生えはじめた時期は、おりしも初期社会主義運動が社会に存在感を示しはじめた時期と重なっていたのである。このことは、偶然ではないと思われる。なぜなら、初期社会主義思想にしても「パンのための労働」に忙殺されることから解放されたその先に、個々人が「才能」を開花させることのできる社会を理想としていたからである。

たとえば堺利彦は、明治三八(一九〇五)年に「将来社会」とは、「自己の幸福の為また社会の利益の為、各々其才能に従つて諸種の業務を分担する」社会であるという構想を述べている(36)。文学者が「芸術」を通して、個人的に才能を開花させようとしたのに対し、社会主義者は私有財産制から共産制への移行によって、すなわち、最低限必要な生産労働・再生産労働をみなで共有することによって、個々人が労働に忙殺されずに「才能」を開花させることができる社会を実現することを夢見たのである。

このように初期社会主義思想は、「自己表現」が価値化されていった時代の空気をたしかに共有していた。だからこそ、青年層に訴求力をもっていたのだといえよう。たとえば、一高生であった和辻哲郎は、次のように社会主義にふれている。先に引用した、「皮相なる形式的道徳」を切り捨て、「内的生命」の発する「内的欲求」を充たすことを訴えた「霊的本能主義」と題する記事においてである。

我か保つ宝石の尊さを知らぬ人は気の毒を通り越して悲惨である、唯己が命を保たん為己が肉欲を充さん為に内的生命を失ひ内的欲求を枯らし果つるは不幸である。この哀れむべき人の中に更に歩を進めたる労働者を見よ。尊き内的生命を放棄して唯懸命に縋る命の綱が一筋切れ二筋絶ち将に絶望に瀕して居る。社会主義の叫喚は忽ち響き亘る。(37)

単に命を保つため、「肉欲」を充たすだけの労働者の人生を和辻は憐れんでいる。彼にとって人生の価値は「我か保つ宝石」である「内的生命」を輝かせることにこそあったからである。そして、そのような彼の目に、社会主義は、労働者たちによる「内的生命」を奪還するための闘いに他ならないものとして映っていたのである。

同様の見解は、法学者の戸田海市が明治四五(一九一二)年に『太陽』に寄稿した「社会主義と個人主義」と題する論文にも見ることができる。戸田は、社会主義とは一般に「団体主義」と結びつけられがちであるが、その実、「下層階級」の「個人主義」の主張に他ならないと論じる。(38)というのも、戸田によれば、社会主義とは「終生有産者の為めに使役せられざるを得ない境遇」によって「人格」の「独立自尊」を奪われた「無産者」が、「人格の自由発展」を取り返すための闘争であったからである。(39)

このような同時代的理解をふまえたとき、初期社会主義思想において「自由恋愛」の主張が展開されたことは、きわめて示唆的である。もっとも、日本において実際に「自由恋愛」の主張を行った者は、ごく少数であったとされる(山泉 二〇〇五、後藤 二〇一六)。それでも、恋愛が自由にできる社会こそを、社会主義の到達点とする理想が語られたことは確かである。たとえば、社会主義者の石川三四郎は「人は何の為に生くるや、食はんが為めか、否、衣んが為めか、否、金を得んが為か、爵位勲章を得んが為め、大廈高楼に居らんが為か、否、否、人の生くる所以のもの唯一あり、曰く愛のみ」[40]と述べている。衣食、あるいは、財産や名誉のために生きるのではなく、自由に愛するためにこそ生きることのできる人生。石川にとって社会主義とは、そのような人生を約束してくれるはずのものであった。「自己」を求めた青年たちが恋愛を理想化したように、社会主義思想においてもまた、恋愛は、理想の人生の象徴であった。

では、初期社会主義思想において、恋愛の相手となる女性は、どのような存在であると見なされたのだろうか。社会主義者の中には堺利彦のように、文明社会においては男性だけでなく、女性も生殖と衣食住以上に、「その才能に従つて高尚の事業に当るべき」と主張し、「男は仕事、女は家庭」は決して「自然の別」ではない、と男女の性別役割分業のあり方を問う論者も存在した[41]。だが、鈴木裕子によれば、社会主義者といえども、女性に課された良妻賢母規範については問題化しない姿勢が主流であったという（鈴木 一九九三、三〇）。たとえば、社会主義のリーダーと目されていた幸徳秋水は、「婦人の天性は戦闘競争に非ずして、恋愛なり、慈愛なり、婦人は恋せずして活くるものに非ず、子なくして活くるものに非ず」[42]と述べている。北村透谷をはじめとする文学者による恋愛論と同様、社会主義思想においても、女性の「自己」の問題は、ほとんど論じられなかったのである。

以上、青年たちの「自己」への希求とともに、恋愛が理想化されていった明治三〇―四〇年代という時代が、いかなる時代だったのかということを、「芸術」の価値化、および、社会主義思想の登場という視点から概観してきた。明らかになったのは、「立身出世」という規範に抑圧され、あるいは、「パンのための労働」に忙殺されることへの反発とともに、恋愛が価値化されていったということである。

しかし、恋愛が理想化されていったのとは裏腹に、実態においては、依然として男女間で恋愛を実践することが困難な時代状況にあった。したがって、次にみるように、男子学生の間では「男同士の恋」が流行を見せることになった。では、「男同士の恋」の実践は、恋愛のもつジェンダー構造に対していかなるインパクトをもっていた／いなかったのだろうか。恋愛と「男同士の恋」を隔てる異性間、同性間という枠を一端取り払い、両者を同時代の現象として同一の土台にのせて論じることによって、新たに見えてくることがある。

3.「男同士の恋」

3-1 恋愛と地続きの「男同士の恋」

先に、『中学世界』の読者投稿欄に掲載された、女学生との恋愛を描いた作品を引用した。それらの作品が、あくまでも創作であったことを、今一度思い起こしてほしい。というのも、女学生との恋愛が理想化されていった反面、現実においては、男女学生は隔離され、知り合う機会もほとんどなかったというのが、おそらく当時の実情だったからである。姉崎正治が、「今日の青年は異性の人に交際する範囲が極めて狭」く、「男子でいへば一二の知己親族の娘の外女性に知つておる人がない」と述べている通りである。[43]実際、交際を望んで女学生に手紙でも渡したことが学校に発覚すれば、手紙を渡した男子学生は「始末書」を書かされるほど、男女学生の隔離は厳格であった（加藤 二〇一〇）。明治三〇年代は、女学生への社会的な注目の高まりとともに、男女学生の交際の必要が盛んに論じられた時期ではある。[44]しかし、それは裏を返せば、依然として男女の交際がほとんど成立していない現実を映していたといえるだろう。

そのような中、男子学生が実践したのが「男同士の恋」であった。里見弴が大正二（一九一三）年に発表した自伝的小説によれば、里見が一四歳の頃、すなわち明治三五（一九〇二）年頃には、「一般学生の間に男同士の恋がヒドく流行つても居た」(45)という。では、「男同士の恋」とはいかなるものだったのだろうか。

前川直哉によれば、「男同士の恋」は男同士であることを特別に価値化するものではなかったという点において、恋愛の代替として位置づけられるものであったという（前川 二〇〇七、一三―一四頁）。とすれば、なぜ「男同士の恋」は恋愛の代替、いわば下位にしか位置づけられなかったのだろうか。「男同士の恋」の内実に具体的に踏み込んでいない前川の研究においては、十分に明らかにされていない点である。以下では、恋愛というものが「自己」の希求と結びつけられてきた文脈をふまえて、「男同士の恋」の内実を考察することによって、この問題を考えていきたい。

里見が「男同士の恋」が流行していたという明治三五（一九〇二）年の『中学世界』の投稿欄を紐解くと、男同士の親密な関係を描く投書が当時、特段珍しいものではなかったことがわかる。たとえば、「訣別」と題する抒情文の投稿では、故郷を旅立つにあたっての、「君」との別れが題材とされている。そこでは、「君」への想いが「睦しき友は此の世に、君より他になきを……」、「君が身は、み恵みふかきゴッドかとも思ひたりしよ。我れは此の世に、君とゝもにありてこそ生き甲斐あれ」と語られている(46)。たったひとりの「私」と唯一無二の「君」との、ロマンティックな関係が浮かび上がる。さらに、「あな女々し」と涙を払いつつも、「手と手を握り合ひて、離別の熱涙、湧くこと泉の如し」であったという情景も描かれる(47)。男同士が手を握り合って涙を流すのは、「女々しい」ことであるとされつつも、ここには従来の「男らしい」男同士の関係とは異なる関係が描かれているのである。

同様に、同年に掲載された「南洋にある友の許に」と題する書簡文においても、南洋にいる「君」に対する次のような感情が語られる。

モー僕は心配で悲しくなつてドーしても離れて居るのはいやで、ならふ事なら以前の様に、朝夕互いに顔を見合わせて、仲よく楽しく暮らしたく、憖《なまじ》功業などはドーでも、早く帰つて下されゝばよいにと迄思つた位です。(48)

この書簡文の最後では「余り春恋の情に駆られて、あたら君の壮挙を、中途にして妨ぐるのも、又僕の本意では」ないため、「斯る女々しき事は言ひますまい(49)」と遠慮する気配が描かれる。しかし、言葉とは裏腹に、この書簡文には「女々しい」感情が堂々と描かれているという他ない。

これらの感情が、単なる友情とも異なることは、上記の引用において「春恋」という言葉が使われていることからうかがわれる。明治四二（一九〇九）年の抒情文の投稿では、「友といふ友を持たないで来た僕」が「真に友と僕が思つたのは彼れだけ」という先輩であり友人であるN君に対する想いが、「恋に近いとまで噛はれたのだが、がなに僕はそれは燃ゆるやうな恋でもいゝと思つた」と明言されている。(50)こうした「男同士の恋」が、男女の恋愛と連続するものであり、従来の男同士の関係とは異なることは、「男色」という関係と比較するとわかりやすい。

明治初期の男子学生の間では、「男色」とよばれる、肉体関係を含む男性同士の緊密な関係が結ばれていたことが、中村隆文や前川直哉によって明らかにされている（中村 二〇〇六、前川 二〇〇七、二〇一一）。中村隆文は、当時の書生界には、遊女遊び＝「女色」を行う「軟派」と、男同士の肉体的・精神的結合＝「男色」を行う「硬派」という集団が存在し、九州男児を中心とした「硬派」こそが、書生の本流を占めていたのではないかと推測している（中村 二〇〇六、五六頁）。

また、前川直哉は、坪内逍遥の『当世書生気質』において、「男色」を肯定する男子学生が「互いに智力を交換」し、「大志を養成する」ことができる点を利点として挙げていることを根拠に、「男色」を支持していた男子学生の多くは、「互いの成長や大志の養成を期待できる関係として、男性同士の関係を男女間の関係よりも高く評価していた」と結論づけている（前川 二〇一一、八頁）。すなわち、「男色」とは、自分たちは（「女」ではなく）「男」であるというアイデンティティに基づく「男らしい」結合であったということができる。そして、「男」としてのアイデンティティは、まさしく大志を抱くこと、すなわち、「立身出世」を目指すことと密接に結びついていたのである。

このような前提をもつ「男色」と比較したとき、「男同士の恋」は既存の「男らしさ」には収斂されない「自己」の固有性を求めるものであった点で、同じ男同士の関係である「男色」とは一線を画しており、むしろ恋愛と地続きのものであったことは明らかだろう。そのことは、次に見るように「男同士の恋」を描いた異例の小説作品である、里見弴の「君と私と」の内容からもうかがうことができる。

3-2 「君と私と」

大正二（一九一三）年の『白樺』に連載された里見弴（図2-2）の「君と私と」は、作者である里見自身と、作家の志賀直哉との関係をモデルとした作品であることが知られる。同作品では、二人の出会いから、「心がピ

図 2–2　里見弴（大正 4 年）

出典）伊藤他編，1980，講談社，口絵

ツタリと合つて共に呼動するやうな瞬間(51)」を度々経験するようになるまでの過程が辿られる。その上で、離れたくても離れられない関係になった二〇歳前後の頃（明治四〇年前後）のことが詳しく書かれている。では、作品の中で二人の関係はどのようなものとして描かれたのだろうか。

もっとも親しかった時期の「君」と「私」の関係は、毎日五、六時間いっしょに歩き続けるほど、密接なものとして描かれている(52)。二人は互いの関係に「全身を浸し」、「殆ど二人の人が混り合ふことの出来る最後の点まで行つて居」たという(53)。というのも、生きる目的が見えず、鬱屈としていた青年期の「私」は、「君との「化学作用」に於てのみ自分のうちに溜つて来る沼気《メタン》に心置きない発散の口を与へることが出来た(54)」からであった。そして、「腕をとられて段々君の家の方へ引ッ張られて行く時の胸苦しさを、私は他のいかなる場合にも経験したことがない(55)」というほどの熱い想いを、「私」は「君」に対して抱いていた。

だが、そのような「君」との関係は、「私の生活の不撿則や頽廃(56)」とあいまって、兄から非難されることになる。「もつと若々しくならなければいけない、もつと明るい気分で居なければいけない。まるで君は老爺《じゞい》みたいだ。坂本なんかに興味を有たれていゝ気になつてそんな生活をして居た日にはトテモ駄目だ(57)」と。二人の世界に没入する「君と私」の関係は、兄の目から見ると、一般的に期待される青年像から逸脱する「私」を、ますます逸脱する方向に誘導するものだったのである。

このとき興味深いのは、それに対して提示される「私」の反応である。「私」は「己は唯自分の道を進めばい、のだ。誰が何んと云つたつて己以外に己はない、己以上に己の道を知つて居る奴はないのだ。ひとから何んと云はれたつて少しも腹を立てるには及ばないのだ[58]」と自分に言い聞かせる。ここからわかるのは、兄の目には正しい青年像からの逸脱と映った生活態度が、「私」にはまさしく「己」を体現するものであり、「君」との関係もそのような「己」を肯定することと密接に結びついた関係だったということである。

このような「君と私」の関係は、簡単には名づけえない固有な関係として描かれている。そもそも里見がこの小説を書いた動機からして、「君と私との関係を考へたい、弁《あき》らめて置きたい[59]」というものだった。「君と私」の関係は、未だ十分に言語化されていない「弁《あき》らめ」る必要のある関係だったということだろう。しかし、「君と私と」で描かれる男同士の関係は、私的な関係において、「自己」の実現を求めている点で、恋愛の理想に見事に合致するものである。

水田宗子は、近代日本文学には、女にこだわる男を主人公とし、女とのかかわりにおいて自らの内面世界、あるいは、「私」の空間を描こうとする「私小説」が圧倒的に多いことを指摘する（水田 一九九二）。というのも、男性たちが、女のいるところを私的な領域と考え、そこに私的な精神の空間があると夢想したからである（同前）。それに対して、里見弴の「君と私と」という作品は、男である「君」との関係を描くことを通して、里見の「内面」を描こうとする「私小説」である。実際、里見はもう一つの執筆動機として「広い意味で自分を云ひ現したい[60]」ということを述べている。すなわち、女との関係において「自己」が描かれるという「私小説」の構造を、里見は男との関係において再現しているのである。つまり、作品の構造レベルにおいても、「男同士の恋」は、男女の恋愛に対応するものであった。

とすれば、そのような「男同士の恋」が学生たちの間で流行していたということは、男女間の恋愛の中に存在していたジェンダー秩序に対して、どのような意味をもっていたのだろうか。

3-3 「男同士の恋」と異性愛規範

本節では、男性による男性に対する想いを綴った投稿文や小説を取り上げてきたが、その位置づけについて飯田祐子が重要な指摘を行っている。男性向けの投稿専門雑誌である『文章世界』の投稿内容を分析した飯田によると、男同士の親密な関係は、抒情文においては描かれているものの、投稿小説のテーマとされることは、ほぼ皆無であったというのである(飯田 一九九九)。すなわち、自らの感情吐露と密接に結びついた抒情文のレベルにおいては語られた「男同士の恋」も、抒情文よりも創作性の強い小説においては、敢えて作品化するテーマとしては選ばれなかったのである。「男同士の恋」については、「君と私と」という例外的な作品をおいて、プロの小説家によって作品化されることもほとんどなかったことは、すでに述べた通りである。

同様に、本章では北村透谷の恋愛論をはじめ、恋愛を理想化する多くの評論を取り上げたが、「男同士の恋」を論じる評論文については、管見の限り見つけることができなかった。すなわち、「男同士の恋」は実践され、抒情文や書簡文においては描かれながら、小説や評論においてはほとんど登場しなかったことになる。しかも、恋愛論においては、男女の恋愛こそが「自然」なものであり、だからこそ「自己」を実現し得る関係であるという論理がつくられていた。そこでは必ずしも同性間の親密な関係が明確に否定されていたわけではない。しかしながら、理念・理想において希求されたのはあくまでも男女の恋愛であって、恋愛は決して男同士にも開かれたものとして理念的に位置づけられていたわけではなかったのである。

明治三〇—四〇年代においては、恋愛のように男女という性別枠組みに規定される関係ではなく、「友愛」を前面に打ち出し、「真友／親友」を求める青年の声も、少数ながら存在していた。たとえば第一高等学校の校内誌に掲載された「美的情操の上より見たる友愛」と題する記事においては、「人生れて二十、已に人生の一部を見其の裡面の醜に驚き、人生の意義に迷ひて其目的に惑ひ、更に幾多心を傷ましめ眼を悲しましむるを知ると共に忽然として身に迫る落莫の鋭き刃は彼等をして熾烈なる愛の要求をなさしむる也」と社会からの避難所としての「愛」が希求されているが、それは単なる「知面の士」ではない「肝胆相照らす真友」への希求であると言いかえられた[61]。

同様に、明治四一（一九〇八）年に『中学世界』に投稿された書簡文には、自分でもよくわからない「寂しさ」を抱える書き手が、「唯一人心のあつた友達があればそれで沢山です。女でもかまわない。……過去一年間此の友はあなたでした。そして今でもあなたです[62]」と「女の友」へ呼びかけている。「女でもかまわない」ということは、「唯一人心のあつた友達」であれば、それは「男でもかまわない」ということである。ここで描かれているのは、第一章で取り上げたような、性別よりも心のあうことを重視する「真友」観である。

しかし、このように男女という枠組みにとらわれずに固有な関係性を求める言説は、「男同士の恋」を語る言説よりさらに少数であった。やはり男性たちによる自分と相手の固有性に基づく関係性への希求は、理念的レベルにおいては、男女という枠組みを保持するものであったといえよう。すなわち、一部の青年たちは、男女の恋愛を「自然」なものとすることで、自らを抑圧する規範を人為的・社会的なものとして棄却しようとしたわけだが、恋愛に内包される男女という枠組みについては、棄却すべき規範としては認識されなかったのである。

このことは、彼らにとって、男女という枠組みが、「自己」を実現する上での妨げにならなかったことを意味する。彼らが「自己」を希求する上で問題だったのは、公的領域における規範であり、私的領域における男女という枠組みは問題ではなく、むしろ心地の良いものとして夢想されていた。男女の関係において不足なく「自己」が実現できるのであれば、わざわざ男女という枠組みに異を唱える必要はないのである。異を唱えるどころか、未だ現実においては実践され得ない、男女間の恋愛を追い求めていたのが、当時の青年たちであった。

第四章で論じるように、女性たちによる「自己」の希求、および、固有な「自己」に基づいた親密な関係への希求は、男女という枠組みをも問うものであった。つまり、男性たちは、男女関係に組み込まれた自らの特権を問い返す視点を完全に欠いていたのである。

しかし、たとえ青年たちによる恋愛の希求が、男女という枠組みを保持するものであったにしろ、それがある種の男性性から逸脱するものであったことは、たしかである。しかして、青年が「自己」や恋愛を追い求めることは、男性性からの逸脱という観点から、警戒されていくことになる。

次章で論じるのは、「自己」や恋愛に価値がおかれる風潮に対抗して、「男」としての「役割」、すなわち「国家への貢献」や「立身出世」などが改めて価値化されていった様相である。それでは、その過程で男性たちにとっての恋愛はいかに変質させられていったのだろうか。

註

（1）現代において青年という言葉には、男女双方が含まれるものの、本書では、明治期における使われ方に即し、男性のみを指す言葉として用いる。

（2）北村透谷「厭世詩家と女性（上）」『女学雑誌』第三〇三号、明治二五（一八九二）年二月六日。

（3）同前。
（4）同前。
（5）同前。
（6）北村透谷「我牢獄」『女学雑誌』第三二〇号、明治二五（一八九二）年六月四日。
（7）北村透谷「厭世詩家と女性（下）」『女学雑誌』第三〇五号、明治二五（一八九二）年二月二〇日。
（8）同前。
（9）北村透谷「「歌念佛」を読みて」『女学雑誌』第三二一号、明治二五（一八九二）年六月一八日。
（10）同前。
（11）北村透谷「厭世詩家と女性（上）」『女学雑誌』第三〇三号、明治二五（一八九二）年二月六日。
（12）北村透谷「石坂ミナ宛書簡草稿」明治二〇（一八八七）年八月一八日（小田切秀雄編『北村透谷全集』筑摩書房、一九七六年、二八八頁）。
（13）北村透谷と石坂ミナの間で交わされた書簡を検討した永渕朋枝は、「透谷にとって美那子とは、透谷自身の志を投影し、一方的に慰めや励ましを求める存在だったのではないか、という疑問を拭いきれない」と述べている（永渕 二〇〇二、一七頁）。
（14）北村透谷「厭世詩家と女性（下）」『女学雑誌』第三〇五号、明治二五（一八九二）年二月二〇日。
（15）高山樗牛「美的生活を論ず」『太陽』第七巻第九号、明治三四（一九〇一）年八月五日。
（16）同前。
（17）高山樗牛「無題録」『太陽』第八巻第一二号、明治三五（一九〇二）年一〇月五日。
（18）高山樗牛「美的生活を論ず」『太陽』第七巻第九号、明治三四（一九〇一）年八月五日。
（19）同前。
（20）姉崎正治「現時青年の苦悶について」『太陽』第九巻第九号、明治三六（一九〇三）年八月一日。
（21）同前。

(22) 同前。
(23) 和辻哲郎「霊的本能主義」『校友会雑誌』第一七一号、明治四〇(一九〇七)年一一月九日(DVD版、日本近代文学館、二〇〇六)。
(24) 宮島信夫「霊・肉の対照」『校友会雑誌』第一七八号、明治四一(一九〇八)年六月一〇日(DVD版、日本近代文学館、二〇〇六)。
(25) 高山樗牛「無題録」『太陽』第八巻第一二号、明治三五(一九〇二)年一〇月五日。
(26) 逢坂佐馬助「詩と恋愛」『中学世界』第三巻第一五号、明治三三年(一九〇〇)年一一月。
(27) 淀濱漁郎「恋愛論」『中学世界』第五巻第二号、明治三五(一九〇二)年二月。
(28) 松本弦山「噫!」『中学世界』第七巻第七号、明治三七(一九〇四)年六月、神山得三「見はてぬ夢」『中学世界』第六巻第三号、明治三六(一九〇三)年三月。
(29) 松本弦山「噫!」『中学世界』第七巻第七号、明治三七(一九〇四)年六月。
(30) 榎並外雄「山上」『中学世界』第八巻第一五号、明治三八(一九〇五)年一一月。
(31) 詳しくは、自然主義文学における「告白という形式、あるいは告白という制度が、告白さるべき内面、あるいは「真の自己」なるものを産出する」とする柄谷行人の議論を参照のこと(柄谷一九八〇→二〇〇八、九七頁)。
(32) 片山天弦「自己の為めの文学」『東京二六新聞』明治四一(一九〇八)年一一月一一日、一三日—一七日(川副国基編『明治文学全集 第四三巻 島村抱月・片上天弦・長谷川天渓・相馬御風集』筑摩書房、一九六七年、二三七—二四一頁)。
(33) 相馬御風「自然主義論最後の試練」『新潮』明治四二(一九〇九)年七月(川副国基編『明治文学全集 第四三巻 島村抱月・片上天弦・長谷川天渓・相馬御風集』筑摩書房、一九六七年、三二一四頁)。
(34) 姉崎正治「高山君に贈る」『太陽』第八巻第四号、明治三五(一九〇二)年四月五日。
(35) 姉崎正治「現時青年の苦悶について」『太陽』第九巻第九号、明治三六(一九〇三)年八月一日。
(36) 堺利彦『婦人問題』金尾文淵堂、明治四〇(一九〇七)年(中嶌邦監修 一九八二『近代婦人問題名著選集

第二巻』日本図書センター、一九八二年、一〇九頁）。
(37) 和辻哲郎「霊的本能主義」『校友会雑誌』第一七一号、明治四〇（一九〇七）年一一月九日（DVD版、日本近代文学館、二〇〇六）。
(38) 戸田海市「社会主義と個人主義」『太陽』第一八巻第一号、明治四五（一九一二）年。
(39) ただし、戸田は、「個人我」の発達した西洋に対して、日本国民は没我的傾向が甚だ強いため、日本においては社会主義が大きな勢力となることはないという主張を展開した（同前）。
(40) 旭山生（石川三四郎）「自由恋愛私見」『週刊平民新聞』第45号、明治三七（一九〇四）年九月一八日。
(41) 堺利彦「良妻賢母主義」『家庭雑誌』第四巻二号、明治三九（一九〇六）年二月一日（復刻版、不二出版、一九八三年）。
(42) 幸徳秋水「婦人解放と社会主義」『世界婦人』第一六号、一九〇七年九月一日（復刻版、明治文献資料刊行会、一九六一年）。
(43) 姉崎正治「現時青年の苦悶について」『太陽』第九巻第九号、明治三六（一九〇三）年八月一日。
(44) たとえば『中央公論』では明治三八（一九〇五）年九月から明治三九（一九〇六）年八月までの一年間、「男女学生交際」について数名の識者が持論を発表する連載が組まれた。そこでは、男女学生が性的な接触をもつことを予防する方法を講じた上で、今後、男女交際を実現していく必要があるというのが、多くの論者に共通した見解であった。
(45) 里見弴「君と私と」『白樺』大正二（一九一三）年（古川誠編『近代日本におけるセクシュアリティ第35巻　文芸作品に描かれた同性愛』ゆまに書房、二〇〇九年、六九頁）。
(46) 松本修一郎「訣別」『中学世界』第五巻第一四号、明治三五（一九〇二）年、一一月。
(47) 同前。
(48) 深川丸富岳「南洋にある友の許に」『中学世界』第五巻第一二号、明治三五（一九〇二）年、九月。
(49) 同前。

(50) 下山利春「絵の人」『中学世界』第一二巻第一五号、明治四二（一九〇九）年、一一月。
(51) 里見弴「君と私と」『白樺』大正二（一九一三）年（古川誠編『近代日本におけるセクシュアリティ第三五巻 文芸作品に描かれた同性愛』ゆまに書房、二〇〇九年、一一〇頁）。
(52) 同、一九五頁。
(53) 同、二一二頁。
(54) 同、一九八頁。
(55) 同、二三二頁。
(56) 同、二一九頁
(57) 同、二一七頁。
(58) 同、二二一頁。
(59) 同、一一八頁。
(60) 同前。
(61) 三村起一「美的情操の上より見たる友愛」『校友会雑誌』第一七九号、明治四一（一九〇八）年一〇月二〇日（DVD版、日本近代文学館、二〇〇六）。
(62) 麹町中「女の友へ」『中学世界』第一一巻第一五号、明治四一（一九〇八）年一一月。

第三章　恋愛の社会化——「自己」から「男らしさ」へ

前章では、明治二〇年代後半から四〇年代にかけて、一部の青年たちの間で「自己」なるものを希求する風潮が高まり、それに伴って恋愛賛美が生じていった様相を浮かび上がらせた。「立身出世」という重圧からの解放を求めた青年たちは、「真の自己」を発露させることのできる関係として、恋愛を理想化していったのである。それに対して、本章で明らかにするのは、「自己」を追求することよりも「男」としての「役割」を果たすことを強調する価値観が強化されていった過程である。そして、それとともに恋愛という観念に、異なる色彩が加えられていった様相である。

「自己」なるものを希求し、人生に悩んだ青年たちが「煩悶青年」とよばれたことは、前章で述べたが、本章で詳述するように「煩悶青年」は社会的に問題視される存在だった。しかも、明治三〇—四〇年代、西暦でいえばおよそ一九〇〇年代の日本社会では、「煩悶青年」のみならず、学生の「堕落」や「不良化」が社会問題化され、「学生風紀問題」という名の下にメディアを騒がせたことが知られている（久保田二〇〇四）。同時期は、「青年」や「学生」が社会的な注目を浴びた時代だったのである。

澁谷知美は、そのような時代にあって、青年たちの「性」の管理がすすめられていったことを論じている（澁谷 二〇一三、二〇六—二八四頁）。具体的には、知識人や教育者の言説、あるいは、警察の実力行使によって、「登楼」など従来学生文化として容認されていた婚前の性行動が取り締まられ、「性」が結婚に囲い込まれていった様相を浮かび上がらせている（同前）。では、このように「性」の統制がすすめられていったことは、恋愛の歴史とどのようにからまりあっているのだろうか。

澁谷は、男子学生の「性的身体」が管理されていったのは、何よりも彼らの身体を「生産する身体」として構築していくためであったと結論づけている（澁谷 二〇一三）。前章でみたように、青年たちの「自己」とそれを実現する恋愛の希求は、まさしく自らが「生産する身体」に還元されてしまうことへの抵抗であったと言いかえることができよう。とすればなおのこと、この時代の「性」の管理の進行が、青年たちの「自己」や恋愛の希求と、どのような関連にあったのか、解き明かす必要があると思われる。

また、男子学生の「性の管理」といえば、一九〇〇年代には肉体的結合を含む男同士の絆であった「男色」が禁止され、性的接触を禁止された「男同士の友情」へと再編されていったことを前川直哉が明らかにしている（前川 二〇〇七、二〇一一）。では、「男色」から「男同士の友情」へという流れにおいて、前章で言及した「男同士の恋」はどのように位置づけられるのだろうか。「男同士の恋」が、恋愛と同様、「自己」なる観念と密接に結びつくものであった以上、青年たちの「自己」の希求と「性」の統制がどのような関連にあったのかを解き明かすためには、「男同士の恋」のゆくえをも問う必要があるだろう。

以上から明らかなように、本章では「性」という観念がひとつの重要なキーワードとなる。では、本章は従来のセクシュアリティ研究とどのような点で異なっているのだろうか。

先に言及した澁谷や前川の研究、あるいは、焦点化している時代こそずれるものの赤川学や古川誠の研究など（古川 一九九四、赤川 一九九九、前川 二〇〇七、二〇一一、澁谷 二〇一三）、ミシェル・フーコー（Foucault 1976 = 1986）の薫陶を受けた従来のセクシュアリティ研究は、近代日本における「性」の規律化・秩序化の進行に着目し、そのことを通して近代的な権力がいかに人々を支配していったのかを明らかにしようとしてきた。これらの研究と同様、本章もまた、恋愛や「男同士の恋」の希求が、「性」を媒介として近代的ジェンダー秩序と矛盾しない方向へと統制されていった過程に焦点を絞るものである。

しかし、従来のセクシュアリティ研究と本章の差異を明確にするならば、従来のセクシュアリティ研究は、近代的な「性」の秩序の形成過程を、前近代的な価値に対する近代的な価値の凌駕として描くものであった。それに対して、本章では、「前近代」対「近代」という構図ではなく、むしろ第二章で論じた、固有な「自己」が希求されるという近代的価値への対抗として、同じく近代的な「性」の統治が進められていった側面に着目したいのである。そのことによって浮かび上がるのは、異性愛と同性愛を明確に区別し、なおかつ、「性」を結婚や愛情の基礎とする近代的な「性」の秩序が完全なものではなく、常に転覆されかねない緊張関係の中に存在するものであるという側面である。

さて、前置きが長くなったが、以下ではまず、「煩悶青年」をめぐる言説を検討し、青年たちが「自己」や恋愛を希求することが、どのような論理によって問題化されていったのかを明らかにする。その上で、恋愛や「男同士の恋」が、いかに近代的な性別役割と矛盾しない方向へと再編されていったのかを、「性」という観念との関連で論じる。最後に、大正期における恋愛論の展開にふれ、「自己」の実現と社会的に要請される「役割」という二項対立が、最終的にどのように解決されようとしていったのかを考察したい。

1. 青年たちの「自己」の追求への批判

1-1 「煩悶青年」の問題化

前章でも述べたように、「煩悶青年」という言葉が社会的に形成される直接のきっかけとなったのは、明治三六（一九〇三）年五月二二日に決行された、一高生・藤村操の華厳の滝への投身自殺であった。人生が「不可解」であるとの旨を記した「巌頭之感」と題する遺書をのこしての藤村の自殺は、新聞の一面で大きく報道されることとなった。一介の学生でしかなかった藤村の自殺が新聞の一面に掲載されるという異様な事態は、東京帝大への進学が約束されたトップエリートである青年が、人生が「不可解」だなどという理由で命を絶ったことが、当時の社会にとっていかに衝撃的なことだったのかを物語っている（平石 二〇一二、一二四頁）。

しかし、「自己」なる観念に取りつかれ、「自己」の生きる意味、すなわち、何のために、どのように生きるべきかという問題を抱える青年たちにとって、「人生が不可解」であるという苦悩は、決して他人事ではなかった。藤村の遺書は青年世代の共感をよぶところとなり、冊子として出版されるやベストセラーとなったことはすでに述べたが、それだけでなく、藤村の真似をした後追い自殺が多発する事態が生じた（Kinmonth 1981＝一九九五、一八九―一九三頁）。華厳の滝では明治三六年だけで一一名もの投身者が出たのである（平岩 一九八九、三七頁）。

こうした状況は、日露戦争の終結によって人々の関心が再び国内に向けられると、一気に問題視されていくことになった。日露戦争後の社会における「煩悶青年」への関心の高さは、政府の対応にも見て取ることができる。「巌頭之感」は発禁処分にされ、明治三九（一九〇六）年には、文部省による訓令も出されている[1]。訓令は、「空想ニ煩悶シテ処世ノ本務ヲ閑却スルモノ」、すなわち「煩悶青年」をはじめ、堕落する青年や過激思想に走る青年に対して、国民としての自覚を促すものであった。

学生生徒ノ本分ハ常ニ健全ナル思想ヲ有シ確実ナル目的ヲ持シ刻苦精励他日ノ大成ヲ期スルニ在ルハ固ヨリ言ヲ俟タス殊ニ戦後ノ国家ハ将来ノ国民ニ期待スル所益々多ク今日ノ学生生徒タル者ハ其ノ責任一層ノ重キヲ加ヘタルヲ以テ各々学業ヲ励ミ一意専心其ノ目的ヲ完ウスルノ覚悟ナカルヘカラス(2)

学生の本分は、国家の将来を担う国民として、将来「大成」するために学業に励むことにある――ここに書かれているのは、従来であれば自明の前提として、学生たちに共有されていたことである。逆にいうと、人生に迷い、将来「大成」するという目的も持てずにいる青年たちの存在によって、従来の前提が自明のものではなくなりつつあるという危機感がもたれていたということだろう。

「煩悶青年」はまた、メディアにおいても盛んに論じられる対象であった。たとえば、毎月世間の注目度の高いトピックを特集し、幅広い識者の論考を掲載した『新公論』という月刊誌では、明治三九（一九〇六）年に三ヵ月にわたって「煩悶青年の救治策」という特集が組まれた。同特集には、政治家や教育者など多くの識者からの寄稿が掲載されたが、その多くは次世代の日本を担っていくべき青年たちが過度に人生に悩むことを、国家的観点から問題にするものであった。すなわち、エリート青年たちが、広く社会を見渡すことなく、自分一個の問題に固執し、自らの世界に閉じこもることは、「国家のために由々しき一大事(3)」であるとみなされたのである。

そのため、現今の青年たちに、かつての青年たちのように「功名心(4)」や「大望心(5)」を抱かせるように仕向けることや、反対にあまりに高い目標をもたせると「煩悶」の原因になるので、「成功」の再定義をすることなどが提唱された(6)。また、もっと具体的に「文学や哲学よりも実用的人材を養成する実業教育の必要(7)」や、労働に肯定的な価値を与える「労働神聖論を鼓吹(8)」することなども提案されている。

要は、自分の人生をめぐって煩悶する青年に対して、年長世代は「自己」云々ではなく、社会の一員として「社会有用の人物(9)」であることが求めていったのである。「自己」なるものを求めたところで、誰もが「自己表現」と仕事が一致しているという幻想を抱ける職業につけるわけではない。「煩悶青年」の代弁者と目された批評家である高山樗牛や宗教学者である姉崎正治は、「自己」を殺す「パンのための労働」に従事することへの反発を表明するという評論活動によって、「パン」を得ることができる、少数の成功者であった。そのような例外的な位置にないにもかかわらず、自分の生きる道に迷う一般の青年たちは、「社会の厄介者(10)」と見なされかねなかったのである。

実際、『新公論』の特集においては、当時流行していた進化論的な観点から、「煩悶青年」を「生存競争の敗者」として位置づけ、社会的不適合者の烙印を押す論考が複数見られた(11)。他にも、「煩悶青年」は「狂人」であると断定し、「狂人の生存は社会の為め大害」であり、「なるべく早く死滅せしめたほうが自他の利益」であるという極論(12)や、「煩悶青年」を医学的な「異常」として把握し、「身体」「精神」「遺伝的傾向」を検査する必要を唱える論(13)なども掲載された。

以上のように、社会の既成の価値観や規範に疑問をもち、「煩悶」することは、厳しい批判に曝されていったのである。そして、同様の文脈において、青年たちの「煩悶」の大きなウェイトを占めるものとして、恋愛が問題化されていくことになった。

1-2 「恋愛＝結婚」の強化

「煩悶青年」と恋愛を結びつける見方を一般に流布したのは、実は恋愛を希求した知識人や青年たち自身の言説ではなく、大きな波紋をよんだ、ある新聞小説であった。明治三八（一九〇五）年三月五日から明治三九（一九〇六）年一一月一二日まで、『読売新聞』に連載された小栗風葉の『青春』である。「現代青年の矛盾や病弊」の「一半を窺はんと為るもの」という予告とともに開始された『青春』の連載は、まさに前章で取り上げた北村透谷、高山樗牛、姉崎正治の文章をミックスして、「煩悶青年」像を造形するものであった。(14)

『青春』の主人公である、帝国大学学生の欽也は、「我」を発展させることを人生の至上の目的とする青年である。欽也は「天真本性の発露、自然の性情の発揮と云ふ事は青年の生命ですからな。我々青年は一旦我なるものを意識した以上、其の自覚を飽くまでも真卒に自由に発展為やうと為る」と宣言し、「形式の内に押し込もうと為る」「社会だの教育だの」に反抗する。(15) 反抗の具体的な実践として、彼は大学を中退することを考えるのだが、それだけでなく、彼の反抗は恋愛の実践という形をとるものであった。欽也は「社会の偏狭な制度や道徳習慣」に一切反抗し、「趣味と理想の芸術的生活」を押し通す決心を語って、(16) 女子大生・小野繁との恋愛にのぞんだのである。

欽也の言う恋愛は、結婚とは別物であった。彼は「家庭は働ある人間を平凡化し、人格も才能も滅ぼしてしまう」(17)と言って、結婚を頭から否定した。欽也にとって恋愛とは「異性に対する一般の欲求」ではなく、「箇々の性質」が「無限に相異な」る「文明人種」が、各自の個別性に基づいて実践するものであった。(18)『青春』の作者である小栗風葉は、欽也を通して、恋愛を、個人を凡庸な枠にはめ込もうとする社会に対する反抗と見、結婚という社会制度の枠に収まることを「堕落」であるとした、青年たちの論理を再現して見せたのである。

しかし、『青春』という物語世界では、このような思想に基づいて恋愛を実践した結果、繁は妊娠し、堕胎を試みて生死の境を彷徨う。そして、欽也には堕胎罪によって服役するというプロットが用意されていた。『青春』の後半では、まさしく欽也が繁との恋愛を実践したがゆえに、エリートとしての将来を棒に振り、落ちぶれていく過程が詳細に描かれていった。つまり、『青春』という作品は、北村や高山らの思想において賛美された恋愛が、現実において実践されたときの危うさにリアリティを与え、そうしたリアリティを当時社会現象となっていた「煩悶青年」と結びつけて描いてみせたのである。

同様に、明治四二（一九〇九）年六月から一〇月まで『東京朝日新聞』『大阪朝日新聞』に連載された夏目漱石の『それから』にも「煩悶青年」が描かれている。主人公は、「人間の目的は、生まれた本人が、本人自身に作ったものでなければならない」とし、「黙然として、自己は何のためにこの世の中に生まれて来たか」を考える青年・代助である。[19] 代助は国家に貢献することを当然と考える父親を「御父さんの国家社会のために尽すには驚いた。何でも十八の年から今日までのべつに尽してるんだってね」[20] と馬鹿にし、さらに「麺麭《パン》に関係した経験は、切実かも知れないが、要するに劣等だよ」[21] と労働に従事することも忌避している。そのような代助が、「個人の自由と情実を毫も斟酌してくれない器械のような社界」と「戦う覚悟」で唯一実行したのは、友人の妻である三千代との恋愛であった。[22] 代助は「社界」に「自己を圧迫する道徳」を見たのに対し、三千代との関係に「雲のような自由と、水の如き自然」を見出したのである。[23]

もちろん、これらの小説の内容を、当時の実態であるととらえることはできない。むしろ、作家が青年たちの間に存在する時代の空気ともいうべき傾向を抽出し、それを小説に描くことによって、「煩悶青年」の世間的なステレオタイプが確立していったと考えるのが妥当であろう。特に恋愛事件に焦点化して「煩悶青年」を描いたこれらの新聞小説は、青年たち自身が恋愛を求めた論理はさておき、「煩悶青年」とは恋愛をめぐって「煩悶」する存在であり、恋愛こそが「煩悶」の原因であるとする世間的な見方を強化していったと考えられる。

その結果、たとえば、先に取り上げた明治三九（一九〇六）年の『新公論』における「煩悶青年」をめぐる特集では、当時の文部次官澤柳政太郎など、複数の論者が「煩悶」の主要な原因として恋愛を挙げ、青年に及ぼす「淫猥の文学」の影響に警鐘を鳴らしている。[24] さらに、男子は三〇歳、女性は二五歳に満ちるまでは「恋情」を起こしてはならないとする年齢制限が提案されたり、[25]「佳人」は「成業の日」を待って探すべきであるとする戒めが説かれたりした。[26] これらの主張において、恋愛とは「自己」云々ではなく、配偶者選択のプロセスとして位置づけられるものであった。恋愛を結婚と接続させることで、青年たちが「将来中産の紳士となり、独立自営一家の生計を立て」[27]るという道から逸れないように配慮されたのである。社会の秩序を乱しかねない恋愛に対して、恋愛を結婚につながるものとすることで、無害化しようとする力が働いていったのだといえるだろう。

そのような恋愛論の代表が、明治三七（一九〇四）年に『丁酉倫理会倫理講演集』[28]に掲載された宮田脩による「恋愛の道徳的価値」と題する論文である。宮田は、「自然に持て来た、本能の満足」に対して、「道徳と云ふやうなことをば要求する」「高い理性の所産」としての恋愛を奨励した。[29]「本能」対「道徳」の対立において、「本能」を美化した高山樗牛の論考が、明治三〇年代に大きな波紋を広げたことは前章で述べた。宮田は「本能」としての恋愛を美化する高山を仮想敵とし、まさしく「道徳」としての恋愛を論じたのである。「本能」の奔流に流される恋愛が反社会的であるのに対し、「高い理性の所産」としての恋愛は、むしろ人を「社会的活動」へと奮起させるものである、と宮田は論じる。[30] 宮田にとって恋愛は、あくまでも結婚とつながるものであり、家庭という生活基盤を維持するための男性の公的領域における「社会的活動」とセットになったものであった。

このように宮田の恋愛論は、「道徳」や「理性」を強調するものであったものの、恋愛自体を否定するものではなかった点に注意したい。宮田の所属する「丁酉倫理会」では、会員とその夫人および友人・知人を中心に会食等を行う「男女交際会」が組織されていた（中村 二〇〇六、一六六―一八〇頁）。その目的は、男女交際の欧米化であり、ひいてはお互いの性質や好みを結婚するまで知り得ないという婚姻習慣を改良することにあった（同前）。したがって、たとえ「道徳」や「理性」を強調した恋愛であっても、従来の婚姻習慣と対比するならば、結婚に恋愛を求めることは、個々人の固有性や意志を重視することとつながっていたといえる。すなわち、「自己」と「社会」を両極とするマトリックスにおいて、北村透谷や高山樗牛が「自己」に最上の価値をおいたのに対し、宮田は「社会」のルールとのバランスをとる必要を訴えたのである。第一章で論じた夫婦愛の系譜に位置づけることのできる恋愛論である。

それに対し、「自己」の価値を無化し、「社会」に貢献することにのみ価値をおく極端な言説も存在した。その代表が、「社会」に目を向けることの重要性を「男」というアイデンティティとからめて青年に発信していった大町桂月による言説である。

2.「男」の価値化

2―1 大町桂月の男性論・恋愛論

大町桂月（図3―1）は、執筆活動の場のひとつとした『中学世界』（図3―2）において、青年が国家をよそにし、社会を無視し、道徳を侮る風潮を慨嘆した。青年が「国家社会」を顧みることをしなければ、開闢以来無

図 3-1　大町桂月

出典）久松編，1971，筑摩書房，口絵

図 3-2　『中学世界』(明治 39 年 7 月号)

出典）日本近代文学館所蔵

欠の日本帝国も「韓国」や「支那《ママ》」になってしまうというのである。(31) 大町が青少年向けに執筆した記事の多くは、青年の目を「国家社会」に向けることを使命とするものであった。そのために大町が具体的に行ったのは、「男らしさ」の価値化である。

大町が、通俗的な「男らしさ」の形成を牽引した、「ジェンダー・イデオローグ」であったことは、これまでも指摘されてきたことである（細谷 二〇〇一、二〇〇四）。しかし、なぜ大町が敢えて「男らしさ」の価値を主張する必要があったのか、その点については十分に明らかにされてこなかった。本節では、「自己」なるものの価値が高まっていた同時代の文脈に大町の主張を位置づけることにより、大町による「男らしさ」の価値化が、「自己」なるものを特権化する「個人主義」「利己主義」の台頭に抗するものであったことを論じたい(32)。順を追って説明していこう。

大町が「男らしさ」を構築していく上で、主として引き合いに出したのは、儒教の教えであった。大町によれば、儒教とは「個人の立場以上に超脱して社会を基礎とした」[33]教えである。したがって、儒教において理想とされたのは「社会を益しようという心」[34]をもつ男性であり、そのような男性こそが、「君子」であるとされたという。「君子」とは、果断、豪膽、天真爛漫、洒脱、磊落、硬直、不屈不撓の精神、侠気といった「男性的美徳」を備えた存在である。[35]男であっても、陰険、愚痴、未練、ひがみ、そねみ、卑怯、臆病、しみったれといった「女性的悪徳」を有する男は、「小人」とよばれた。[36]このような枠組みに基づいて、大町は、男であれば、誰もが「小人」ではなく、「君子」であることを目指し、人格の修養に励むべきであると論じたのである。

このような構図において、「生まれたまま」であることは、「小人」の域にとどまることと同じことであるとされた。[37]第二章で論じたように、北村透谷や高山樗牛らは、社会的な規範や道徳に拘束される以前の「生まれたまま」の状態を、「純樸なる少年」[38]や「生まれながらの少児の心」[39]といった言葉によって美化していた。しかし、大町の提示した世界観からすれば、「生まれたまま」であることは、単に未熟で利己的であることに過ぎない。修養による「小人」から「君子」へ成長過程は、まさしく人間の「本性」=「内界の自然」を「征服」することとして位置づけられるものだったのである。[40]

このとき、正統的な男性ステレオタイプである「君子」に対して、負の男性ステレオタイプである「小人」が、「女性的悪徳」を有するとされたことに、今一度注目したい。「小人」はまた、「男の中の女」とも言いかえられている。[41]すなわち、「君子」の特徴を「男らしさ」として称揚することは、「小人」の特徴を女性的なものとして徹底的に侮蔑することと裏表の関係にあった。「小人」ではなく「君子」になることは、同時に「女」ではなく「男」になることでもあったのである。「君子」の価値は、「女」に対する「男」の優位を自明の前提とすることで、担保されたのである。

このような主張を展開した大町が、「ありのままの自己」に基づく結びつきであり、かつ、建前としては女性の「自己」に男性の「自己」と同等の価値をおく恋愛を敵視したのは、当然であろう。

大町の恋愛論は、端的に言うと、恋愛を「小人」の特有物として位置づけるものであった。「生まれたまま」であることを修養の足りない「小人」であることと同一視する大町が、いわば「生まれたまま」の「自己」を実現するものとされていた恋愛を、「小人」のものとしたのは筋が通っている。大町にかかれば恋愛とは、自分さえ得すれば人はどうなってもかまわないという「自愛」の最たるものであり、感情のままに自分の気に入った女を食いつくようにかわいがり、気に入らなくなれば精神的に殺し、あるいは思い通りにならなければ怒り、恨み、泣き、悲しみ、くやしがり、じれったがる、単に利己的なものでしかなかった(42)。そして、そのように振舞うことは、女性のことを上より見下ろして、「憐れんでやる」のが至当であった男性が、女性の地平まで下りて、女性と「取つ組み合い」をすることであるとして否定された(43)。

このように「男」たるものが恋愛などにかまけることが否定されたのに対し、「男」が抱くべきは「慈愛」であるとされた。美人だから憐れむというわけでもなく、醜婦だからいやがるというわけでもなく、来るものは拒まず、去るものは追わず、どのような女性であっても憐れんでやる。それが「慈愛」(「博愛」や「他愛」とも言いかえられる)であり、それは自らの私益を離れ、広く「国家社会」の「公益」に貢献する度量をもつことにつながる態度であるとされた(44)。「国家社会」に意識を集中させることが期待される「男」とは、恋愛の「主体」となることが、禁止された存在だったのである。

それに対して、男性たちが尊重すべき関係は、同性の「親友」との関係であった。第一章で論じたように、かつて「親友」(「真友」)という観念は、性別という属性をも超える、固有な個人と個人に基づく関係として論じられていた。それに対し、大町の理想とする「親友」とは、いずれ「国家社会に尽くす」「男」として、互いに「成長を促す」関係にある相手を指す観念であった。具体的には、お互いの非を諌めあい、喧嘩をし、殴り合いまでしても、その後は夕立が去った後のようにさっぱりとしている、「豪放」な関係であり、女はもとより、男でも「女みたやうな」「神経質な」人にはつくることのできない関係であるとされた(45)。

これは、「男らしさ」を基盤に据えた関係性であるという点で、前章で言及した「男色」にきわめて近似する関係であろう。しかし、大町は男同士が肉体的関係を結ぶことについては、慎重に排除している（前川 二〇〇七）。大町にとって肉体的な願望は、あくまでも男女間の恋愛によって成就されるべきものであった。その点において、実は大町は恋愛を完全に否定していたわけではない。

どういうことかというと、男性が恋愛の「主体」になることは否定したものの、大町は男性が恋愛の「対象」になることについては、むしろ奨励したのである。「男」たるものは、「女性の愛を博するだけの資格(46)」がなければならないというのである。では、「女性に愛される資格」とは何を指すのか。大町は「富」、「貴き身分」、「学力」、「腕力」、「強さ」、「気前のよさ」、「深切《ママ》」を列挙する(47)。ここでは「富」と「貴き身分」、すなわち「富貴」とそれを達成するための「学力」が、筆頭に挙げられていることに注目したい。勉学に励み、「立身出世」を遂げることによって、男性は、はじめて女性に愛される資格を得るということだろう。

このような論理に依拠すれば、女性に「愛され」、妻子をもつことは、「男らしさ」の証となる。逆に、「女性の愛を満足させ」、妻子を扶養することを果たせない男性は「男性でない」とまで罵倒されることにもなる(48)。ここにおいて、恋愛は「立身出世」という男性役割の達成に従属し、青年を地位獲得競争へ、そして「稼ぎ手」へと導くという積極的な機能をもつものとして再編されているのである。

こうして、固有な「自己」に基づく関係として、かつて境界の曖昧であった「親友」と「恋人」は、ともに「男」というアイデンティティに基づく関係として再構築され、片や男同士の関係、片や男女の関係と、両者の間には画然と境界線が引かれていった。しかも、恋愛を「男」を証明するための媒体として位置づける大町式の恋愛観は、大町一人のものでなく、『中学世界』において宣伝され、また青年たちの投稿においても一定程度受け入れられていったものであった。次に、そのことを見ておこう。

2-2　『中学世界』における展開

大町が評論文において提示した恋愛観は、物語の力によっても流布されていた。たとえば、明治三九（一九〇六）年の『中学世界』に掲載された押川春浪「豪傑と失恋家」[49]と題する小説は、意志弱く感情に流れ易い「女の様な男」である「煩悶青年」春本信雄が失恋し、逆に、天下に大志を抱いているために「女如きは眼中にない」と「豪傑」を気取る語り手が、恋愛の勝利者となってしまうという筋書きである。具体的にいうと、「煩悶青年」春本の恋する女学生が、「豪傑」である語り手に恋するという三角関係が設定されるのである。ヒロインである女学生に、「女性の理想とする男性はスツキリとして男らしき男」、「春本の如き意気地なき男は私大厭ひ」などと語らせることで、「女々しき男」は女性の愛を獲得することはできないことが、強く印象づけられた。小説は終盤において、心を入れ替え、恋愛よりも事業の達成に専心することに目覚めた春本と語り手を再会させ、新たな友情が結ばれたことを示す場面で結末を迎える。こうして「豪傑たれ」という小説のメイン・メッセージが最後に掲げられるのであるが、そのような「豪傑」は、図らずも女に「愛されてしまう男」であることを、この小説は物語っているのである。

同年に掲載された、小山内八千代「脂粉」(50)では、学習院中等科五年の華族の「若様」が、一六歳の女学生と恋に落ちる。そのような中、日ごろから「若様」の「男らしからぬ」様子に反感をもつ同級生の間で、「若様」に対する鉄拳制裁の話が浮上する。それを伝え聞いた幼馴染の女性が、「女が男と交際するのは、男らしさを求めるからなのに、あなたは女とかわったところがない」、特に「服装が男なのか女なのかわからない」と忠告し、「若様」は断然目を覚ますという筋をたどる。ここでも、男女が交際すること自体が否定されているわけではなく、主人公が「男らしい男」でないことが問題にされている。そして、女性は「男らしさ」を求めているというレトリックによって、恋愛は「男」からの逸脱を促すものではなく、むしろ「男」へと誘導する観念へと変換されているのである。

青年たちに発せられたメッセージは明らかであろう。恋愛の勝利者たりたければ、恋愛などに興味をもたず、ひたすら社会における「事業」に意識を集中させ、「事業」の成功、「富貴」の獲得にこそ邁進すべきである。女に愛されたければ、女に愛されようとしてはいけない。こうしたねじれた精神構造が構築されることによって、恋愛は青年たちを「男らしさ」へと、そして、男性の性別役割へと誘導する装置へと読み替えられていったのである。

こうした恋愛観は、読者投稿欄にも見出すことができる。前章で述べたように、明治三〇年代前半の『中学世界』の読者投稿欄において、恋愛は、地位や名誉などの男性的価値、あるいは、世俗的価値に対抗するものとして価値化されていた。しかし、明治三〇年代後半になると、その内実は様変わりする。「小説を読んで——行末は蒲団の芳子や、魔風恋風の初野の様な女を得てスーイトホームを作らうと思つて、徹夜勉学したのは、……中学を出る頃の私であった」(51)とする投稿からは、恋愛がまさに学歴に従属するものとして認識されるようになっていったことがうかがわれる。したがって、中学を卒業して、父亡きため進学をあきらめ、銀行の「平凡」な「腰弁」にならざるを得なかったという青年の心情を描く書簡文では、「恋だの愛だのと一人前に女に接触する事は出来ぬ身だと諦めて」、「溜息」をつく「さびしい心」が描かれた(52)。すなわち、恋愛は、しかるべき地位についた後に得られるものであり、たとえ成業したとしても、学歴獲得競争の敗者に、恋愛は望めないものとする意識も生じはじめていたのである。

青年たちが「社会」と対立する「自己」を支えるものとして希求した恋愛は、かくして「男らしさ」を支えるものとしてリニューアルされようとしていた。次に見るのは、そのような恋愛のあり方が、同時代に「性」や「生物学」を根拠にして正統化されつつあった様相である。

3. 生物学的恋愛観

前節で紹介した大町桂月が、自身の論を補強するために、儒教や武士道を用いていたことは述べたが、それだけでなく、大町は生物学を装った言いまわしをも用いていた。大町は、生物の唯一の本職は「種族蕃殖」であり、男女は生殖役割に即して気質性質も異なっていることを強調している(53)。さらに、大町の展開した主張には、男たるもの女性に「愛される資格」を備えなければならないというものがあったが、その主張は次のような説明によって真実味をもたされていた。すなわち、生殖の任にあたるのは女性であるからして、配偶者の選択を行うのも女性であり、男性は女性に選ばれる存在だというのである。

このような説明は、明らかにダーウィンが進化論において提唱した、「性選択」（セクシュアル・セレクション）

という概念に基づいてなされている。周知のように「性選択」とは、より「優れた」性質をもつ個体が交尾の相手として選択されることによって、個体が淘汰され、進化が生じていくという理論である。特に雄が美しい羽根をもつクジャクのように、雄が雌によって選択されるケースが目立ち、大町もそのようなケースを念頭に自説を展開したと思われる。

当時すでに中学校においても教えられるようになっていた進化論にリンクさせながら、[54] 男女の恋愛のあるべき形をきわめてわかりやすく、通俗的に語る大町の言葉は、青少年への影響力という点では、同時代において突出していたと考えられる。しかし、進化論に基づいた生殖中心の恋愛観自体は大町のつくり出したものではなく、明治三〇年代後半に急速に広まっていったものである。男女の関係を「生物学的」な観点から論じようとする萌芽は、第一章で論じたように、すでに明治初期に存在していた。だが、進化論や後述する優生学の台頭によって、その萌芽が花開いたのが、明治三〇年代末のことであった。

当時、「生物学的」な恋愛論の代表格として扱われていたのは、「種の保存」という観点から敷衍して、恋愛とは何かを哲学したショーペンハウエルの恋愛論である。ショーペンハウエルは、「自然は種族の利益、目的のために「本能」によって個人を動かしている」という前提から出発し、恋愛とは個体を産出するための「種族の黙示」であるという立場をとった。[55] したがって、恋愛の「主成要素」は、「精神的の愛ではなく肉体的快楽」であり、[56] どのような特質をもった男女が結合されるのかは、その結合によっていかなる個体が生産され得るのかという観点から決まるものであると論じた。[57] 恋愛に関しては、個体は「種の黙示」によって動かされている駒でしかなく、「恋愛の功績は毫も個人に関せざるなり」とまで述べている。このようにショーペンハウエルは恋愛と「個人」を切り離すことによって、男性個人にとっての恋愛の価値を滅却し、むしろ恋愛以外の「事業」においいてこそ男性個人は利益を得るものであるという主張を展開した[58]。

ショーペンハウエルの恋愛論が翻訳出版された明治四〇（一九〇七）年には、神田左京『人性の研究』も出版されている。同書は、恋愛を生物学的（進化論的）見地から論じた大著であるが、冒頭においてショーペンハウエルを代表とする肉体性重視の恋愛観とプラトンを代表とする精神性重視の恋愛観が比較されている。その結果、「科学的」であるという理由で前者に軍配が上げられ、神田は生物学的であることにこだわった恋愛研究を展開していくのである[59]。とりわけ詳細に紹介されたのが進化論における「性選択」の原理であった。神田は、一番勝っている雄が雌に選択されることによって進化が生じるという雌雄淘汰の現象を動物の事例によって説明し[60]、人類においても同様であることを論じている[61]。さらに「自然派恋愛論」において論じられていることとして、女性は強健な「体力」や「男らしい骨格」をもち、「強固なる意志」、「決断力」、「勇力」、「精練」、「親切」といった性格を有する男を選択するという説を紹介している[62]。

同時期には、このような「性選択」の原理を応用することで、積極的に人類の「質」を改良しようとする、「優生学」（eugenics）とよばれる発想も紹介されはじめていた。そうした発想において、恋愛とは、より「質の高い」人間を生み出すための「性選択」のプロセス以外の何ものでもなかった。すなわち、生存競争において「適者」を選び出すプロセスである。では、ここでいう「適者」とはいかなる存在だったのだろうか。日本における優生学の議論において「適者」とは、徹頭徹尾、日本という国家に有用か否かという視点から把握された。たとえば、優生学の浸透において画期をなしたとされる海野幸徳『日本人種改造論』（明治四三年）では（加藤二〇〇四）、「人種改造」によって、世界を舞台に身体的競争・精神的競争に勝ち抜くことのできる「日本人男性」をつくりだす必要が、滔々と述べられている。少し長くなるが、それぞれ身体面と精神面について述べられている二つの箇所から引用しよう。

身体虚弱にして戦闘力を欠く国民を包容すること多きものは、国家的人種的生存競争に於て圧制せられ、潰滅せらるゝは明らかなり。之れを以て国民衛生に留意せず、諸種の身体破壊を顕現し、人種改造に意なき国は早晩身体強健にして、人種改造に熱中する国に滅亡せらるゝは明白なり。されば吾人は身体的競争の決して軽々に付すべからざるを看取し、身体を強健にし之れを淘汰改造して、以て生存競争場裡に於て覇を世界に称せざるべからざるなり(63)。

神経の精緻にして精神の精華たる人類の之の武器を利用して、生存競争に従ひ、戦闘に従事すべきは明らかなり。之れを以て精神の開発程度の大小により、深浅によりて、或は他を征服し、或は他に圧服せらるゝ、結果を生ず。されば精神を精良にし、之れを精練することは、戦闘に従事し、国威を発揚し、民族の存立を計るに切要なることゝ言はざるべからず。是の故に吾人日本人にして、若し精神形質の精良なるものを淘汰することなく、精神形質の粗悪なるものを混入し、又は之れをのみ、独り其勢力を逞ふせしむるときは、為めに国民的精神形質は下落し、生存競争に於て敗滅の運命に接すべきは明らかなり(64)。

ここでは、日本が他国に征服されないためにこそ、日本人を優生学的に改良する必要が訴えられている。そのために求められたのは、端的に言えば、「日本人男性」を身体的にも精神的にも屈強な「兵士」に、改造することであった。重要なのは、同書が優生学の書である以上、そうした人間改良を、教育や訓練ではなく、まさしく恋愛＝「性選択」によって達成すべき課題として提示していたことである。

加藤秀一によれば、こうした優生学的課題を国家的課題として論じる言説が登場してくるのは、明治末のことであるという（加藤 二〇〇四、九〇―一〇三頁）。その背景には、日露戦争を経て、帝国主義的膨張に向けた人口増加策の必要性が、役人や学者たちによって叫ばれ、人口の「量」への関心がやがて「質」への関心へとつながっていったことがあったという。それに輪をかけたのが、明治四〇（一九〇七）年のインディアナ州を皮切りに、アメリカ合衆国の各州で精神薄弱者や犯罪者に対する強制的断種手術を認める法律が次々に実施されていったことだった（同前）。

すなわち、青年たちが「自己」なるものの固有性を希求しはじめた時代はまた、個々人の価値を国家的有用性の観点から把握しようとする視線が強まっていった時期と重なっていたのである。そして、青年たちが「自己」の実現という観点から希求した恋愛についても、国家や社会、あるいは、「種」にとって有用な人材を再生産するための媒体であるという見方が醸成されていったのであり、そのもっとも極端な形態が優生学であった。

このように恋愛結婚という観念に、より「優秀」な子孫を残せる相手を選択するという優生学的な価値観が忍び込んでいった過程は、すでに加藤秀一によって詳細に明らかにされている（加藤 二〇〇四）。しかし、本章が改めて主張したいのは、恋愛を生物学的な視点からとらえ、社会的に期待される「男らしさ」の証明とする価値観が、この時代に単独で存在していたわけではなく、「男らしさ」とは相容れない固有な「自己」を実現するものとして恋愛をとらえようとする価値観との緊張関係の中で、存在していたということである。

以上、前章と本章で明らかにしてきたことを総合すると、明治末には、恋愛をめぐって二つの位相の異なる言説が並存していたことがわかる。恋愛とは、「自己」を実現するものなのか、「生殖本能」に基づいて「男」として選抜される場なのか。個人的な視点から語られるべきものなのか、あるいは、社会的な有用性の観点から語られるべきものなのか。こうした対立を、折衷案によって解消しようとしたのが、次に見るように大正期の恋愛論であった。

4. その後の展開

4－1 厨川白村の恋愛論

大正期には「恋愛論ブーム」ともいうべき、恋愛論が量産される状況が生じることになった（菅野 二〇〇一）。その火付け役となったのは、大正九（一九二〇）年九月三〇日から一〇月末まで『東京朝日新聞』に二〇回にわたって連載された、厨川白村の「近代の恋愛観」である。同論考は、連載中から大きな波紋を広げ、大正一一（一九二二）年に単行本して出版されるや、すぐに四〇版を重ねるベストセラーとなり、「ラブ・イズ・ベスト」という流行語を生みだした。さらに、厨川の恋愛論に追随するかたちで、新聞・雑誌に恋愛をトピックにした数多くの企画が登場したのみならず、類書も多数出版され、恋愛論ブームが巻き起こされたのである（菅野 二〇〇一、一一二頁）。

このようなブームを巻き起こすきっかけとなった厨川白村の恋愛論は、これまでも多くの恋愛研究において取り上げられてきた（菅野 二〇〇一、加藤 二〇〇四、李 二〇〇五、ホン 二〇一三、宮野 二〇一四など）。それらの研究の多くは、厨川の恋愛論が、恋愛と結婚を相克するものと位置づける北村透谷のような恋愛観とは異なり、恋愛と結婚を接続させる恋愛結婚論であったことを強調するものである（菅野 二〇〇一、加藤 二〇〇四、李 二〇〇

五、ホン 二〇一三)。しかし、他方では、厨川の恋愛論を、「自己」なるものの希求と結びつく北村的恋愛論の系譜に位置づける研究も存在する(宮野 二〇一四)。

このように二つの乖離する見解に対し、本書では、厨川の恋愛論を、まさしく「自己」なるものの希求と、結婚とともにもたらされる近代的なジェンダー秩序との矛盾を解決しようとするものであったと位置づける。その全容は、続く章において論じる、女性たちの動向をふまえることなしに理解することはできない。したがって、ここではひとまず厨川の恋愛論が、社会的に期待される「男」であることと「自己」を追い求めることとの対立を、解消しようとするものであったことを押さえておきたい。

「ラブ・イズ・ベスト」と題する新聞連載の第一回目は、次のように、恋愛の価値を男性の「事業」と比較することからはじまる。

図 3-3　厨川白村

出典)『厨川白村全集第 1 巻　文学論・上』1929, 改造社, 口絵

市場の有価証券、領土拡張騒ぎ、私有財産の争奪戦、博徒の縄張り争ひ見たやうな国際競争、贈賄収賄の法律裁判、脱税を目当ての社会奉仕の財団、すべてそんな者が何になる、千年にして百年にして、否なわづか十年にして皆悉く廃墟ではないか。墳墓ではないか。世の利巧な愚物よ、俗漢よ。しごとゝとか事業とか政権とか利益とかゞ夫れほど迄に有難いか。……罪ふかき穢れた我等の生活が、浄められ高めら

れ償はれて、無限悠久の生命を得るのは女性の愛によつてだ。[65]

ここでは、仕事や事業に邁進する男たちに対して、「女性の愛」にこそ、より大きな価値があることが訴えられている。仕事より愛。これは「立身出世」よりも恋愛に価値を見出そうとした青年たちの論理と寸分もたがわない。実際、厨川は恋愛が、「性を異にせる二つの個人の結合によつて、お互いに「人」としての自己を充実し完成する両性の交響楽」[66]であり、恋愛によってこそ「真の「自我の解放」をも見出し得」ることを強調している。[67]これらの言葉から、厨川が恋愛を生物学的視点のみによって解釈する流れに抗し、「自己」の実現という観点から恋愛の精神性を再び意義づけようとしていたのは明白である。

しかし、他方で厨川は、恋愛が「生殖本能」である「性欲」に根差したものであることも疑わない。[68]すなわち、恋愛とは相手との関係性の中で、「自己を完成」するものであるだけでなく、「新しい生命を創造し、子孫といふ形で自己を永久に保存する」ために生じるものでもあるというのである。[69]北村透谷は「自然」を、高山樗牛は「本能」を持ち出すことによって、恋愛こそが「自己」を実現する根拠とした。しかし、彼らは決して恋愛を、子を産み育てる関係としては語らなかった。それに対して、厨川は「新しい生命を創造」することを、個々人の「自己」を保存することであると読み替えることによって、恋愛を「自己」の実現と結びつける見方と、「生殖本能」と結びつける見方を両立させようとしたのである。

そのことはまた、恋愛を通して「自己」なるものを実現することと、社会から期待される「男」である妻子を養うという男性役割を担うことが、両立されようとしたことを意味する。厨川は人間の「二大本能」には「性欲」に加えて「食欲」があり、したがって、食べるために働くことは「自然」なことであるとして肯定した。厨川にとって恋愛は「自己を完成」させるものであるが、それは子を産み育て、パンのために働くという「生物学的」な必要性を充たすことと、なんら矛盾するものではなかった。子をつくり、労働することは、生物としての「本能」なのであるから。すなわち、厨川は、恋愛を通した「自己」の実現を価値化したものの、公的領域において男性に課された「役割」をも、本来の「自己」に内包されるものとして吸収してしまったのである。

したがって、「ラブ・イズ・ベスト」、仕事よりも恋愛というメッセージを冒頭に掲げた厨川であるが、彼は言葉通り仕事に対して恋愛を優先すべきとする主張を展開していったわけではなかった。実際、厨川は「ラブ・イズ・ベスト」に矛盾するようであるが、別の箇所では「「愛」は男子に取つては、その生活の一部に過ぎない」(70)と述べている。厨川の恋愛論のもつこうした枠組みは、私的生活と公的生活の間のバランスを要求するものである点で、第一章で明らかにした夫婦愛の枠組みと重なる。つまり、厨川の恋愛論においては、「自己」というキーワードが掲げられながら、社会的に課された男性の性別役割に反抗するという側面については、完全に抜け落ちているのである。

こうして恋愛の仮想敵は、男性に「立身出世」や「稼ぎ手」であることを強制する社会ではなく、意に沿わない結婚を強制する「家」や「因習」へと、明確に一本化されていくこととなった。「自己以外の何者かの為に、即ち因習の為に、利益のために、或は家名のために、自己みづからを棄て心身を捧ぐる者があるならば、それは明らかに偽善である」という厨川の言葉に示されている通りである(71)。

これまで先行研究においては、厨川に限らず、大正期の恋愛論ブームの焦点が「現世結婚批判」にあったことが論じられてきたが（菅野 二〇〇一、一二四―一二七頁）、本書の視点に照らすならば、それはまさしく大正期において恋愛が、結婚の改良という領域に収まっていった帰結である。男性に課される性別役割への反抗を含んでいた青年たちの「自己」の希求は、「親に決められた結婚」ではなく「自己」の意志による恋愛結婚を実現するという範囲に狭められていったのである。

このように恋愛が結婚の問題に収斂されていったのとほぼ軌を一にして、恋愛が男女間のものであることは、いよいよ自明性を増していった。すなわち、恋愛が同性にも開かれたものである可能性は、完全に否定されていくこととなったのである。厨川にしても、「両性関係以外の場合に於ては、単に心の結合にすぎない」とし、「精神と肉体と両方からの完全な全的な人格的結合」が可能であるという理由で、男女間の恋愛のみを特権化している。(72)恋愛が「自己」とともに生殖に根差した関係であることが、明確化された当然の帰結であろう。

とすれば、固有な「自己」の実現という点で恋愛と連続性をもっていた「男同士の恋」は、どのような道をたどっていったのだろうか。そのような視点から、最後に「同性愛」観念の誕生を論じたい。

4-2 「男性同性愛」の誕生

恋愛が、そして人間そのものが生物学的に語られていく中、男同士の親密な関係もまた、「科学」の対象にされることを免れなかった。同性関係を分析の俎上にのせていったのは、主に性科学とよばれる領域である。一九世紀末の欧米に誕生した性科学という学問は、生殖に結びつく男女の間の性衝動のみを正常とし、その他の形態の「性欲」を示す個人を「異常者」として、症例ごとに類型化し、分類して把握しようとしていった。そのなかで、同性に対して性的な欲望をもつ者は、「同性愛者」としてくくられ、周縁化されていったことは、すでに先行研究によって明らかにされてきた通りである(古川 一九九四、Pflugfelder 1999、前川 二〇一〇など)。

また、先行研究においては、「同性愛者」というカテゴリーの構築が、マイナスの側面ばかりでなく、それまで語られなかった種類の欲望に言葉を与え、言語化する道を開いたという意味で、プラスの側面もあったことが指摘されている（前川 二〇一〇、二四頁）。というのも、「同性愛者」というアイデンティティを内面化することによって、「同性愛的欲望」を表現する男性も現れていったからである。たとえば、大正一一（一九二二）年に創刊された、田中香涯を主幹とする雑誌である『変態性欲』（図3-4）には、少数ではあるが匿名で「男性同性愛者」からの投稿が掲載され、「同性愛的欲望」が誌面で表現されることとなった(73)。

では、それはいかなる欲望だったのだろうか。『変態性欲』に寄せられた読者投稿を分析した Gregory M. Pflugfelder や前川直哉は、「同性愛」概念の誕生によって、かつての「男色」概念で想定されていた「年上＝能動／年下（成人前）＝受動」という固定化された組み合わせ以外の関係が、新たに表現可能になったことを指摘する（Pflugfelder 1999, pp. 252-253、前川 二〇一〇、二二頁）。この点について、まったく異論はない。

しかしながら、前川や Pflugfelder は「男色」との比較によってのみ「同性愛」観念の特徴を把握し、「男同士の恋」を考慮に入れていないため、見落としている側面もある。すなわち、「君と私」という固有な関係を重視する「男同士の恋」が生じていた文脈に、「同性愛」の登場を位置づけると、前川や Pflugfelder によっては指摘されることのなかった、「同性愛」観念の別の特徴が見えてくるのである。

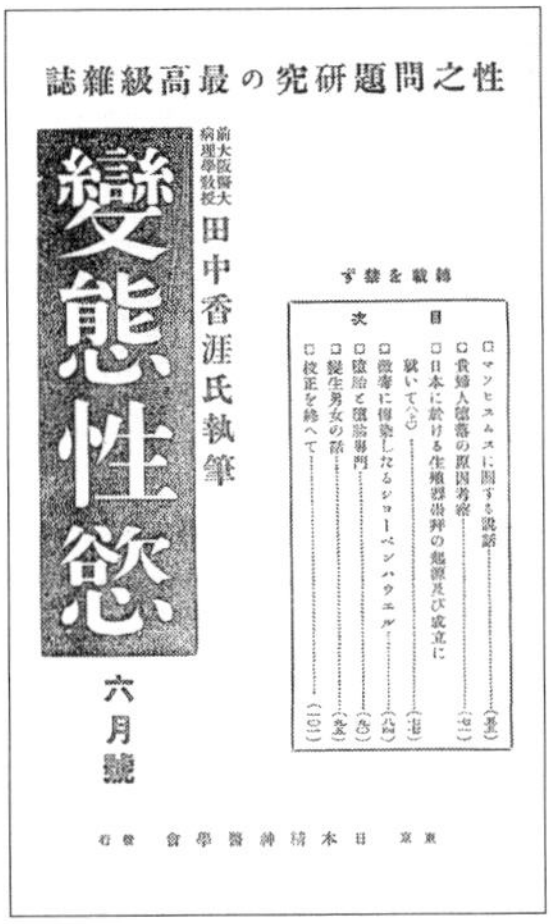

図 3-4　『変態性欲』
（大正 11 年 6 月号）

出典）複製版，2002，不二出版

　前章で論じたように、「男同士の恋」の実践において、同性である相手に恋心や性的関心を抱くことは、「たった一人」の「私」と「唯一無二」の「君」との固有な関係として把握されていた。それに対して、「同性愛」という観念は、個別性を排除し、単に同性一般に対する欲望として、関係を類型化して把握する観念である。性科学とは、個々人を一定の型にはめて分類し理解しようとする「科学」であり、それは型にはまらない、固有な「自己」であろうとする心性と、自ら対立する面をもつ。したがって、そのような「同性愛」観念にのっとって言語化された「男性同性愛者」の欲望とは、固有な個人への愛着ではなく、男性性一般に向けられたもの、しかも肉体的欲望に焦点化して語られるものであった。以下に、そのことを如実に示す例として、『変態性欲』に掲載された投稿を挙げる。

男が美人を振り返ると同じく、男らしい男性に道で電車で逢つた場合には振り返らずには居られません。……苦み走つた男性的な男を見る度に交際して戴き度、兄弟の契りを結び度いとの念が絶えず、殊に軍人(尉官位の海陸将校)のあのハキ〳〵した態度とハチ切れそうな下肢の肉体と絶倫らしい精力とを想ふ時、尚士官学校時代又は軍艦生活中によくあると云ふ変態なロマンスを想像して、どんなに将校を兄に持つ憧れに悶えて居る事でせう。(74)

この投稿では、特定の男性個人に想いを寄せるというよりも、「苦み走つた男性的な男」、特にその象徴である「軍人」一般に対して欲望をもっていることが語られている。しかも「ハチ切れそうな下肢の肉体」や「絶倫らしい精力」への言及からは、それが極めて肉体的なものであったことが示唆される。これらの特徴は他の投稿にも共通するもので、男性的特徴としての「髭」「筋肉」や「軍人」という属性への思慕が、頻繁に語られた。(75)あるいは、「屈強な人力車夫の偉大なる・・・《ママ》あたりを見ると、・・・《ママ》でもやられて見たいやうなことを考へるやうになりました」[76]と、伏字にされつつも、より直截的な肉体的欲望の表現もみられる。ここに表現されている欲望が「男の・・・《ママ》」への欲望であり、特定の個人への欲望でないことは明白であろう。

　もちろん投稿には描かれていなくても、こうした肉体的欲望が特定の個人への思慕と結びつく場合も往々にしてあっただろう。しかし、重要なのは、「同性愛」観念によって提供されたのが、同性への思慕を男性一般、特に「男らしい男」への「性欲」の問題とする語りの型だったという事実である。すなわち、「男性同性愛」という観念は、「男」一般への欲望を指す観念であった点で、「君と私」という個々の固有性に基づく関係であった「男同士の恋」とは対極をなすものだったのである。

　しかも、同性愛的欲望をもつ男性は「女性的な男」[77]であるというように、同性への欲望はジェンダーの転倒と結びつけられるのが性科学における定型であった。すなわち、ある男性の抱く「男らしい男」への欲望は、その男性のもつ「女らしさ」に由来するものであるという解釈がなされていったのである。ここにあるのは、個々の個別性より先に「男」「女」という枠組みによって、すべてを把握しようとする志向性である。

　そのような志向性は性科学だけでなく、進化論に基づいた生物学的な恋愛論にも見られるものであった。すなわち、既存の男性役割の自明性を疑い、「自己」なるものが青年たちによって希求された時代はまた、他方で「男らしく」あることが改めて価値化され、同性関係にしても異性関係にしても「男」「女」という性別枠組による規定が強まっていった時代だったのである。

　もっとも、恋愛に関しては、「自己」の解放という側面も強調され続けた。しかし、そこでいう「自己」とは、家制度や因習に対峙して自ら結婚相手を選ぶところに生じる「自己」であり、結婚し、子を儲け、一家の稼ぎ手として妻子を養う労働に従事することを自明の前提とする「自己」であった。こうした「自己」観は、前章で見たような、社会的に課される「役割」への反発と表裏一体のものであった、青年たちによる「自己」の追求を抱き込むものであり、逆にいうと、「自己」の追求によって「役割」が突破される可能性も、実はそこに存在し続けたといえる。しかし、ひとまず性別役割をも超越する固有な「自己」の追求は、社会秩序、あるいは、国家という共同体を維持していく上で、無害なものへと飼いならされていったといえるだろう。

以上、前章、そして本章と、近代における「自己」という観念と社会的に期待される「役割」との緊張関係の中で、男性にとって恋愛がいかなる意味をもつものとして構築されていったのかを論じてきた。次章からは、女性たちの「自己」の確立をめぐる葛藤の中で、恋愛がいかに位置づけられるものだったのかを見ていこう。

註

(1)「学生生徒ノ風紀振粛ニ関スル件」明治三九年六月九日文部省訓令第一号(文部省『学制百年史 資料編』帝国地方行政学会、一九七二年、三五―三六頁)。
(2) 同前。
(3) 山根正次「是れが救済法は個人問題に非ずして国家問題なり」『新公論』第二一年第七号、明治三九(一九〇六)年一月。
(4) 本多庸一「功名心を大にして精神的趣味を深からしむべし」『新公論』第二一年第七号、明治三九(一九〇六)年一月。
(5) 高島平三郎「身体検査と大望心」『新公論』第二一年第八号、明治三九(一九〇六)年八月。
(6) 丸山通一「煩悶者自殺者に同情する勿れ」『新公論』第二一年第九号、明治三九(一九〇六)年九月。
(7) 山根正次「是れが救済法は個人問題に非ずして国家問題なり」『新公論』第二一年第七号、明治三九(一九〇六）年七月。
(8) 磯辺弥一郎「五條の原因と救済策」『新公論』第二一年第八号、明治三九（一九〇六）年二月。
(9) 山根正次「是れが救済法は個人問題に非ずして国家問題なり」『新公論』第二一年第七号、明治三九（一九〇六）年七月。
(10) 柳澤保恵「救済法を講ずるの必要なし」『新公論』第二一年第九号、明治三九（一九〇六）年九月。
(11) 山根正次「是れが救済法は個人問題に非ずして国家問題なり」『新公論』第二一年第七号、明治三九（一九〇六）年七月、柳澤保恵「救済法を講ずるの必要なし」『新公論』第二一年第九号、明治三九（一九〇六）年九月。
(12) 根本正「興国の青年男女に告ぐ」『新公論』第二一年第七号、明治三九（一九〇六）年七月。
(13) 高島平三郎「身体検査と大望心」『新公論』第二一年第八号、明治三九（一九〇六）年二月。
(14)『読売新聞』明治三八（一九〇五）年三月四日。
(15) 小栗風葉「青春」『読売新聞』明治三八（一九〇五）年三月五日〜明治三九（一九〇六）年一一月一二日（『青春（上）』岩波書店、一九五三年、四五頁）。
(16) 同前。
(17) 同、一一四頁。
(18) 同、一一七頁。
(19) 夏目漱石「それから」『東京朝日新聞』『大阪朝日新聞』明治四二（一九〇九）年（岩波書店、一九八九年、一五六―一五七頁）。
(20) 同、四二頁。
(21) 同、二四頁。
(22) 同、二五一頁。
(23) 同、二三八頁。
(24) 澤柳政太郎「煩悶自殺及び厭世に就て」『新公論』第二一年九号、明治三九（一九〇六）年九月、石黒忠悳

「三種の治療法」『新公論』第二一年第七号、明治三九（一九〇六）年七月など。
(25) 佐治實然「所謂煩悶と厭世に対する十個の療法」『新公論』第二一年第七号、明治三九（一九〇六）年七月。
(26) 丸山通一「煩悶自殺者に同情する勿れ」『新公論』第二一巻第九号、明治三九（一九〇六）年九月。
(27) 根本正「興国の青年男女に告ぐ」『新公論』第二一年第七号、明治三九（一九〇六）年七月。
(28) 『丁酉倫理会倫理講演集』とは、倫理学の研究会として出発した知識人集団である「丁酉倫理会」の発行した講演集である。
(29) 宮田脩「恋愛の道徳的価値」『丁酉倫理会倫理講演集』第一九号、明治三七（一九〇四）年四月。
(30) 同前。
(31) 大町桂月「青年の危機」『中学世界』第一一巻第五号、明治四一（一九〇八）年四月。
(32) 大町桂月「慈悲と恋愛」『中学世界』第九巻第九号、明治三九（一九〇六）年七月。
(33) 同前
(34) 大町桂月「評論」『中学世界』第六巻第四号、明治三六（一九〇三）年三月。
(35) 同前。
(36) 同前。
(37) 同前。
(38) 北村透谷「厭世詩家と女性（上）」『女学雑誌』第三〇三号、明治二五年（一八九二）年二月六日。
(39) 高山樗牛「無題録」『太陽』第八巻第一二号、明治三五（一九〇二）年一〇月。
(40) 大町桂月『青年時代』大倉書店、明治四一（一九〇八）年、一七一―一七二頁。
(41) 大町桂月「評論」『中学世界』第六巻第四号、明治三六（一九〇三）年三月。
(42) 大町桂月「慈悲と恋愛」『中学世界』第九巻第九号、明治三九（一九〇六）年七月。
(43) 同前。
(44) 同前。

(45) 大町桂月「朋友論」『中学世界』第一〇巻第六号、明治四〇（一九〇七）年五月。
(46) 大町桂月「評論 男性と女性」『中学世界』第九巻第一四号、明治三九（一九〇六）年一一月。
(47) 同前。
(48) 同前。
(49) 押川春浪「豪傑と失恋家」『中学世界』第九巻第一〇号、明治三九（一九〇六）年八月。
(50) 小山内八千代「脂粉」『中学世界』第九巻第六号、明治三九（一九〇六）年四月。
(51) 川上江風「女」『中学世界』第一二巻第一四号、明治四二（一九〇九）年一一月。
(52) 「親友へ」『中学世界』第一一巻第一五号、明治四一（一九〇八）年一一月。
(53) 大町桂月「評論 男性と女性」『中学世界』第九巻第一四号、明治三九（一九〇六）年一一月。
(54) 進化論は、明治三五（一九〇二）年の中学校の最初の教授要目制定以来、文部省から教授が指示され続けており（右田二〇〇九、一〇二頁）、読者である中学生も基礎的な知識を備えていた可能性が高い。
(55) ショーペンハウエル、アルトゥル『恋愛と芸術と天才と』隆文館、明治四〇（一九〇七）年、一八頁。
(56) 同、一〇頁。
(57) 同、四三頁。
(58) 同、五一―五二頁。
(59) 神田左京『人性の研究』岡崎屋書店、明治四〇（一九〇七）年、一〇六頁。
(60) 同、一三二頁。
(61) 同、一三九頁。
(62) 同、二〇頁。
(63) 海野幸徳『日本人種改造論』富山房、明治四三（一九一〇）年、一九七―一九八頁。
(64) 同、二〇五―二〇六頁。
(65) 厨川白村『近代の恋愛観』改造社、大正一一（一九二二）年、四頁。

(66) 同、一六頁。
(67) 同、三五―三七頁。
(68) 同、一九頁。
(69) 同、一二頁。
(70) 同、一九二頁。
(71) 同、四三頁。
(72) 同、二五頁。
(73) 『変態性欲』は、大阪医学校を卒業し、同校の教師をつとめた田中香涯がほぼ単独で執筆した雑誌であり、大正期における性欲学ブームを代表する雑誌の一つである(前川 二〇一七、三四―三五)。大正一一(一九二二)年五月から大正一四(一九二五)年六月までの四年間に三六号が発行され、読者投稿は、一巻五号から二巻五号までの九号に、のべ一六通が掲載された(同上)。
(74) 「男子同性愛の一実例」『変態性欲』第一巻第五号、大正一一(一九二二)年九月(復刻版、不二出版、二〇〇二年)。以下、指定がない場合は『変態性欲』(復刻版、不二出版、二〇〇二年)からの引用。
(75) TK生「同性愛者J・O生君に呈す」第一巻第七号、大正一一(一九二二)年一一月、S・K「同性窃視症者より」第一巻第八号、大正一一(一九二二)年一二月、天紅生「反逆者の叫び」第二巻第一号、大正一二(一九二三)年一月、A生「『女性的男子』を読んで」第二巻第三号、大正一二(一九二三)年三月。
(76) 無名生「同性愛者の悩み」第二巻第三号、大正一二(一九二三)年三月。
(77) 「男子同性愛の一実例」第一巻第五号、大正一一(一九二二)年九月。

第四章　「女同士の恋」——女たちの「自己」の追求

序章で述べたように、恋愛という観念が、近代的な「自己」の観念と不可分なものであることは、宮野真生子の研究を中心に、これまでも指摘されてきたことである（宮野 二〇一四など）。だが、これも序章で指摘したように、それらの研究においては、決定的にジェンダーの視点が不在であった。ジェンダーの視点が不在であったということは、男性の経験が普遍的な経験として語られてきたことを意味する。すなわち、男性の経験は「男であること」との関係を問われることなく記述され、女性の経験は見過ごされてきたのである。

こうした研究状況に対する問題意識から、本書では前章までの議論においては、男性に焦点を当て、恋愛を通して「自己」を希求するというテーゼを、近代的なジェンダー秩序や男性性との関連で分析してきた。それに対して、本章と、続く第五章、第六章では、これまで圧倒的に語られることが少なかった、女性と恋愛の関係に注目する。恋愛を通して「自己」を実現することと「女であること」は、どのような関係にあったのか。これは、従来の恋愛研究が正面から扱ってこなかった問題である。

さしあたって本章が目指すのは、女性たちが「自己」なるものを追求しはじめたとき、それが男性たちのように直ちに恋愛の理想化へと結びつかなかったことを浮かび上がらせ、そこから女性にとって恋愛とは、いかなるものだったのかを逆照射することである。そのために、本章が具体的に着目するのは、明治後期から大正期にかけて花開く女学生および女学校卒業生によって語られ、また実践された、女同士の親密な関係である。第二章で言及したように、男性たちは恋愛に「自己解放」の夢を託した。それに対し、「自己」なる観念に触発された女たちは、自らの「自己」を実現する関係を、男性ではなく、女性との間で築こうとしていった。これが本章の論点である。

ところで、このような論点は、片や女同士、片や男女という枠組みを超え、女同士の親密な関係と恋愛という男女の関係とを、理念的に連続するものとしてとらえることで、はじめて浮上してくるものである。そして、序章で述べたように、女同士の関係と男女の関係とを同一の枠組みで論じようとする視点は、赤枝香奈子によって提示されたものである（赤枝 二〇一一）。赤枝は、近代日本におけるロマンティック・ラブの定着過程について、「近代日本のようにジェンダーの格差があまりにも大きい状況下では、ロマンティック・ラブの理念がもたらされても、それをすぐに男女の間で実践することは難し」く、「より身近な他者、すなわち同性との間で実践が試みられ」たという仮説を提示した（赤枝 二〇一一、三三頁）。従来の研究が女同士の親密な関係を独特の女学生文化、あるいは、少女小説文化として描いてきたことをふまえるならば（久米 二〇〇三、今田 二〇〇七など）、女同士の親密な関係を、ロマンティック・ラブという異性間の親密な関係と同一の枠組みにおいて分析する赤枝の研究は、画期的なものであるといえる。

しかし、本書の視点からすれば赤枝の研究にも不十分な点がないわけではない。赤枝の研究は、当時の女性たちの実践を、「ロマンティック・ラブ」という社会学的な分析概念を用いて、あくまでも遡及的にとらえ返そうとするものであり、明治中頃から生じていた男性たちによる愛の希求との連続性と非連続性のうちに位置づけて論じるものではない。したがって、赤枝の分析は、二者の対等性や女性の主体性といった、「ロマンティック・ラブ」に内包されてきた特徴に着目したものとなっている。その結果、女同士の親密な関係は「「対等性」や「自主性」、すなわち「自由」や「平等」という近代的理念に基づく」（赤枝二〇一一、一八七頁）ような、人格的な交流を可能にするものであったと解釈される。しかし、本章で詳述するように、当時描かれた女同士の親密な関係は、必ずしも「対等」で「平等」なものばかりではなかった。「対等性」「自主性」「自由」「平等」といった観念を前面に出した分析では、包摂しきれない関係も存在していたのである。

このとき重要になってくるのが、女同士の親密な関係を、「自己」という観念を軸に理解する視点である。それは、まさしく男性たちが「自己」の確立をめぐる格闘の中で恋愛を希求していった文脈に、女同士の親密な関係を位置づけて理解することに他ならない。

以上から、本章では、赤枝の研究の画期性に学びつつ、明治後期に花開く女同士の親密な関係を、明治初期からの夫婦愛や恋愛をめぐる議論の系譜の中に位置づけて論じる。そのことによって、女同士の関係がもっていた可能性と限界について、新たな視点から指摘するとともに、女性が男性との関係で「自己」を実現しようとすることの困難さをも、逆照射したい。

具体的にはまず、男性たちによって希求されはじめた「自己」なるものが、女性たちによっても希求されはじめた様相を浮かび上がらせる。次に、女性向けの投稿雑誌である『女子文壇』や女性による初の文芸誌である『青鞜』に着目し、そこで描かれた女同士の親密性が、いかに「自己」への希求と結びついていたのかを論じる。その上で、なぜ女性たちは男女の恋愛ではなく、女同士の親密な関係にこそ「自己」の実現を求めたのかという問題を考察する。最後に、女同士の親密な関係を描いた小説作品を分析対象とし、表象としての女同士の親密な関係が、恋愛と比較したときにもっていた可能性と限界を、ジェンダーの視点から指摘したい。

1.「自己」と「女」の出会い

1-1 女の「個性」の伸張

第二章で論じたように、明治三〇年代には、「立身出世」という男性に課された「役割」に邁進することよりも、「自己」なるものにこそ価値を見出そうとする価値観が、青年たちの間で一定の影響力を持ちはじめていた。そのような中、女性たちについても、結婚して妻・母という「役割」に従事するだけでなく、「自己」の個性を伸ばしていくべきであるとする議論が、明治三〇年代後半頃から徐々に登場しはじめた。女性は第一義的に妻・母であるべきという限定をかけることなく、女性の「自己」について考えようとする議論である。

その背景には、明治三二（一八九九）年の高等女学校令公布を契機として、高等女学校の学校数・生徒数が急増し、義務教育以上の教育を受けた女性が、一定の存在感を放ちはじめていたことがある。たとえば、明治三二年（一八九九）年に八八五七人だった高等女学校生徒数は、明治四二（一九〇九）年には、約六倍の五万一七八一人にまで増えている（文部省 一九七二）。もちろん高等女学校教育を享受することができた階層は限られていたし、高等女学校での教育は、良妻賢母の育成を目標に定めたものであり、男子の中学校とは教育内容が異なっていた（小山 一九九一、九七頁）。それでも、学校教育が、女性たちの知的視野を広げ、自らの人生についての思索を深める思考力と時間を与えたことは疑い得ない。

さらに明治三四（一九〇一）年には、成瀬仁蔵による日本女子大学校が創立されている。高等女学校卒業後にも、嫁でも妻でも母でもない、学徒としての時間をより長く継続する女性たちが現れはじめていたのである。実際、明治三〇年代後半には、二〇代も後半であるにもかかわらず、独身を通している高学歴女性たちの呼称として、「老嬢《オールドミス》」なる言葉が登場している（中村 二〇〇六、二〇六―二三七頁）。単に結婚しない女性については、明治以前から「寡《やもめ》」や「不嫁《いかず》」といった言葉があったものの、「老嬢」という新しい言葉には、学歴や教養をもっているというニュアンスが含まれていたという（中村 二〇〇六、二〇九頁）。

そのような「老嬢」を描いた小説に、第三章でも取り上げた新聞小説、『青春』（明治三八―三九年）がある。「煩悶青年」であった主人公・欽也に対して、日本女子大に通い、「独身主義」を掲げるヒロイン・繁は、まさしく「老嬢」であった。では繁は、なぜ「独身主義」を掲げていたのだろうか。作中の繁の論理によれば、それは学校で先に立って働いていたような級友でも、結婚すると皆まるで「無意味な人」になってしまうからであった[1]。繁を思想的に支える恋人・欽也も、次のように繁に呼応した。

> 家庭は働ある人間を平凡化して了ふ、夫婦は必ず一方を犠牲に為る。究り家庭の幸福とか、夫婦間の円満とか云ふものは、多くは自ら欺いて居る……而已ならず人格も才能も滅ぼされて了ふ[2]。

ここで注目すべきは、自らの「人格」や「才能」を生かすためには、男性だけでなく、女性も家庭に入るべきではないことが、主張されていることである。高学歴女性の登場という現実を反映しつつ、明治三〇年代末の時点で、結婚によって妻・母になる道を選ぶことなく、「自己」を生きようとする女性像が文学的想像力によって描かれていたのである。しかし、『青春』を含め、「老嬢」を描く小説は、ヒロインを美しく魅力的に描きながらも、女性が独身を貫くという思想それ自体には、懐疑的かつ冷淡であった。

それに対して、早くも明治三〇年代後半に、男性とともに女性が「自己」を追求していくことを肯定的に言及したのが、一部の社会主義者たちであった。とりわけ堺利彦は、「男は仕事、女は家庭」という分離は決して「自然の別」ではなく、文明社会においては男女とも生殖と衣食住以上に、「その才能に従つて高尚の事業に当るべき」(3)ことを説いている。そして、明治四〇（一九〇七）年には『婦人問題』と題する書を出版し、社会の改良によって、「女天才」を「家事」の束縛から解放することを求めた(4)。このような堺に呼応するかのように、女性の立場から、「個性」という観念に立脚して女性の解放を求めた社会主義者に神川松子がいる。神川は、次のように書いた。

> 男子のために子を産むは決して女子本来の任務ではない、自己の諒するあつて自己の愛人の影を宿す、是れ心ある女子の壮栄《ママ》とするところである、愛もなく恋もなく利権もなく唯男子の獣欲の犠牲となつて女子の個性を埋没するが如きは、我が世界婦人の断じてゆるさゞるところである。……我々が此世に生れて来たのは、決して男子の玩弄物とならむがためではない、何所までも自己の個性を認めむと欲するにあるのだ。……家庭を逸脱する勿れ、善良なる国民をつくるべき賢母たれ良妻たれと云ふが如き、あゝ何ぞ夫れ厚顔の甚しきぞや(5)。

神川は、女性が自らの意志に基づいて「愛人」の子を宿すこと自体については否定していない。そうではなく、女性の本来の任務が子を産むことに限定され、良妻賢母となることが強制される社会に異議を唱えたのである。自らの「個性」を開花させたい、我々はそのために生まれてきたのではないかという切実な思いが、女性自身によっても発せられはじめていたのである。

このように明治三〇年代後半あたりから、一部の社会主義者の間で提起されはじめた女性をめぐる問題は、明治末には「婦人問題」という独立した社会問題として認識されていくようになった。その背景には、二〇世紀初頭の欧米における婦人参政権運動が新聞などを通してリアルタイムに伝えられたことや、そのことによって、欧米における女性運動や女性解放論の紹介がいっきょにはじまったことがあった。

もっとも「婦人問題」という名の下に交わされた議論の内容は広範にわたり、国家的見地から、むしろ女性の運動が生じることを憂慮し、予防しようとする議論も含まれていた(6)。しかし、中には個々の「知力才能」によって運命を開拓する自由が与えられた「能力主義」の時代において、未だ女性にのみ、生まれながらにしてその人が何者であるのかが決定される、「封建時代」の「属性主義」が適応されていることを問題にする先進的な議論も登場していた(7)。男である、女であるという「属性」以前に、誰もが等しい「個」であるという理念がはっきりと提示されていったのである。

また、同時期には『人形の家』をはじめとするイプセン作品が流行し、文学者や批評家がこぞってイプセンを論じるという「イプセン現象」が生じていた（中村 一九九七）。よく知られているように、『人形の家』とは妻であること・母であることに盲目的に甘んじてきたヒロイン・ノラが、「人間としての自覚」を胸に夫と子どもを捨て、社会に飛び出していくという物語である。このようなヒロイン像を、早い段階で肯定的に論じた評論に、明治四一（一九〇八）年の『太陽』に掲載された長谷川天渓のものがある。長谷川は、男女を問わず「生の目的

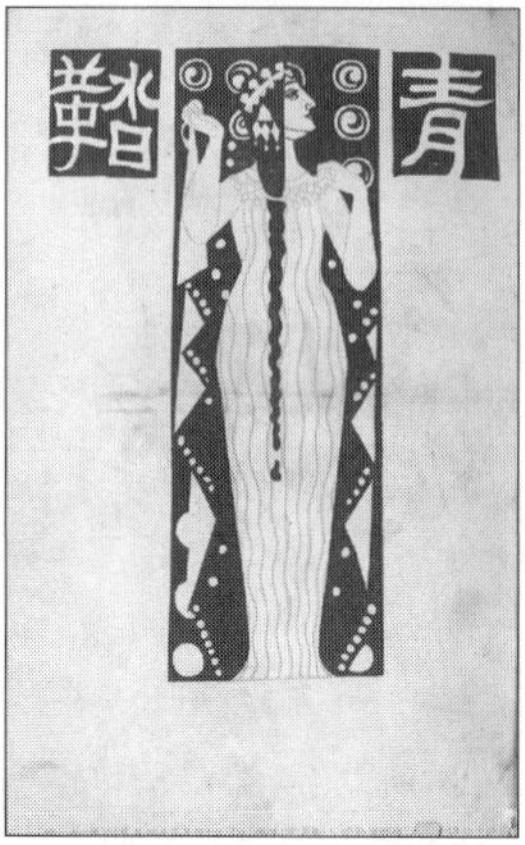

図 4-1 『青鞜』創刊号

出典）『青鞜』1巻1号，表紙

は、個人性を立て、、其の本来の意力を発展せむとすること」であるとし、「婦人とても人間である以上は、人間たる生活を送らねばならぬ。徒らに男子の手足となりて、機械人形の如く一生を終るのは、人道の発展を阻害するものである、真に文明の社会と称すべきは、個人性を失はざる女性をもつて充たされねばならぬ」と述べている(8)。

このように明治三〇年代後半から明治末の社会においては、女性の生き方を妻・母であることに限定することなく、男性と同様、女性たちにとっても個々の「個性」を伸張させていくことこそが、生の目的であるとする議論が登場していったのである。そして、そのような時代状況に押し出される形で登場したのが、「新しい女」の代名詞として注目を浴びることになる、『青鞜』という雑誌であった。

1-2 『青鞜』の発刊

創刊当初の『青鞜』が、女性解放誌というよりも文芸誌としての色彩を強くもつものであったことは、これまでもたびたび指摘されてきたことである（新・フェミニズム批評の会 一九九八など）。実際、女性解放というものを、「女」というアイデンティティから出発し、「女」にカテゴライズされる者全体の地位向上を目指すものであると定義するならば、創刊当初の『青鞜』は、女性解放誌であったとはいえまい。なぜなら『青鞜』、とりわけ創刊者の平塚らいてうが『青鞜』発刊によって当初目指したのは、「女」の解放ではなく、北村透谷や高山樗牛と同

図 4-2　青鞜社の人々

出典）『青鞜』2 巻 1 号（大正元年 1 月）

様、「書くこと」を通した「自己」の解放だったからである。

北村や高山の目指した「自己」の追求が、「自己表現」としての「芸術」や「文学」という観念の形成と結びついていたことは、第二章で論じた。「自己」なる観念は、「自己」を「表現」するとされた文学的形式とともに形成されていったのである。「書くこと」には、実際には多大な技術的訓練が必要とされる。しかし、「自己表現」という観念は、「書くこと」をあたかも誰にでもできることとして観念させる。したがって、「書くこと」による「自己表現」は、中等教育以上の教育を受けた女性たちに対しても、門戸が開かれていったのである。

明治三八（一九〇五）年には、女性に特化した本邦初の投稿雑誌である『女子文壇』（図 4-3）が創刊されている。その「発刊の辞」では、女性が「文事」に努めることが「国運の発展」につながるという、国家の威光に依拠した論理によって、女性が「書くこと」が正当化されていた[9]。だが、その三年後の明治四一（一九〇八）年には、打って変わって、巻頭言に次のようにある。

図 4-3 『女子文壇』（明治 41 年 4 月号）

出典）日本近代文学館所蔵

図 4-4 平塚らいてう『青鞜』創刊のころ（明治 44 年）

出典）平塚らいてう著作集編集委員会編，1983，大月書店

声ある者はうたへ、血ある者は酔へ、芸術は自由の天地、汝自分の為の楽園である、汝は汝であつて他の何人でもない。囚はれたる羈絆《きはん》を脱れしむるも文芸の力、パンの代りに蜜を吸はしむるも文芸の力、誰か文芸を偽れるものと云ふ、世を挙げて虚偽る時にも、単り文芸のみ真を伝へんとするではないか……。[10]

ここでは「文芸」は、完全に「国運の発展」から切り離されている。「書くこと」は、「他の何人でもない」自分の「楽園」をつくることであり、囚われた規範から自由になり、自らの「真」を伝えることであるとされている。

明治四四（一九一一）年に、女性たちの手で創刊された『青鞜』は、このような志向を極限まですすめ、「芸術」によって「真の自己」を実現することにこそ、至上の価値をおくものであった。そのことがもっとも鮮烈に表現されたのは、『青鞜』創刊号に掲載された平塚らいてう（図4-4）による、かの有名な「元始女性は太陽であつた」と題する論考である。[11] 平塚は、「隠れたる我が太陽を、潜める天才を発現せよ」、「ああ、潜める天才よ。我々の心の底の、奥底の情意の火焔の中なる「自然」の智恵の卵よ。全知全能性の「自然」の子供よ」と、「天才」あるいは「子供」とよばれる自らの内に潜む本質の開花を情熱的に求めた。(12)

平塚によれば、まさしくそのような情熱に基づき、『青鞜』は「女性のなかの潜める天才を、殊に芸術に志した女性の中なる潜める天才を発現しむるによき機会を与へる」(13)ために創刊されたのであった。したがって、「青鞜社員」とは「自己一人に限られたる特性を尊重し、他人の犯すことの出来ない各自の天職を全うせむ為に只管に精神を集中する熱烈な、誠実な真面目な、純朴な、天真な、寧ろ幼稚な女性」(14)であるとされた。

平塚の文章における「自然」「子供」「純朴」「天真」「幼稚」といった言葉づかいからは、平塚が、「義務徳義を弁ぜざる純樸なる少年」(15)であることを求めた北村透谷や、「生れながらの小児の心」(16)を理想化した高山樗牛と同様のイメージによって、内なる「自己」の存在をとらえていたことがわかる。このように、平塚のいわゆる「自我主義」を、男性たちによって牽引されていた当時の個人主義やロマン主義の文脈に位置づけることは、さして新しいことではない（川口 二〇〇九など）。しかし、ここではさらに、平塚が北村や高山が決して言及することのなかったことを論じている点にも着目したい。すなわち、「自己」と性別の関係についてである。

天才とは神秘そのものである。真正の人である。／天才は男性にあらず、女性にあらず。／男性と云ひ、女性と云ふ性的差別は精神集注の階段に於て中層乃至下層の我、死すべく、滅ぶべき仮現の我に属するもの、最上層の我、不死不滅の真我に於てはありやうもない。／私は曽て此世に女性あることを知らなかつた。男性あることを知らなかつた。／多くの男女は常によく私の心に映じてゐた、併し私は男性として、はた女性として見てゐたことはなかつた[17]。

ここで平塚は、人々が内面にもつ「天才」には男性も女性もないことを述べている。のみならず、男性・女性という性的差別は精神集中の段階における「中層」「下層」の「我」にのみ存在するものであり、「上層」の「我」である「真我」には、性別などないことを重ねて強調している。すなわち、平塚は「個人主義の理想を、男女差別の現実を自由に超脱する次元に築」いたのである（米山 二〇〇〇、三〇八頁）。

こうした平塚の思想、すなわち「我」を「上層」「中層」「下層」に分け、性別を超越した次元を想定する思想の背景には、当時から禅思想の影響が指摘されていたし[18]、近年の平塚研究においても強調されてきた（高良 一九九八、二六四頁など）。平塚自身も、自伝において禅の見性体験によって「意識の最下層の深みから生まれ出た真実の自分、本当の自分」をつかまえたと論じている[19]。しかし、性別を超越した「自己」という観念に、平塚が魅力を覚えた背景には、禅思想の影響だけでなく、平塚が「女」として生きていたことが大きく関係しているのではないだろうか。第二章で論じたように、平塚と同じように「自己」を希求した青年たちは、「自己」が性別から自由である可能性など、決して論じなかったのであるから。

第二章で述べたように、「自己」を希求した男性たちは「立身出世」競争にのみ邁進させられることや、「稼ぎ手」として器械的な労働に従事させられることに難色を示していた。同様に、平塚は「注意の集注に、潜める天才を発現するに不適当の境遇なるが故に私は、家事一切の煩瑣を厭ふ[20]」と家事に携わることを否定している。「自己表現」に生きるということは、男性にしても女性にしても、それぞれに課された性別役割と衝突することとしてとらえられたのである。

しかし、男女のおかれていた位置は非対称である。女性たちが「女ゆえ」の制約を感じていたのに対し、男性たちは社会的な、あるいは、経済的な制約を感じてはいても、それを「男ゆえ」のものであるとは考えなかった。なぜなら男性に対して、女性がより自由な存在としてあったわけではなかったからである。そのことが、「自己」という観念に関して、女性たちを男性たちの到達し得なかった地点にまで連れて行ったのである。

平塚ほど明瞭に「自己」と性別の関係に言及した者はいなかったものの、「自己」という概念を基盤として「女」を超えようとする志向性は、平塚を中心に青鞜社員たちに共有されるものであった[21]。そして、「女」という鋳型にはめ込まれない「自己」の追求は、そのような「自己」を実現する、新たな関係の模索と一体となったものであった。

「男」「女」という性別を超越した「自己」を求めるのであれば、「自己」を実現するような親密な関係を結ぶ相手の性別も、問われる必要がないという理屈が生じる。実際、『青鞜』には、そのようなスタンスに立つ岩野泡鳴による論考が掲載されている。岩野は、人は誰かとひとつになることを求めるものの、「事実として一個人はとても他の個人と同一でない」ため、愛情は戦争と同様であるという持論を展開するのだが、そこで戦争は「同性間若しくは男女間の「喰ひ合ひ」」と言いかえられている[22]。すなわち、岩野は恋愛現象を理論化する上で、同性間の恋愛をも視野に入れ、異性間の恋愛となんらの差異をも見出さなかったのである。岩野はさらにスウェーデンボルグ[23]による『コンジュガルラヴ』に依拠しつつ、次のような説を展開した。

人の性根、男女の区別は一定不動のものではない。心の状態に従つて、男ともなるし、また女ともなる。慕はれたのが男子で、慕ふのが婦人だ。心霊的な人間は慕ひ、慕はれながら、乃ち、かたみ代りに男女と変性

しながら、向上すると云ふのであります。(24)

ここでは男女の区分は、肉体ではなく「心の状態」によって決まるものであるとされている。慕うのが女性で慕われるのが男性であるというジェンダーの枠組みは提示されているものの、それは必ずしも肉体的な性別とは一致しない。肉体と精神を分離し、精神に重きをおく明治以降の思潮の到達点が、ここに示されているといえるだろう。残念ながら女性たちは、岩野のように恋愛を理論化する言葉を残すことはなかった。しかし、理論化こそされなかったものの、女性たちが何も書き残さなかったわけではない。彼女たちは、小説や随想の中で、自らの「想い」を描くことを通して、「自己」を表現していったのである。

2. 女が「自己」を実現できる関係

2-1 「女同士の恋」

「女」ではなく、「自己」を生きるための女性たちの闘いは、「女」という役割規範を演じさせられる関係性から脱し、「自己」が認められる新たな関係性を構築するための闘いでもあった。『青鞜』周辺では、当初から新たな男女関係のあり方を模索する女性たちの実践がみられた。たとえば、青鞜社員の中には、親の決めた結婚に従うのではなく、自分で男を選び、必要があれば男を取り換えることをも辞さない者もいたし、結婚という制度の外に飛び出して、男との新たな関係を築こうとする社員もいた。そのような彼女たちの姿勢は、『青鞜』に掲載された文芸作品にも表れている。たとえば、明治四五(一九一二)年に掲載された荒木郁の「手紙」と題する小説には、「男の空想が造り出」した「笑顔と甘へたやうな振り」のみを求める夫との形ばかりの夫婦関係に飽き足らず、「心と心とをふれ合ふことの出来る生活に入りたい」と婚姻外の恋愛を求める女性の心情が描かれている。(25)

だが、女性たちの関心は、男性との関係にばかり向いていたわけではない。たとえば『女子文壇』には、明治三八（一九〇五）年の創刊当初から、女同士の対関係を描く投書がみられる。そこでは、優しい、「女ならでは」の「美しい情」として女同士の交情を描く投稿がある一方、(26)他方では女同士の関係においてただ一人の「真の友」を求める思いも綴られていた。「真に心よりの友」は、「世の人の所謂友」とは区別される特別な存在であるとされ、(27)その友亡き後には「今や一人の真の友なき」と嘆かれた。(28)すなわち、唯一無二の「自己」を理解してくれるたったひとりの「真の友」を希求する心性が、女性たちの間にも芽生えはじめていた様子が見られるのである。

「真の友」を求めることは、その他の多くの人間関係を、互いの「真実」に基づかない「偽の関係」とみなすことと表裏一体をなしている。したがって、「真の友」の希求は、常に「寂しさ」という感情を伴うものでもあった。創刊から明治四四（一九一一）年までの『女子文壇』を分析した飯田祐子は、四巻（明治四二年）以降、「寂しさ」を吐露する「告白」が、投稿の主流を占めていくことを指摘しているが（飯田 一九九八、一九九九）、その「寂しさ」とは、まさしく心と心を触れ合わせることのできる相手の不在による「寂しさ」であったといえる。(29)次の文章は、『女子文壇』ではなく、同じく女学生向けの雑誌である『女学世界』に明治四三（一九一〇）に掲載された文章であるが、周囲に対する疎外感（「寂しさ」）と「真の友」の希求が表裏の関係にあったことを、如実に表現しているので、ここに引用しておきたい。

二十四人の同胞――と口には云ふが――それが一軒の家に居ながらどうして斯様に冷ややかだろう、二十四人の心はみんな美しく飾られて他所《よそ》行きで交つて居るからである。……修養会である空涙を流しても覚醒したらしく見せかけねばならぬ。と、万事此の通りである。……世の中に何がうるさいと云つて礼儀程うるさいものはない。誠のない礼儀程厭ふべきものはない。……自分が今、心の底から切望して止まないのは、一皮脱いだ赤裸々の態度である。真底から溢れ出た情の泉である。形式に囚はれず、あらゆる虚飾を捨てゝ……私が京子さんを慕はしく思ふのも他に目的があるのではない、真底からの親しき交り、たゞこれだけの望であつた。……（しかし――引用者）個人の自由を絶対に認めない寮生活に於ては、一方に深き交りを許さない。……如何に団体的なれ、共同的なれと強ひたところで、私が京子さんに対する愛は唯一の物である。(30)

女学校の寮舎に住む「私」は、同宿の女学生たちとのかかわりを、形式的で冷ややかなものであると感じている。というのも、寮舎では団体生活の平和を保つために、見せかけの自分を演出することが求められているからである。しかし、「私」は見せかけの礼儀や虚飾を捨て去った、裸の付き合いを求めている。「私」の「京子さん」への愛は、まさにそのような思いと表裏の関係にある。「自己」という言葉こそ使われていないものの、引用文からは、女性から女性への愛が、団体から屹立する個としての「自己」を確認することと不可分に結びついていたことがわかるのである。

女同士の熱烈な対関係が、「自己」なる意識と結びつくものだったということは、「女どうしの友情」についての、明治四四年（一九一一）年の与謝野晶子の証言にも見て取れる。与謝野は「二人の心がしつくりと融け合つて共鳴する時には、同心一体だとも、恋人同志の心持だとも思はれる位に親友の情味交感が絶頂に達する」[31]という。そして、このとき「対して居る者は親友で無くて拡大せられた「自己」なのである。単性の自己では何となく淋しくて満足が出来ず、複性の自己を作つて其れに陶酔するのが、友情とか恋愛とかの心理でせう」と述べている[32]。

また、時代は下るが、与謝野の発言から一〇年後に神近市子も「精神的の同性恋愛は、非常に深い己の意識である。真の自己をこゝに有すると共に、又一人他の自己を有することである」[33]と同様のことを述べている。「他の自己を有する」ことを言いかえると、「他の一人の気持ちと欲求とが手にとる様に現前」[34]することを意味する。すなわち、お互いをありのままに理解することのできる関係が「同性恋愛」なのであって、だからこそそれは「真の自己」なるものの存在をも意識することのできる関係なのである。

では、女性たちが追い求めた「自己」の内実とは、いったいどのようなものだったのだろうか。個々の女性たちが求めた自己像はそれこそ千差万別だったにちがいない。しかし、もしそこに敢えて共通する傾向性を読み取るとすれば、それは「覚めた女」であるという自己イメージであった。たとえば、熱烈に結びあった二人の関係は、次のように描かれる。

独身生活を主張して、共に文学に献身しやうと誓つた彼の時こそ、一点の濁りも無き誠心《まごゝろ》で、花の蔭に手を組んで、雁の声も夕日の影も、面白く、前途の幸を祝ふた……[35]。

世の女は何様して此様平凡なんでせう周囲の迫害も圧迫も甘んじて受けてる、美衣に白粉に人を偽つて然《そ》して誇としてる、覚めない人は苦痛も煩悶も無いでせうけど衣《きぬ》さん!! 覚めた二人は一生、一生独身生活を清守して幾多の眠つている女性の反省をうながして・・《ママ》・。[36]

これらの描写から明らかなのは、女同士の対関係において希求された「自己」とは、結婚して妻や母となる「平凡な女」とは異なる、「非凡な自己」だったということである。実際、後者の引用作品においては結婚を決めた相手に対して「京様も矢張り平凡な人だつた」[37]と落胆する様子が描かれている。結婚とは彼女たちを即「平凡」な群衆の中に埋没させるもの以外の何ものでもなかったのである。したがって、これらの投稿において「女同士の恋」が、結婚という制度につながる異性との恋に優越するものとして描かれていたのも不思議ではない。「男女間ではあの様な恋はとてもようせないだらう」[38]とあるように、結婚という形式から自由な「女同士の恋」においてこそ、真に「自己」と「自己」の結びつきが実現できるとされたのである。[39]

いま一度強調しておきたいのは、近代日本において実践された女同士の親密な関係のすべてが、「自己」なる意識と結びついたものであったと言いたいわけではない。先述したように、女同士の関係を「女ならでは」の優しさに満ちた関係として描く投書も、たしかに存在していた。しかし、女性たちが妻や母といった女の「役割」にはまらない「自己」なるものを求めたとき、それを実現する関係として同性間の親密な関係が希求されていったこともまた、重要な事実である。

次に見るように、『青鞜』に記録されることになった平塚らいてうと、尾竹一枝の親密な関係は、まさしく妻・母とは異なる「自己」を突き詰め、意識的に「性別」を越境しようとする関係であったといえる。以下では、豊富な記録が残されているひとつの事例として、平塚と尾竹の関係を見ていきたい。[40]

2-2 平塚らいてうと尾竹一枝

平塚らいてうと、紅吉こと尾竹一枝の関係についての近年の研究においては、二人の関係を単に精神的な結びつきとして描きがちであった従来の研究に対し、セクシュアルな情熱を伴うものであった点に関心が向けられてきた（黒澤 二〇〇八、木村 二〇一五など）。そして、平塚と尾竹の生きた時代が、同性間で性的接触をもつことが忌避されなかったという意味で、未だ前近代社会と連続性をもっていたという指摘がなされてきた（同前）。セクシュアリティにのみ着目するならば、妥当な見解であろう。

一方、金玟妵は、平塚と尾竹の関係を、「女性自身の積極的な自己定義を力づける」ものであったという視点から論じている（金 二〇〇四、一〇一頁）。本書が着目するのも、金と同様の点である。ただ、金が、二人の関係が結果的に「自己定義」に重要な意味をもった側面を論じるのに対し、ここでは、二人の関係が意識的に「自己」なるものの希求と結びつけられていたことを明らかにしていきたい。そのような視点に立つ時、二人の関係は、きわめて近代的なものとして浮かび上がってくる。

図 4-5 尾竹一枝

出典）富本家提供

『青鞜』を読み、かねてから平塚に会うことを切望していた尾竹は、明治四五（一九一二）年二月に初めて平塚宅を訪ねるまでに、面識のない平塚に宛てて幾通もの手紙を送っていた。尾竹から手紙を受け取った平塚は、「感情的」で「軽率」な「妙な人」[41]と警戒するものの、他方では男性なのか女性なのかさえわからない尾竹独自の文体に「非凡さ」を感じ取り、新入社員として尾竹に期待を抱いていた[42]。そして、実際に対面した尾竹は、平塚の期待を裏切ることがなかった。「久留米絣に袴、または角帯に雪駄ばきという粋な男装で、風を切りながら歩き、いいたいことをいい、大きな声で歌ったり笑ったり、じつに自由な無軌道ぶりを発揮する紅吉」に、「生まれながらに解放された人間」を見たと平塚は後に記している(43)。

また、平塚は尾竹に初めて対面したときに「久しく自分の心にもつてゐた或アイデアに今日のあたり出逢つたやうな心持ちさへした(44)」とも書いている。すでに黒澤亜里子が指摘しているように、「或アイデア」とは、まさしく平塚が「元始女性は太陽であつた」で開陳した、「男性でも女性でもない」「真我」のことであろう(黒澤 二〇〇八、三三三頁)。前述したように平塚は、「真我」を「子供」という言葉でも言い表していたが、平塚は「この率直な、子供のやうに単純な、疑ひ深くない紅吉(45)」というように、尾竹のことを繰り返し「子供」あるいは「少年」という言葉で形容した。次のように、平塚が尾竹を「私の少年」と呼んだことも、よく知られている。

私の少年よ。/らいてうの少年をもつて自ら任ずるならば自分の思つたこと、考へたことを真直に発表するに何の顧慮を要しやう。みづからの心の欲するところはどこまでもやり通さねばならぬ(46)。

平塚にとって心の欲するままに生きる、純粋で率直な「子供」とは、決して「少女」ではなく、「少年」だった。そして、性別役割規範を軽々と超える尾竹こそ、まさに「少年」と呼ぶにふさわしい存在だったのである。以上から推察するに、平塚が尾竹に魅かれたのは、自らの理想を体現する「紅吉」としての尾竹に同化しようとする衝動に他ならなかったと思われるのである。そのことは、平塚の「紅吉を自分の世界の中《うち》なるものにしやうとした私の抱擁と接吻がいかに烈しかつたか、私は知らぬ(47)」という言葉にも如実に表現されている。

では、翻って尾竹にとって、平塚とはどのような存在だったのだろうか。平塚が後に公表した尾竹の手紙によると、尾竹は平塚と直接会う前から、平塚に憧れを抱いていたことがわかる。尾竹は『青鞜』発刊を知った当初から、「珍しい女の人たちの集り」に加わり、「私も一日も早く忠実に自己を発表して見たい」という願いを持っていた。(48)そのような願いとともに、誌面においてとりわけ強い「自己」の主張を行う平塚への憧れを書き送っていたのである。(49)

その後、尾竹は、明治四五（一九一二）年四月に一家で大阪から東京に居を移したのを機に、『青鞜』の編集や表紙絵、カットなどの仕事を手伝うようになっていく。二人が急接近するのは、それから間もない、同年五月一三日の夜のことであった。二人は、その夜、「接吻」を交わしたのである。平塚の残した記録によれば、尾竹はその日の夜のことを「私は、五月十三日の夜、夢の様に実現した「私」をどんなに不安に思つたらう(50)」と六月三日に平塚に書き送っている。すなわち、尾竹にとって、平塚と愛し愛される関係を結ぶことは、「私」を実現することと分かちがたく結びついていたのである。そして、日本画家・尾竹越堂の娘であり、自身も日本画で身を立てていくことを願っていた尾竹にとって、これこそが「私」だと思える「私」とは、絵画制作を通して「忠実に自己を発表」する「私」に他ならなかった。

したがって、平塚から別れを切り出されたことを受けて、尾竹は「製作は、私の製作はあまり早く、私の恋してゐた、大切な人から離されてしまつた。子供は遂に死にました(51)」と書いた。尾竹にとって、平塚に愛されることは、平塚のまなざしのうちに、絵を製作する、純粋な「子供」としての「自己」を実現することに他ならなかったのである。

では、女たちは「自己」を実現する関係として、なぜ女同士の関係を求めたのだろうか。すなわち、なぜ「男」

ではなく「女」との関係だったのだろうか。

2-3　なぜ女同士だったのか

女が女の愛の対象に選ばれた背景には、赤枝香奈子が指摘するように、女学校という同年代の少女ばかりが隔離された空間において、同性の方がより「身近」な存在であったということがまずはあるだろう（赤枝 二〇一一）。だが、それだけでなく、より積極的に、男性ではなく、女性が選ばれた側面もあったのではないか。すなわち、女性でなければならない理由があったのではないだろうか。そのことを考える上で示唆に富むのが、田村俊子（図4-6）が大正元年（一九一二年）に発表した「悪寒」と題する小説である。[52]

「悪寒」は、日本女子大学を中退し、前年に『大阪朝日新聞』の懸賞小説によって文壇デビューを果たした田村が、日本女子大学を卒業し、女流画家として注目されつつあった長沼智恵子に宛てて綴ったとされる書簡形式の短編小説である。長沼が詩人・彫刻家である高村光太郎との結婚を決めた後に書かれた小説であり、作品の中では「恋しく親しい人」であった「あなた」が、Vさんとの結婚を決めたために、「普通の女友達」[53]になってしまった喪失が描かれている。では、「私」と「あなた」の関係は、いかなるものだったのだろうか。「私」は、かつて親しかった自分たちの特別な関係を、次のように回想する。

私は唯子供のやうになつてあなたと遊びました。……あなたと二人でならどんな所でゞも口を開いて笑ふ事ができました。……二人ながら行人の批評の眼なぞをぬすみ見したこともありませんでした。……あなたと一所にゐられる間の私は、臆面のない無邪気な限りのない明るさの中に浸つてゐられる子供になつてゐる事が出来ました。さもなければ恐ろしくある権威を感じた一人の芸術家と云ふやうな他に対して思ひ上つた気分を持つてゐる事が出来ました。[54]

ここからは、女二人の関係の核にあったのが、二人でいれば、「子供」のように「臆面のない無邪気な」自分でいられるという感覚だったことがわかる。周囲の「批評の眼」など気にすることなく、思いのままに「口を開いて笑ふ事」のできる「子供」。そのような「子供」とは、北村透谷や高山樗牛、そして平塚らいてうらによって、まさしく内なる「自己」の表象として使われてきたイメージである。彼らは「子供」としての「自己」を維持することと「芸術家」であることを結びつけたわけだが、田村もまた、「子供」としての感覚は「権威を感じた一人の芸術家」としての気分に通じるものであったと書く。「私」と「あなた」の関係とは、まさに北村透谷以来希求されてきた「子供」=「芸術家」としての「自己」を実現できる関係だったのである。だが、注目すべきは、上の引用に続く以下の箇所である。

（「あなたと一所にゐられる間の」――引用者）私はすべてに向つて自分の女と云ふ事を忘れてゐる事が出来ました。……私は自分の周囲から脱《のが》れて、さうしてあなたと二人限りの生活を初めやうかとさへ思つてゐました。私はあなたとさへ一所に居たら、世間を忘れた放縦《きまゝ》

図 4-6　田村俊子（大正 7 年）

出典）伊藤他編，1980，講談社，口絵

な生活が出来るに違ひないと思つたからです。私は二人で好きなおもちや店を開いて、さうしてあなたは絵を描き私は筆を持つと云ふ様な楽しい生活を想像して見たりしました。男と云ふものから離れて、然うした女同士の気散じな生活を考へ付くと、もう何となく私の身体は大きな海の真中にでもゆら〳〵と乗り出たやうな好い気がしたりしました。(55)

ここでは、「子供」＝「芸術家」であることを可能にする「あなた」との関係はまた、「私」にとって「女」であることを忘れることのできる関係であると言いかえられている。さらに、「あなた」との生活は、「男と云ふものから離れ」た、「女同士の気散じな生活」として夢想されている。すなわち、「私」にとって、「自己」を実現するためには、男性のまなざしによって形成される「女」から逃れる必要があり、だからこそ「私」と「あなた」の関係は「男」から離れた女同士でなければならなかったことが、明確に語られているのである。

第二章で明らかにした通り、男性たちにしても、男女の恋愛を理想化していった一方、現実においては「男同士の恋」を実践していた。しかし、「男同士の恋」が恋愛の代替であった側面が強いのに対し、「女同士の恋」には単に恋愛の代替であるという以上の積極的な意味があった。(56)女性たちの残した言葉からは、「女同士の恋」においてこそ、男性との関係では実現することのできない「自己」が実現できたことがうかがえるのである。

第一章で論じたように、「自己」の領域＝私的領域としての男女の関係は、公的領域において「役割」を担うことが期待された男性の解放区として構築されていったものであった。すなわち、男女の関係が「自己」の解放区であったのは男性にとってであって、女性は男女の関係においてこそ、男性を慰安し、受容するという「役割」を課されたのであった。「悪寒」の「私」がそうした「役割」から自由な「子供」であり「芸術家」である

「自己」を希求したとき、それが男性との関係においては実現し得ないと感じたのも当然であろう。

女性が男性のために慰安役割を担うことが求められていた様相は、たとえば、同時代の『婦女新聞』のようなメディアに目を向けると歴然と浮かび上がってくる。明治三三（一九〇〇）年に創刊された『婦女新聞』は、愛情で結ばれた一夫一婦関係の実現を通して、妻としての女性の地位向上を訴えていったという意味で、第一章で取り上げた『女学雑誌』の理念を引き継ぐタイプのメディアである。そのような『婦女新聞』における夫婦関係や結婚に関する記事を見ると、男性側が自らの避難所として、夫婦の間にロマンティックな愛を求め、同時に、「女」を「愛そのもの」として、すなわち、自らの理想とする愛を体現する存在として描き続けていたことがわかる。(57)

中でも、夫婦愛の理想が、男性の理想を女性に強いるものであることが、明瞭に表出している記事に、明治四二（一九〇九）年の『婦女新聞』に掲載された「妻と恋人」と題する社説がある。その社説は、すべての青年男女が恋人と結婚することが理想であり、それが無理でもせめて一度結婚した以上は、夫婦が世間の恋人同士のように恋い慕うようになるのが望ましいという前提から出発し、必ずしもそうではない現実を問題にするものであった。(58)すなわち、以前は恋人同士であった男女でさえ、一度夫婦となると兎角「面白」(59)くなくなってしまうことを問題にしたのである。そして、「夫婦が兎角面白くなくなってしまう」のは、恋人とちがって夫婦は「家庭の務に忙殺せられて」、「娯楽的愛情」を交換する暇がないからであるという視点から、夫婦関係の改善策が提示されていった。(60)

このとき注目すべきは、「家庭の務めに忙殺」されている者として責めを負ったのが、文脈から明らかに妻であったと読めることである。というのも、具体的に改善が求められたのは、夫ではなく妻の側だったからである。

外で仕事をして家に帰ってくる夫と同様に、「家庭を天地として活動する」妻も、家庭の職務を遂行する時間と、愛情を交換する私的な時間を区別するよう努力しなければならないというのである。家庭の職務を遂行する時間とは、「主婦」として「家庭内閣の内務兼大蔵大臣として職務」を遂行する時間、「母」として「児女保育」に当たる時間、「嫁」として「舅姑《きうこ》奉仕の務に服する」時間である。これらの時間と、「一日の務了り、舅姑去り児女眠りに就きて、恋人と相対したる」「私的境涯」の時間を「厳重に区別し」、「私的生活に於ては、充分恋人の心情を発揮せよ」というわけである(61)。

だが、外で働く夫に対して、家庭こそがいわば「職場」である妻が、記事の提案どおりに「職務」に携わる時間と私的な時間との間に区別をつけることは、至難の業であろう。「主婦」や「母」、「嫁」といった「役割」に、夫の「恋人」という「役割」が加わり、負担が増えるのが関の山なのではないか。実際、「妻てふ語が、兎角世帯じみて人々の耳にひゞき、天上天下唯一の恋人たるべくひゞかざるは、夫婦の愛情を濃やかならしむる所以にあらず」、「妻即ち恋人、恋人即ち妻たるに至りて、家庭は真に幸福なるべきなり」という社説の論調は、まさしく妻に男性のまなざしから見た「恋人役割」を担うことを、一方的に要請しているというしかない(62)。

このとき興味深いのは、『婦女新聞』に掲載された女性の手による記事においては、どちらかというと夫に愛ではなく、「公平」さを求めていく傾向が見られたことである(63)。女性たちが求めたのは、恋人同士の空間を確保することではなく、「職場」の上司ともいうべき夫の「公平」な態度であった。

男性の視点から見た「恋人役割」を女性側に押しつけることが、どういうことなのか、男性作家によって克明に描かれた貴重な作品に、武者小路実篤が大正八（一九一九）年に発表した『友情』と題する小説がある。そこでは、自ら「こうありたい自分」を支えてくれる「女」を求める男性文学者のパロディーが描かれている。

（文学を志す野島は――引用者）自分を信じ、自分を賛美するものを要求していた。そして今や、杉子自身にその役をしてもらいたくなった。杉子は彼のすることを絶対に信じてくれなければならなかった。世界で野島ほど偉いものはないと杉子に思ってもらいたかった。彼の仕事を理解し、賛美し、彼のうちにある傲慢な血をそのままぶちあけてもたじろがず、かえって一緒によろこべる人間でなければならなかった。(64)

武者小路が、なりたい自分になることで頭がいっぱいの野島を突き放し、むしろ戯画化しようとしていたことは、野島が杉子に振られてしまうという展開に明らかである。「野島さまは私というものをそっちのけにして勝手に私を人間ばなれしたものに築きあげて、そして勝手にそれを賛美していらっしゃるのです(65)」と、杉子の口から的確に暴かれる野島の問題は、恋愛を賛美する男性の多くに、共有される問題だったことは、第二章で論じた通りである。

以上から浮かび上がるのは、表現主体としての「自己」を確立することを求めた女性たちが、親密な関係の相手として同性を求めたのは、相手が「女だから」ではなく、「女だから」ということで押しつけられる「役割」から自由になれるという側面があったと考えられるのである。

しかし、女同士の親密な関係が、男女の関係にある不均衡への反発と結びつけられていたからといって、必ずしもすべての女同士の親密な関係が、対等なものとして描かれていたわけではない。

3. 小説の中の二つの「女同士の恋」

本節では、女同士の親密な関係を主題とした女性作家による小説を取り上げ、そこで描かれた女同士の関係を分析することを通して、女同士の親密な関係においても、対等な関係だけでなく、そうでない関係も描かれたことを押さえておきたい。もっとも従来の研究においても、一口に「女同士の恋」と言っても、一方の女性を「男性化」する「異性愛モデル」にのっとった関係と、「非ジェンダー的」な関係の、二つのタイプが描かれてきたことは指摘されてきた（赤枝 二〇一一、一二五―一三〇頁、加藤 二〇一六、五五頁）。それに対して本節では、女同士の関係に二つの類型が存在したことを指摘するにとどまらず、一見正反対の二つのモデルが、ともに従来の「女」にはまらない「自己」の実現という視点から、同一の土台にのせて把握できるものであったことを示したい。

取り上げる作品は、対等な女同士の関係性と、非対称的な女同士の関係性が、ひとつの小説の中に描き分けられているという点で、田村俊子「あきらめ」と、菅原初「動揺」を選んだ。

まずは田村俊子による「あきらめ」から見ていこう。同作品は、明治四三（一九一〇）年に『大阪朝日新聞』の懸賞小説で二等トップ当選した作品で、翌年一月から同紙で連載が開始されたものである。作品の中では、懸賞に応募した脚本が当選し脚光を浴びることになったものの、そのことを非難されて女学校を退学し、脚本家として身をたてていこうとする主人公・富枝の心情が、三輪と染子という二人の女性との関係を軸に描かれていく。このとき富枝と三輪、富枝と染子の関係は、女同士という点では同じであるが、その内実はかなり異なるものとして描き分けられている。

まず、富枝と三輪の関係から見ていこう。富枝は、女優になることを目指し、富枝より一足先に女学校を退学した三輪に対し、「其の手に縋り度いと思ふ程情が熱して、其の胸へ頬を寄せて何かしら打ち解けた調子で物を語り度と思ふ程」の「懐かしさ」を覚えている(66)。その三輪と富枝の間には、次のような会話が交わされる。

「出雲の阿国ぢやないけれども、何か妾だけに劇界の女優として、一時代起したいと思つてゐるの。」

「遣つて頂戴。妾もこれでも文学史に何か留めなけりや置かないつもり。」

互いに見た眼が輝く(67)。

女優として一時代起こそうとしている三輪と、文学史に名を残そうとしている富枝。二人は、ともに芸術的職業において頭角を表そうとしようとしていることが、確認される。富枝にとって三輪は、ともに芸術の道を志しているという意味で、自ら「こうでありたい自分」を見出すことのできる相手なのである。富枝の三輪に対する情熱的な憧れは、自らの姿を三輪の中に見出すことと不可分に結びついているといえるだろう(68)。翻って、三輪の内面は語られないため、三輪が富枝と同質の感情を抱いているのかは不明のままである（菅 二〇〇六、三一頁）。しかし、少なくとも富枝の視点に立つ読者には、対称的な位置にある相手への同志的な絆と、情熱的な感情とが、結びつくあり方が提示されるのである。

それに対して、富枝と、富枝を「お姉さま」と慕う女学校の後輩の染子との関係は、様相を異にしている。というのも、富枝と染子は、明らかに非対称的な存在として描かれているからである。染子にとってすべてなのは富枝であり、染子には、富枝の「文学」の相当するような「自分の仕事」とよべるようなものが何もない。そのような二人の非対称性は、染子に対する次のような富枝の述懐にも見て取ることができる。

お姉様がお好きだからと云つて、染子はおはまの止めるのも聞かずに、昨夜江戸紫の二枚袷を着て寝た。長い裾を足に絡まして、白い敷布の上に下白を乱して寝てゐた姿を夜中にふと目を覚まして眺めた時の感じを、今富枝は縁に立つて奇異な夢のやうに繰返した。……富枝はふつと、その美しい人一人を自分の思ひの儘にしたと云ふ誇りが湧いた。(69)

ここには、見る男／見られる女、征服する男／征服される女という非対称性が、女同士の間に再現されている。男性が「女」を媒介にして「自己」を確立しようとしたように、ここでは染子が過剰に女性化されることによって、「見る主体」であり、かつ、「征服する主体」である富枝が形成されているのである。(70) すなわち、富枝と三輪の関係が対称的な位置にある者同士の絆だとすれば、富枝と染子は写真のネガとポジのような非対称な関係にあった。しかし、いずれの関係も、富枝を従来の「女」とは異なる「内面」をもつ存在として描くうえで、効果的な役割を果たしている。

菅原初の「動揺」は、大正三（一九一四）年に『番紅花』という雑誌に掲載された小説である。(71)『番紅花』は、平塚と決裂した後に、尾竹一枝が『青鞜』に対抗する形で創刊した雑誌である。「同性の恋」を否定していくことになる『青鞜』に対して、『番紅花』は「同性の恋」を肯定し続けていった。そのような『番紅花』を、赤枝香奈子は「レズビアンサブカルチャー」の芽生えとして位置づけ、『青鞜』とは画然と袂を分かつものとして位置づけている（赤枝 二〇一一）。本書においても、『青鞜』で「同性の恋」が否定されていった経緯を、次章で扱うことになる。しかし、ここではひとまず菅原が『青鞜』にも女同士の関係を題材とした同様の趣向の小説を寄稿していることをふまえ、『番紅花』に掲載された菅原の作品を、『青鞜』を中心に展開された女性たちの「自己」の追求に連なるものとして位置づけたい。

さて、小説「動揺」の主人公は、地方の私立学校に職を得たために、東京を離れて一年近くたつ美津である。美津は、教員の仕事を、生活の糧を得るための職業と割り切り、「書くこと」こそを「自分の仕事」と定めている。しかし、当初の予想とは異なり、教員としてのつまらない業務に忙殺され、中々「自分の仕事」が進まない。そのような中、美津はかつての東京での生活を懐かしむ。東京では、友達と文学談をもち出し、感想を聞いたり、聞かされたりするのが娯楽のひとつであり、油が乗ってくると夜を徹して語り合うという生活を送っていたのだった。したがって、美津は「「どうかして都に生きたい。思ふ存分に自分の仕事がして見たい。自分の仕事に生きてゐるやうになつたならどんなに……」とかう思はないで居ない日は無かつた」[72]。

そのような美津のもとに、東京の寄宿舎でいっしょだったMが訪れ、「ふたりのローマンス」がはじまる。Mもまた、地方の学校教員として、美津と同様の葛藤を共有する存在であった。ともに「自分の仕事」に生きようとする美津とMの関係は、「あきらめ」でいう富枝と三輪の関係に相当する。

さらに、この小説の続編「動揺（承前）」では、美津とMの関係だけでなく、美津が過去に結んだ関係を含め、いくつかの女同士の親密な関係が描かれる。代表的なのが、同志的な関係として描かれる美津とKの関係、および、それとは明らかに区別される美津とSの関係である。美津の目から見たK、および、Sの評価がそれぞれ描かれている箇所を以下に引用しよう。

全身の血を沸かして自己の仕事に向つて緊張してゐるKが頼もしかった。そしてKの活々した眼を見て相対して話してゐる内に、活々してきた。／美津は、また、之から先自分も研究するつもりだといふこと、若しかするとこの春から東京に出ることにすることを折入つてKに話した。[73]

彼女はものに感動して来ると、涙の有りつ丈けを尽して泣く女であつた、……Sを劇中の人物として見て面白いと感じた……火のやうな感情の揺ぎが彼女の眼に、口元に燃ゆるとき、そこに彼女の芸術味はあつた。……むしろヒステイ《ママ》カルに近かつた。[74]

「自己の仕事」に全身で向き合うKが美津の分身であるのに対し、Sは美津の眺める対象であった。そのようなSは、友人たちから「凄い」とか「烈しい」とか言われる存在であるという。しかし、美津は「むしろ女らしい女だと言ひたかつた。弱い、涙もろい女だと言ひたかつた[75]」とSのことを評している。感情的で、弱く、「ヒステイ《ママ》カル」であるとされるSが、過剰に女性化された存在であることは明らかだろう。「ヒステリー」とは、近代精神医学において、まさしく子宮に由来する女性特有の病として構築されていった観念なのである（渡部二〇一七、五九―六七頁）。

以上から明らかなのは、女同士の関係性にもまた、男女間に生じていたような非対称性が入り込んでくる可能性があったということである。少なくとも作品レベルにおいては、「あきらめ」における染子や「動揺」におけるSのように、過度に女性化された女性も描かれていた。すなわち、女同士でさえあれば、自動的に対等な関係が築けたと考えるのは早合点である。しかし、重要なのは、対等な関係、非対称な関係のいずれも、少なくとも一方の女性に、男性との関係においては不可能であった、「自分の仕事」に生きる「自己」、すなわち、妻・母に収斂されない「自己」を実現することを可能にするものであったということである。

さらに、非対称な関係にしろ、「自己」を表現する側と、そのために利用される側の境界線が、女同士の関係の中に持ち込まれることは、それが男女の境界線と一致させられている恋愛に一石を投じ、ひとまとまりの「女」という観念に、亀裂を生じさせることになる。そのような意味で、男女という性別カテゴリーにはめこまれることへの抵抗となっていたということができるだろう。

男性が幻想する「女」ではなく、固より「良妻賢母」でもない、「自己」。このような「自己」の追求とそれを実現する女同士の親密な関係への希求が、性別役割秩序をかく乱するものとして危険視されなかったはずがない。実際、青年たちの「自己」の希求が性別役割秩序の維持という視点から問題化されていったように、女性たちの「自己」の希求及び女同士の親密な関係も、「行き過ぎる」ことがないように、監視が強められるとともに、異性愛規範が強化されていくことになる。

では、そのとき女性たちは男性との恋愛に対して、どのように向き合っていったのだろうか。章を改めて見ていこう。

註

（1）小栗風葉「青春」『読売新聞』明治三八（一九〇五）年三月五日～明治三九（一九〇六）年一一月一二日（『青春（上）』岩波書店、一九五三年、一一四頁）。

(2)同、一一五頁。
(3)堺利彦「良妻賢母主義」『家庭雑誌』第四巻第二号、明治三九(一九〇六)年二月一日(復刻版、不二出版、一九八三年)。
(4)堺利彦『婦人問題』金尾文淵堂、明治四〇(一九〇七)年(中嶌邦監修『近代婦人問題名著選集』第二巻、日本図書センター、一九八二年、二〇八—二一一頁)。
(5)神川松子「口吻余滴」『世界婦人』第二一号、明治四一(一九〇八)年一月一日(復刻版、明治文献資料刊行会、一九六一年)。
(6)上杉慎吉『婦人問題』巌松堂書店、明治四三(一九一〇)年。
(7)河田嗣郎『婦人問題』隆文館、明治四三(一九一〇)年(中嶌邦監修『近代婦人問題名著選集』第四巻、日本図書センター、一九八二年、三四—三九頁)。明治四三(一九一〇)年に出版された同書は、社会主義にも言及するため、同年に生じた大逆事件のあおりで発禁処分となった。
(8)長谷川天渓「文芸時評」『太陽』第一四巻第一三号、明治四一(一九〇八)年一〇月。
(9)「発刊の辞」『女子文壇』第一巻第一号、明治三八(一九〇五)年一月(復刻版、不二出版、二〇〇二年)。
(10)酔茗「わが文壇の花」『女子文壇』第四巻第六号、明治四一(一九〇八)年四月(復刻版、不二出版、二〇〇二年)。以下、『女子文壇』からの引用は、すべて復刻版(不二出版、二〇〇二年)からの引用とする。
(11)平塚らいてう「元始女性は太陽であった」『青鞜』第一巻第一号、明治四四(一九一一)年八月(復刻版、明治文献、一九六九年)。以下、『青鞜』からの引用は、すべて復刻版(明治文献、一九六九年)からの引用とする。
(12)同前。
(13)同前。
(14)同前。
(15)北村透谷「厭世詩家と女性(上)」『女学雑誌』第三〇三号、明治二五(一八九二)年二月六日。
(16)高山樗牛「無題録」『太陽』第八巻第一二号、明治三五(一九〇二)年一〇月。

(17) 平塚らいてう「元始女性は太陽であった」『青鞜』第一巻第一号、明治四四(一九一一)年八月。

(18) 後藤宗碩「禅における平塚明子」『中央公論』大正二(一九一三)年七月など。

(19) 平塚らいてう『元始、女性は太陽であった――平塚らいてう自伝(上)』大月書店、一九七一年、二一〇―二一一頁。

(20) 平塚らいてう「元始女性は太陽であった」『青鞜』第一巻第一号、明治四四(一九一一)年八月。

(21) たとえば、加藤みどりによる「執着」と題する小説作品には、次のように「自己を発展させ」ることへの渇望が描かれる(『青鞜』第二巻第四号、明治四五(一九一二)年四月)。「どうしても自己を発展させて立たねばならぬ。自分に人間としての天職があるなら其の天職を全ふせねばならぬ。自分は唯狭い「女」と云ふ名、娘、或は姉と云ふ名に縛られて此の儘朽ち果つべきではない!」。

同様に、長曽我部菊による「新しい女の解説」には、「新しい女」の内実が「自己」をキーワードにして解説されている(『青鞜』第三巻第一号付録、大正二(一九一三)年一月)。「生きたい、自分の承知の出来る充実した生活に生きたいと云ふのは文壇の流行が如何に拘はらず、自分の切なる願である、芸術が自己を以て始まり自己を以て終るべきのみならず、生活も亦自己を以つて終るべきものである、我等は何を置いても先づ自己でなければならぬ」。

(22) 岩野泡鳴「冷酷なる愛情観と婦人問題」『青鞜』第三巻第二号付録、大正二(一九一三)年二月。

(23) エマヌエル・スウェーデンボルグ(一六八八―一七七二年)は、スウェーデン王国出身の神秘主義思想家。

(24) 岩野泡鳴「冷酷なる愛情観と婦人問題」『青鞜』第三巻第二号付録、大正二(一九一三)年二月。

(25) 荒木郁「手紙」『青鞜』第二巻第四号、明治四五(一九一二)年四月。本作品が理由で、『青鞜』のこの号は発禁となる。

(26) たとえば、橘かほる子「雲の行方」に描かれた次のような描写。「春江の優しい心は自分は何処までも此の可憐な友を慰めて苦痛を助けねばならない又然するが友達の義務だと思ふたので、優しう秋子の肩に手をかけて曲んだリボンを直してやりながら……」(『女子文壇』第一巻第一一号、明治三八(一九〇五)年一一月(復刻版、不二出版、二〇〇二年)。

(27) 田村遊喜枝「花無常」『女子文壇』第一巻第三号、明治三八(一九〇五)年三月。

(28) 美浪子「おもかげ」『女子文壇』第一巻第六号、明治三八(一九〇五)年六月。

(29) たとえば、筆子「春の怨み」『女子文壇』第四巻第六号、明治四一(一九〇八)年四月など。

(30) 三保野純子「呪はれたる寮舎生活」『女学世界』明治四三(一九一〇)年四月(赤枝香奈子・古川誠編『戦前期同性愛関連文献集成 第三巻』不二出版、二〇〇六年、三〇頁)。

(31) 与謝野晶子「若き女同士の友情」『女子文壇』明治四四(一九一一)年八月(赤枝香奈子・古川誠編『戦前期同性愛関連文献集成 第三巻』不二出版、二〇〇六年、三五頁)。

(32) 同前。

(33) 神近市子「同性恋愛の特質」「二人の女性の見たる同性愛」『新小説』大正一〇(一九二一)年一月(赤枝香奈子・古川誠編『戦前期同性愛関連文献集成 第三巻』、不二出版、二〇〇六年、一五〇頁)。

(34) 同前。

(35) 筆子「春の怨」『女子文壇』第四巻第六号、明治四一(一九〇八)年四月。

(36) 寂静子「若き女同志」『女子文壇』第六巻第四号、明治四三(一九一〇)年三月。

(37) 同前。

(38) ぎよう子「心の底」『女子文壇』第五感第一一号、明治四二(一九〇九)年八月。

(39) ただし、彼女たちは現実において結婚から自由であったわけではなく、そのことは投稿の内容にも反映されていた。飯田祐子が、『女子文壇』で繰り返し語られたのは、ともに文学を志して独身主義を掲げ、熱烈に結び合った相手が、結婚などで語り手を裏切るという物語であったと指摘している通りである(飯田 一九九九、一六七―一六八頁)。

(40) 平塚らいてうといえば、明治四一(一九〇八)に森田草平と起こした心中未遂事件が有名であるが、森田草平によれば、平塚は心中自殺未遂事件の際にも、女子大時代の僚友木村政子に次のような遺書を書いている。「願はくば君と共ならざるを許せ。君は知り給べし、余は決して恋のため人のために死するものにあらず。自己を貫かんが為なり。自己のシステムを全うせんが為なり。孤独の旅路なり、天下余を知るものは君一人なり。我が二十年の生涯は勝利なり。君安んぜよ。而して万事を許せ。さらば。四十一年三月二十一日」（森田草平「煤煙」『東京朝日新聞』明治四二（一九〇九）年（岩波書店、一九三二年、二七七頁）。森田と心中を図りながらも、平塚は「自己を貫」こうとする自らを正確に知るただ一人の人物として、女友達である木村を想定していたのである。

(41)　平塚らいてう「一年間」『青鞜』第三巻第二号、大正二（一九一三）年二月。
(42)　同前。
(43)　平塚らいてう『元始、女性は太陽であった――平塚らいてう自伝（下）』大月書店、一九七一年、三六六頁。
(44)　平塚らいてう「一年間」『青鞜』第三巻第一二号、大正二（一九一三）年一二月。
(45)　平塚らいてう「円窓より 茅ヶ崎へ茅ヶ崎へ」『青鞜』第二巻第八号、大正元年（一九一二年）八月。
(46)　同前。
(47)　同前。
(48)　平塚らいてう「一年間」『青鞜』第三巻第二号、大正二（一九一三）年二月。
(49)　同前。
(50)　平塚らいてう「円窓より　茅ヶ崎へ茅ヶ崎へ」『青鞜』第二巻八号、大正元年（一九一二年）八月。
(51)　同前。
(52)　『文章世界』大正元年（一九一二年）一〇月号に掲載。
(53)　田村俊子「悪寒」『文章世界』大正元年（一九一二年）一〇月（『田村俊子作品集』第一巻、一九八七年、オリジン出版センター、二六五―二七六頁）。
(54)　同、二七一―二七二頁。
(55)　同前。

(56) ここでは、「男同士の恋」、「女同士の恋」を実践していたすべての当事者が男女の恋愛との比較のうちに、自分たちの関係を位置づけていたと主張したいわけではない。ただ、言説レベルにおいて、「男同士の恋」を男女の恋愛の上位に位置づける言説が見当たらないのに対し、「女同士の恋」についてはそれが見られるという非対称性について議論している。
(57) たとえば、「社説」には以下のようにある。「愛の種類多き中に青年男女の愛ほど、美はしき不思議なる、而して趣味あるものはなし。……愛の光を望む少女は思へらく、山も河も波も風も、この愛を得んがためには我れ恐れじ、この愛はわが生命にして、わが生命は此愛の外なしと。愛を捉へんとする男子また思へらく、名誉財産何物ぞ、艱難辛苦も慰藉あらば艱難辛苦にあらず、この愛はわが幸福にして、わが幸福は此愛以外に求むべからずと」(『婦女新聞』明治三五(一九〇二)年一〇月六日(復刻版、不二出版、一九八二―一九八五年))。ここでは「少女」にとって愛が自らの生命、すなわち存在意義であるとされるのに対し、「男子」にとっての愛は「艱難辛苦」を「慰藉」し、幸福を与えてくれるものとされている。
(58) 社説「妻と恋人」『婦女新聞』明治四二(一九〇九)年二月一九日(復刻版、不二出版、一九八二―一九八五年)。
(59) 同前。
(60) 同前。
(61) 同前。
(62) 同前。
(63) 秋月女史「男子の反省を望む」『婦女新聞』明治三四(一九〇一)年九月三〇日、山脇房子「結婚方の改良に就て」『婦女新聞』明治四一(一九〇八)年二月三日など。
(64) 武者小路実篤「友情」『大阪毎日新聞』大正八(一九一九)年(岩波書店、二〇〇三年、二〇頁)。
(65) 同、一三四頁。
(66) 田村俊子「あきらめ」『大阪朝日新聞』明治四四(一九一一)年(『田村俊子作品集』第一巻、一九八七年、オリジン出版センター、五八頁)。
(67) 第三七回新聞掲載分。この箇所は単行本化にあたって、割愛される(長谷川 一九八七、四四一頁)。
(68) ただし、終盤において富枝は、男性のパトロンの力を借りようとする三輪に違和感を抱き、二人の間には距離ができていく。
(69) 田村俊子「あきらめ」『大阪朝日新聞』明治四四(一九一一)年(『田村俊子作品集』第一巻、一九八七年、オリジン出版センター、一〇〇頁)。
(70) 「あきらめ」が富枝を主たる視点人物とする小説である以上、三輪を「見る」ことによる官能も描かれていないわけではない。しかし、富枝にとって三輪は明らかに「征服」する相手ではない。
(71) 菅原初「動揺」『番紅花』第一巻第四号、大正三(一九一四)年六月(復刻版、不二出版、一九八四年)。
(72) 同前。
(73) 菅原初「動揺(承前)」『番紅花』第一巻第五号、大正三(一九一四)年七月(復刻版、不二出版、一九八四年)。
(74) 同前。
(75) 同前。

第五章　恋愛への囲い込み――「女」としての「自己」

前章では、男性たちと同様、女性たちの間でも、外部から規定された生き方に疑問を呈し、妻・母という「役割」に収斂されない、「自己」なるものを追求する動きが芽生えていったことを論じた。そして、そのような「自己」の希求と結びついていたのが、「女同士の恋」であった。男性たちが、「自己」の領域として男女の恋愛を理想化していったのに対し、女性たちは女同士の親密な関係においてこそ、「自己」を見出そうとしたのである。

しかし、「自己」なる観念を軸に、既存の性別役割秩序から踏み出していこうとする志向性は、ただちに逆風を受けることになる。青年たちによる「自己」の追求が、稼ぎ手としての男性モデルに抵触しない方向へと誘導されていったのと同様（第三章）、女性たちの「自己」の希求と、それに伴う「女同士の恋」の実践に対しても、近代的なジェンダー秩序に矛盾しない方向へ押し返そうとする力学が生じていったのである。女同士の関係は、社会的な監視の対象となり（赤枝 二〇一一、一三三頁）、女性たちの「自己」への欲望は、恋愛へと囲い込まれようとしていった。そのプロセスを浮かび上がらせるのが、本章である。

これまで先行研究においては、明治末から大正期にかけて、女同士の関係をめぐる社会的な認識枠組みに、大きな変容が生じていったことが指摘されてきた。それまで特段問題視されることのなかった女同士の親密な関係が、「同性愛」として異常視されていったというのである（古川 二〇〇一、比留間 二〇〇三、黒澤 二〇〇八、赤枝 二〇一一など）。中でも重要なのが、「同性愛」というセクシュアリティにまつわる観念の形成が、実はジェンダーを問題にしていたという比留間由紀子や赤枝香奈子の指摘である（比留間 二〇〇三、赤枝 二〇一一、一二〇頁）。女同士の親密な関係を異常視する視線は、女性たちがジェンダー規範から逸脱することを阻止しようとする力学とともに成立していったのである。

だとすれば、そのとき女同士で親密な関係を築くことと共にあった、女性たちの「自己」の希求は、どのような道をたどることになったのだろうか。そして、異性愛の中心化によって、女性たちは、男性の求める女性像のべったりとはりついた恋愛という観念に、どのように対峙していったのだろうか。

本章は、「女性同性愛」の成立過程を跡づける先行研究に、多くを負うものである。しかし、女同士の関係に向けられるまなざしの変化に着目する先行研究においては、その過程で、女性たちが「自己」を希求することに、どのような変容がもたらされていったのかを問う視点は、不在であった。それに対して本章は、「同性愛」という観念の成立自体に焦点を絞るのではなく、女性たちの「自己」の希求のゆくえを問う視点から、女同士の親密な関係が社会的な監視対象にされ、さらに女性たちが恋愛に取り込まれようとしていった過程を検証したいと思う。

このような本章は、第三章と同様、異性愛規範、および、性別役割分業に基づく近代的なジェンダー秩序が浸透していった過程に注目するものであり、近代社会における規律化・秩序化に焦点を当てるものである。そのため、規律・秩序があまねく社会を覆いつくしていったような印象を与えるかもしれない。しかし、近代的な性秩序が、「自己」の追求という近代の別の論理との緊張関係の中でつくられていったことを示す本書は、それが常に転覆されかねない危うさをも孕んでいたことを示唆するものである。

以下、本章ではまず、女性たちによる「自己」の希求および「女同士の恋」が、社会的に問題化されていった経緯から検討をはじめる。その上で、性科学によって「女同士の恋」が「同性愛」としてくくられていった過程、および、それに対する女性たちの側の対応を順に検証し、女性たちの「自己」の希求が、恋愛とどのような関係を結んでいったのかを明らかにしたい。

1. 社会の側の反応

1-1 「新しい女」に対して

「自己」を求めて止まない若い男性たちの存在が「煩悶青年」として注目され、教育的配慮の対象と目されていったのに対し、同じく「自己」を求めた若い女性たちの存在は、「新しい女」と名づけられ、一般メディアにおいてからかいやバッシングの対象とされていった。両者の扱いの差は、すでに「煩悶青年」と「新しい女」というネーミングの差に顕著に表れている。「煩悶」が内なる苦悩を意味するのに対し、「新しい」という言葉には、従来の慣習に反旗を翻すという対社会的な反抗が含意されている。女性が「自己」を追求しようとすることは、それだけセンセーショナルなことであり、人々を当惑させることだったのである。

そもそも当時にあっては、女性が義務教育以上の教育を受けることに対してすら、従来考えられていた「女らしさ」から逸脱することとして、根強い反感がもたれていた。実際、二〇世紀に入って女学生の姿が本格的に可視化してくると、彼女たちを待ち受けていたのは、女学生は「堕落」しており、「生意気」であるという嵐のような批判であった。小山静子は、そのような女学生批判が、明治四三（一九一〇）年の高等女学校令の改正による、裁縫の授業時間数を大幅に増加させた実科高等女学校の設置に結実していったと見ている（小山 二〇一〇）。すなわち、女学生の本格的な登場とともに、社会は中等教育の一層のジェンダー化を求めていったのである（同前）。

逆にいうと、それまでの女子中等教育は、良妻賢母思想によって正当化されながら、教育の内実に関しては、実のところ、家事・育児に関連した学科目の授業時間数が目立って多いというわけでもなかった。つまり、高等女学校は、中学校に比べると教育程度は低いものの、方向性としては中学校と同様の普通教育機関だったのである（同前）。そのような女子教育の中から生み出された「鬼っ子」こそが「新しい女」であり、すでに女学生が批判的な視線にさらされていた以上、彼女たちが揶揄や罵倒によって迎えられることになったのは、当然の成り行きであったといえよう。当時「新しい女」という言葉によってまっさきに思い浮かべられた女性は、青鞜社率いる平塚らいてうであり、「五色の酒事件」や「吉原登楼事件」など、青鞜社員の行動がスキャンダラスに報じられていったのは、よく知られている通りである（堀場 一九八八、一一一―一一四頁など）。

ただ、『青鞜』周辺の女性たちや、その予備軍と目された女学生たちの「無軌道ぶり」が盛んに揶揄された一方、女性解放の主張自体を真っ向から否定する議論は、あまり見られなかった。女性解放の主張は、多くの男性にとって心情的には受け入れられない（だから揶揄する）、しかし、論理的には否定しがたいものだったのである。具体的には、「新しい女」に対する否定的なコメントには、必ずといってよいほど「記者は徒らに女子をして男子の奴隷たらしめんとするものではない[1]」などという前置きがおかれた。このように表向きは、女性解放の思想に理解を示そうとする傾向は、とりわけ知識人の間に顕著であった。

たとえば、『太陽』の「婦人問題号」（大正二年六月）では、浮田和民や新渡戸稲造、松村介石などの錚々たる論客が、女性の地位向上は「文明の進歩」であり[2]、逆に女性を「服従」させることは「非文明的」な「封建時代」の遺風であると論じている[3]。特に浮田和民は、フランス革命によって宣言された「自由」と「平等」という価値に立脚して「四民平等」が実現したことを鑑みるならば、男女の間にのみ貴賤を設けるのは不条理であると明確に述べている[4]。「自由」と「平等」という近代的理念を頭から否定することは誰にもできず（比留間 二〇〇三）、そうである以上、「婦人運動」が生じるのは、世界的・歴史的「必然」であり、いくら避けたくても避けがたいことであると受け止められたのである。

そうはいうものの、彼らが「新しい女」の登場を歓迎していたわけではない。そこに彼らの歯切れの悪さがあった。彼らは、女性は基本的に家事育児を担当し、男性は外に出て活動するという性別役割分業論については、揺るぎなく支持していたのである。男女平等の要求は否定できないが、性別役割分業は維持したい。こうした矛盾を解決するために、なんとか女性たちの「自己」の確立への要求を、「良妻賢母」という性別役割と矛盾しないものとして位置づけようとしたのが、成瀬仁蔵や下田次郎など女子教育に携わる面々であった。

中でもユニークな論を展開したのが、東京女子高等師範学校の下田次郎である。下田は、「人は男女を問はず、職分の如何を論ぜず」、「一個の人格を備へた人として」、「最も「自分である生活」を営まねばならぬ」と断言した[5]。しかし、その「自分である生活」を、「外部の人や物と、いはゞ関係を絶つた自己特殊の内的生活」として位置づけることによって、「外的」に「良妻賢母役割」を担うことと両立させようとしたのである[6]。さらに、下田は別の論考においては「今日の人間は男女を問はず、一般に自己といふ意識が強烈になつて来た」が、「自己」のためだけに生きることがかなわないのは何も女子だけではないという主張を展開した[7]。男子とて「理想の生活」を送っているわけではなく、「妻子が路頭に迷ふからと思つてぢつと耐らへて無理に我慢をして居る[8]」というのである。男も我慢しているのだから、女も我慢しろという、抑圧の平等論ともいうべき論理である。

このように女性たちの「自己」への希求をくみ取りつつも、なんとかそれを矯めようと苦心した女子教育家らに対して、その他の知識人が性別役割を正当化する懐刀として用いたのが、「自然」という言葉であった。典型的な言説として、大隈重信と新渡戸稲造の言葉を引用しておこう。

男性と女性とは生理上、心理上より自然的に区別することは、今更繰返へすまでもないと思ふ。而して是れと同時に自然的、必然的に一の分業が成立つて居ることを認めなければならぬ。……此の事は人間の最も尊重すべきことであつて、是れによつて子孫繁殖の基が立ち、是れなければ子孫は絶つのである。されば婚姻は人類根本の務めと言はなければならぬ[9]。

婦人が何れ程世の中の事に関係して働らくとしても、其の天性の母たるにあることは到底免かるゝことが出来ぬ。是れは如何に避けんと欲しても婦人として天然自然に具はる性質であるではないか。既に母たるの天性を具へて居る以上は婦人が自然に家庭的であるべきことは、論理上当然の帰結であると謂はなければならぬ。されば婦人は此の本能を益々発揮すべきであつて、是れを害することは天性の自然に反するものであらうと思ふ[10]。

これらの引用文が、男女の差異を「自然」なものとして強調することによって、女性が良妻賢母役割を担うこともまた、「自然」なこととして正当化するものであることは、明らかであろう。

もっと楽観的な論者は、男女の差異は「自然」によって決められているのだから、どんなに女性解放がすすんだとしても、既存のジェンダー秩序が崩壊することはないという論を立てた。たとえば、浮田和民は「男女共に独立の価値ある人格を有する」ものであり、「婦人の人格を認むる以上、其の人格の価値を保ち又た之を発揮するに必要なる自由を与へねばならぬ」としながらも、「其の自由は自然に婦女子の天性によつて制限せらるゝから男女無差別になる気遣ひはない」と述べている[11]。同様に島村抱月も、性別に関わらずすべて人間の「個性」は尊重されねばならないとしながらも、「婦人の天職と本性とを一度自覚以後の自然性にかへして了へば」、「結婚問題、服従問題」は自ら解決するという希望的観測を提示した[12]。

男女は異なるものであり、男は「男」としての、女は「女」としての「役割」を担うべきであるという、従来当然のこととされてきた前提が揺らぎはじめたとき、「自然」という概念が、性別役割分業を正当化する強力な根拠として浮上してきたのである。もちろん小山静子が明らかにしているように、「良妻賢母」の中身自体は、大正期に再検討されていくことになる（小山 一九九一）。しかし、女性が妻・母であるべきという基本的な一線は、「自然」という言葉によって、死守されたのである。そして、後述するように、この「自然」という言葉は、同時期に一般に知られていくことになる性科学の知によって、ますます威信を与えられていくことになる。

次項では、その様相を明らかにする前に、「新しい女」の登場がまた、女同士が親密な関係を結ぶことに対する非難を呼び起こしていたことを見ておきたい。

1－2 「女同士の恋」に対して

女同士が親密な関係を結ぶことが問題視されていく直接的なきっかけとなったのは、明治四四（一九一一）年七月二六日に新潟で生じた、東京の女学校卒業生同士（ともに二〇歳）の入水心中事件であった。事件の重大さを認識し、いち早く論じていったのは、女学生を監督する立場にある女教師を多数の読者にもつ、『婦女新聞』であった。事件の翌月に掲載された「同性の愛」と題する社説では、次のように女学生同士の「友愛」が問題化されている。

> 高潔なる友愛の一致なれば、道徳上寧ろ賞すべきに似たれども、友愛の情火燃え上りて、常識と共にほかのすべての道徳を焼き、果ては自己の身体生命をまで焼き盡して悔いざるまでに嵩じては、最早これ真の友愛にあらずして、狂的若くは病的友愛なり[13]。

女学校において「女同士の恋」が流行していることは、それ以前から風変わりな風習として新聞雑誌において紹介されており、とりたてて非難の対象とはされていなかった（赤枝 二〇一一、一一一）。しかし、「心中」という事件を受け、女性同士の親密な関係が、その実践者を「常識」や「道徳」から逸脱させる力があることが、改めて認識されていったのである。

加えて、比留間由紀子によれば、新潟の心中事件をひとつのターニングポイントとして女学生同士の愛が非難されていった背景には、世間の「婦人問題」への関心の高まりがあったという（比留間 二〇〇三、二一頁）。すなわち、「新しい女」の登場を受け、その予備軍として女学生への否定的な注目が集まっていたまさにそのときに、女学校卒業生の情死という事件が生じたため、女学生特有の問題として女同士の親密な関係が取り沙汰されていったというのである。比留間がこのように主張するのは、女学生や女学校卒業生同士の「心中」が取り沙汰されたのに対して、女工同士などの「心中」はとりたてて問題視されることがなかったからである（同、一六頁）。

ただ、このとき注目すべきは、一般的なメディアにおける女学生同士の親密な関係の問題化のされ方である。当時生じていた「新しい女」や女学生に対するバッシングは、少ながらずジェンダーの越境を目の敵にするものであった。たとえば、当時の新聞に掲載されたバッシング記事には、「男の縄張りが近頃になつて酷く「女」から荒らされ始めた[14]」という被害妄想や、女学生たちが「男の真似をしたり、過激な言行[15]」をとったりし、「結局男にも成れず、女でもない変なものになつて終ひたがつて居る[16]」といった中傷が見られる。それに対して、女学生同士の親密な関係への批判に関しては、直接的にジェンダーの越境や男性の権益の侵害につながるものとして批判されたわけではなかった。

そのかわり、女性間の親密な関係は、異性間における性的堕落と同様、「劣情」や「色欲」という言葉とともに、性的な堕落問題として把握されていく傾向が見られた。比留間由紀子によれば、同性間の「色欲」は、むしろ異性間の「色欲」に発展していくものとされたがゆえに、警戒される傾向があったという（比留間 二〇〇三、二〇頁）。実際、明治四四（一九一一）年の『東京朝日新聞』には、某女学校校長の「普通の友情よりも親密にするだけの事ですけれど、これが一歩過まれば同性間の不自然なる肉交になるし、また異性に対する真実の色欲を起す様にもなる[17]」という言葉が紹介されている。女学生間の「恐る可き恋愛病」は、「堕落の初一歩」と位置づけられたのである[18]。

かつて二〇世紀初頭に多くのメディアを賑わせた女学生批判において、常套手段とされたのが、女学生を性的な堕落と結びつけて中傷する方法であった（稲垣二〇〇七、小山二〇一〇）。売淫を行い、果ては妾に落ちぶれる女学生や、不良男子学生との交情の果てに妊娠し、故郷に帰らざるを得なくなる女学生の存在が報道され、それが女学生全体の「品行」を象徴するかのような中傷がなされ続けた。このような「伝統」を引き継ぎ、女学生同士が親密な関係を結ぶこともまた、「劣情」や「肉欲」といった言葉に落とし込まれ、性的堕落の一形態として、女学生を中傷する材料に加えられることとなったのである。

ただ、前章で明らかにしたように、当時生じていた女同士の親密な関係は、従来の女性役割から逸脱する「自己」の希求と結びつくものであり、潜在的にジェンダー秩序を脅かす側面をもつものであった。「女同士の恋」を、性的堕落の一形態という視点からのみ問題化した一般メディアにおいて、この点は見逃されたのだといえよう。

しかし、前述した『婦女新聞』の社説のように、「同性の愛」が、既存の「常識」や「道徳」を打ち破りかねないものであるという認識も登場しはじめていた。さらに、そのような認識を支えていく強力な知の体系が、日本社会に紹介されつつあった。性科学、あるいは、当時の言葉でいう「性欲学」と呼ばれる知の領域である。次節で論じるように、性科学は女同士が情熱的な関係を結ぶことを、従来の「女」からの逸脱の問題としてとらえ、ジェンダーの境界線のかく乱として認識する枠組みを提示していったのである。

2．性科学の台頭

2-1 「婦人問題」と「性欲学」

毎月世間の注目度の高いトピックを特集し、幅広い識者の論考を掲載した『新公論』という月刊誌において、「性欲特集」が組まれたのは、明治四四（一九一一）年九月のことであった。同特集は、欧米における性欲研究の動向や出版物の紹介にはじまり、性欲と道徳、性欲と教育、性欲と人種改造、性欲と売春、同性間の性欲など、その後の「性欲学」において論じられていくことになる主要テーマを網羅する画期的なものであり、「性欲学」という領域が一般に知られていく、ひとつの契機を提供するものであったとされている（古川 一九九二、一一三頁）。

これまで、明治四四（一九一一）年というタイミングでの「性欲学」への社会的注目の高まりは、主に同年に大きな波紋を広げた、新潟における女学校卒業生同士の心中との関連で説明されてきた（古川 一九九四、二〇〇一）。「性欲」を生殖との関連で位置づける「性欲学」は、「同性愛」を生物学的な「異常」として説明するものだったからである。たしかに、『新公論』の「性欲特集」に寄稿された記事には、新潟の心中事件への言及が散見される(19)。だが、この時期に「性欲学」がにわかに脚光を浴びることになった背景には、もうひとつの要因が存在していたと考えらえる。以下で論じていくように、「性欲学」の流行は、同時期に関心を集めつつあった「婦人問題」抜きに語ることはできないのである。順を追って説明していこう。

「性欲学」とは、十九世紀末の欧米に誕生した性科学の日本語名であるが、たしかに「性欲」は性科学においてもっとも重要な観念であった。というのも、性科学は、個体としての人間は本質的に「性欲」によって司られているという前提から出発する学問だったからである。そのような前提ゆえに、性科学は、単に人間を構成する「性欲」というひとつの領域を解明するものではなく、「性欲」を通してすべからく人間行動の基礎を解明できるとするスタンスに立つものであった。たとえば、性科学の出発点に位置づけられるリヒャルト・フォン・クラフト＝エビングの『変態性欲心理』は、次のようにはじまる。

吾人人類の繁殖は、徒に個人間の偶発、或は情実に委ねらるゝにはあらずして、実に熾烈にして且、強力に其履行を要求して熄《やす》まざる自然的衝動に保証せらるるなり。……（したがって――引用者）性欲生活は個人並びに社会的生存上有力なる要素なり、而してこは、努力の実現、占有に因る獲得、家庭の基礎、他愛主義的感情の覚醒への強力なる衝動を形成するものにして、先づ之を異性に対し、次に子供に対し、軈《やが》て更に之を全人類に及ぼすものなり。……道徳の全部、並びに恐らくは美学及び宗教の大部分は、其結局に於ては性欲的感覚の存在に其根帯を有するならん。(20)

ここには、有性生殖を行う生物である人間が、何よりも種族保存の「自然的衝動」である「性欲」に突き動かされる存在であること、だからこそ人間のあらゆる行動や心理の特徴は、「性欲」によって説明ができるという性科学の前提が示されている。『新公論』の「性欲特集」も例にもれず、「性欲」とは「厳正なる天意の摂理」であり「必須なる人生の大法」であるという地点から出発するものであった。

ところで、「情欲」、「色情」、「淫欲」などとよばれる感情が、実は生殖への欲求であるという見解は、すでに明治初期から「開化セクソロジー」とよばれる領域において紹介されはじめていた（赤川 一九九九）。しかしそこでは、あくまでも人生の要素として「造化」（生殖）や「情欲」を「軽視できないもの」として論じるものであり、人間の本質をそれらによって語ろうとするものではなかった。それに対して、性科学は、人生における「性欲」を論じるのではなく、極端に言えば人生とは「性欲」であるという「生物学的運命論」あるいは「生物学的基盤論」ともいうべきスタンスから、個人や社会を論じていったのである。

このようなスタンスを「性欲学」ブームに先立って打ち出していった人物に、大正期に通俗的な「性欲学」をけん引していくことになる澤田順次郎がいる。二〇世紀に入ってから『男女之研究』（明治三七年、大鳥居弃三との共著）や『科学よりみたる男女の関係』（明治四〇年）など、男女の差異や関係を「生物学的」な観点から論じる書を著していた澤田は、明治四一（一九〇八）年に出版された『男女と自然』においては、男女の「生物学的差異」を語るのみならず、「人は何処から来て何処へ行くものであるか、換言すれば人の生存の目的は何であるか」という哲学的問いを「生物学的」見地から論じることを試みている。[21]「性欲学」は、まさに「人の生存の目的」という人生の問題に「生物学的」な解答を与えようとする志向性をもっていた澤田に、「性欲」というキーワード与えるものだったのである。

澤田と同様、大正期の「性欲学」ブームをけん引することになる羽太鋭治は、そもそも眼科や尿道狭窄などの専門書や医学生用の受験参考書などを執筆し、『医学月報』という専門誌に寄稿するような医師であった。明治四〇（一九〇七）年に出版された羽太による『生殖衛生編』では、生殖器の機能、構造、妊娠の仕組み、生殖器の疾病等の知識が医学的見地から説明されている。そのような羽太であるが、大正四（一九一五）年の『性欲教育の研究』では、「性欲」を「食欲」「利欲」と並ぶ人間生活の基盤として位置づけた上で、「教育」や「社会」を語りはじめている。[22]「性欲」という概念は、それまで生殖にまつわる医学的知識を論じていた人物に、従来なら医学の枠外であったトピックをも論じることを可能にしていくものでもあったのである。

以上のように、人間が「性欲」という視点からとらえられたということは、生きる目的といった哲学的問いをも含む、人間生活全般にかかわる価値が、「性欲」との関連で語られはじめたことを意味する。そのような傾向は、人々のジェンダー観にも大きな影響を与えるものであった。というのも、「性欲」を基盤に人間をとらえるということは、なによりも個々人を生殖の単位である雄／雌として解釈することに他ならなかったからである。「性欲学」とは「性欲」に基づいて「性別」や「性差」をも説明するものであり、私たちがセクシュアリティとよぶものだけでなく、セックスやジェンダーとよぶ領域をも射程に含むものだったのである[23]。

たとえば、「性欲学」では、次のように男女の差異が語られた。クラフト゠エビングの『変態性欲心理』から引用する。

男子は女子に比すれば、活発なる性欲的要求を有するは疑ひなき所なりとす。強力なる自然的性欲に従つて、男子は一定の年齢に達する時、女子を欲求す。……自然の強大なる圧迫に依り男子は其恋愛に於て侵略的にして、且、激烈なり。されど自然の使命は其全精神を充満するに至らざるを以て、欲求にして充たさるれば、其恋愛は一次生活及び社会的興味の後に退くを常とす。……女子は常に受動的にして男子よりの要求を待つを常とす。是れ女子の生殖的機管組織の然らしむる所なり。……それにも拘らず、女子の意識内にありては性欲的領域は男子に於けるよりは広し。恋愛に対する要求亦男子よりも尚大なり[24]。

男子の「性欲」は強く、恋愛においても侵略的であるが、欲求が満たされた後は、恋愛への興味は社会生活の後景に退く。それに対して、女子の「性欲」は受動的であるにもかかわらず、意識において「性欲」の占める割合は男性よりも広く、恋愛への要求も男性より大きいという。すなわち、「生殖的機管組織」を根拠として、「女」は社会生活よりも、生殖に集中する存在として構築されていったのである。

このように男女の性別役割を本質的なものとして語る性科学の言説は、ただちに、妻・母であることに収斂されない生き方を求めはじめた女性たちを牽制する目的で利用されていった。たとえば、『新公論』の「性欲特集」に掲載された優生学者・海野幸徳による「性欲と人種改造」と題する論文が、その典型である。海野の論文は、「性欲」から出発して、最終的に「婦人の任務は如何様に論じても、子を生むこと丶、子女を教育すること丶、家を治むることであつて、婦人は母として、妻として、内助者として、その職責を全ふすべきものである」[25]という結論にたどりつく。

その論理はこうである。有性生殖を行う種族の性質上、雌は雄の、雄は雌の「性的特質」を欲望する。具体的には、女性には「剛勇とか明智とかいふ男子の固有性が注意せられ、男子には女性の温良、貞淑、優美といふやうな女子の固有性が重視せられる」[26]。したがって、「男女同権論の女子」や「女豪傑、女運動員、女演説者」などの「男らしき女」は「男子の愛をうること」ができない。有性生殖を行う生物種である以上、男子の愛を得ることのできない存在は、生物学的に「不自然」であり、温良な妻・母こそが「自然」であるというのである[27]。

このように「性欲学」は近代的な性別役割分業体制を、あたかも科学的に正しいものであるかのように打ち出すものであり、その点において、まさに「婦人問題」が関心を集めはじめた時期と、「性欲学」が一般に流布されていった時期が重なっていたのは、偶然ではないのである。

次に見るように、「性欲学」はまた、同性間の親密な関係についても、「女であること」からの「不自然」な逸脱であるという視点を提供するものであった。

2-2 「個と個」から「女と女」へ

人間が何よりも種族保存の衝動である「性欲」に突き動かされる存在として理解されたということは、言いかえると、男とは何よりも女を欲望する存在として、女とは何よりも男を欲望する存在として規定されたことを意味する。したがって、女であるにもかかわらず女に、男であるにもかかわらず男に魅かれるという「逸脱」は、同時に「男であること」「女であること」からの「逸脱」として、問題視されるものであった。

たとえば、『新公論』に掲載された桑谷定逸による「戦慄す可き女性間の顛倒性欲」という論考では、同性に「性欲」を感じる「顛倒性欲」の女性が、いかに「女」から逸脱する存在であるのかが、延々と述べられている。具体的にいうと、「顛倒性欲」の女性のうち、「能動的な女」は「本能の点に於て男性的」で、「男装し男職したいといふ強い傾向」があるとされた(28)。また「受動的の者」についても身体の発育が十分でなく、「男に好かれぬやうに出来て」おり、結婚して子供を持つには不適当であるとされている(29)。こうした記述から明らかなのは、赤枝香奈子が指摘するように「〈同性愛〉というセクシュアリティにまつわる概念は実のところ、「女性らしさ」というジェンダー規範を問題にしていた」(赤枝 二〇一一、一二〇頁)ということである。すなわち、「顛倒性欲」という観念は、女性たちが「女らしさ」から逸脱することへの恐怖を根底にもつものだったのである。

実際、前章で論じたように、明治四〇年前後に、女性たち自身によって描かれた女同士の親密な関係の多くは、従来の「女」から離脱することと結びつけられていた。女同士で親密な関係を結ぶことによって、従来の「女」に囚われない「自己」を確立することが目指されたのであった。それに対して、従来の「女」から離脱することを、一律に「男性化」として真っ向から否定するのが、「顛倒性欲」という観念だった。

桑谷はまた、「顛倒性欲」を直接的に「新しい女」の登場と関連づける見方も提示している。「婦人運動」は、

「顛倒性欲」の「先天的の素質を育み」、また「多くの模倣者」を生み出す力をもっているというのである。[30]すなわち、「顛倒性欲」という観念は、まさしく女性たちの「自我の芽生え」を否定することと、クリアに結びつけられていたといえよう。

しかし、女同士の親密な関係を、「女らしさ」からの極端な逸脱とセットでとらえようとするとき、現実にはそのようなケースに当てはまらない事例が続出することになろう。実際、クラフト＝エビングやハヴェロック・エリスの著書には、「男化」するケースだけでなく、見た目にはわからないケースなど、いくつかの分類が提示されている。赤枝香奈子によれば、日本では先天的な「真の同性愛」と後天的な「仮の同性愛」という区分が一般化し、女学生間の親密な関係は、女学校という隔離された空間によって誘発された「仮の同性愛」であると位置づけられていったという（赤枝 二〇一一、一二〇頁）。「真の同性愛」の実践者である「男性化した女性」を負の女性ステレオタイプとして構築しながら、他方で「仮の同性愛」を実践する女学生たちを社会的・教育的関心の中心に据えることで、彼女たちを「望ましい女性像へと「矯正」することが目指された」（同前）のである。

しかし、逆にいうと、「仮の同性愛」であると見なされた女学生同士の親密な関係は、「矯正」の対象とされながらも、あくまでも「一時的なもの」として一定程度許容されたことを意味する。そのことは、前節で引用したクラフト＝エビングの『変態性欲心理』にあるように、女性は「恋愛への要求が大きい」情緒的な存在であるとみなされていたことと無縁ではない。たとえば、田中祐吉『男女の性欲研究』（大正元年）では、「ことに女性は同情心に強く感情に動かされ易い故、自然同性間の愛に陥り易い、現今女学生間に行はる、相愛の原因も一つは斯様な関係に基づくものであろう[31]」と、女学生同士の親密な関係が、女性特有の性質によるものであるという見解が示されている。

すなわち、「男化」を伴う「真の同性愛」が徹底的に忌避されたのに対し、「仮の同性愛」は単に一時的なものであるというだけでなく、「女」から逸脱しない、「女ゆえ」の関係として許容されたのである。固有な「自己」に基づく「個と個」の関係ではなく、女性ならではの、女性性の延長線上に位置づけられる「女と女」の関係として理解することによって、「女同士の恋」は無害化されようとしていった。のみならず、それはいずれ「男と女」の関係に移行すべきものとして監視の対象とされていったのである（赤枝二〇一一、一二三頁）。

では、このように「女」であるということによって、あるべき感情や役割、関係性が外側から規定され、「科学的」な正当性が付与されていく中、内的な「自己」の才能や感情を注視し、具現化しようとしていた、いわゆる「新しい女」たちの側は、どのような対応を見せたのだろうか。

3. 応答としての恋愛論

3-1 恋愛を選んだ女性たち

「女流文芸誌」としてスタートした『青鞜』が、女性解放誌へと大きく舵を切ったのは、「付録　新しい女、その他婦人問題について」が掲載された大正二（一九一三）年一月号からである。「元始女性は太陽だった」という平塚の言葉とともに創刊された『青鞜』が、当初は女性解放誌でなかったとみなされることをいぶかしむ向きもあろう。だが、前章で述べたように、当初の『青鞜』は男性に比べて開発の遅れている女性の芸術的才能に発表の場を提供することを主目的とした雑誌であり、直接的に女性のおかれた状況を考察したり、女性の地位向上を促したりするものではなかった。すなわち、『青鞜』に集った女性たちが自ら「新しい女」であることを引き受け、「女」の問題を論じる女性解放誌としての自覚をもっていったのは、一般メディアからの激しいバッシングにさらされた後のことだったのである。

このとき、女性解放誌としての『青鞜』の方向性に決定的な影響を与えたのが、エレン・ケイ（図５－１）の思想であった。平塚らいてうは、エレン・ケイの代表的著作のひとつである『恋愛と結婚』との出会いを、次のように述べている。

一たび自我の明確な意識に到達し、高上の世界に於ける人間神性の上に男女を認めない私……／その故《せい》か自分は女なのにも係らず十九世紀から――いや十八世紀からださうだ――喧ましく言はれてゐる婦人問題も実のところいまだに自家心内の直接問題とはならずに来た。……婦人問題、女性研究に関する書物を少し許り読んだのは私には今回が始めてだつたと言つても差支ない。さうして其中にエレン・ケイの「恋愛と結婚」があつたことは言ふまでもない。／……来年の自分の研究問題の中心を婦人問題に置かうとまで決心した。(32)

図 5-1　エレン・ケイ

出典）エレン・ケイ『児童の世紀』1960，玉川大学出版部，口絵

それまで「自己」を開花させることに主眼をおいていた平塚は、「女」全体の地位の問題を云々する「婦人問題」に関心をもってこなかった。しかし、エレン・ケイを読むことを通して、「婦人問題」を「来年の自分の研究問題の中心に置こう」とまで決意するに至ったというのである。

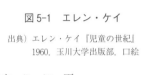

では、ケイの思想は、性別を超えた「自己」なるものを志向していた平塚に、いかにして「女」としてのアイデンティティをもたせ、「婦人問題」を自らの問題として認識させることを可能にしたのだろうか。

その鍵は、エレン・ケイの思想が、「自己」を希求することと、「女であること」を両立させる道を示すものであった点にあると思われる[33]。すなわち、ケイの思想は「自己」なるものを実現するためにこそ、むしろ「生物学的性差」を考慮する必要性を訴えるものだったのである。どういうことか、『青鞜』に掲載されたケイの「母権」から引用しよう。

> 男子に於けるが如く女子に於ても、人間が彼女自身の目的であり、たとへ人生より他の何物をも得ざるにせよ、彼女が自己の霊魂に何等の障害をも及ぼさず、彼女の霊魂の力を増進し、彼女自身の個性を発見してそれを実現し得れば、そこに初めて彼女を完成することが出来ると云ふことは疑なき事実である。これのみ真に自己の霊魂を救済するものである。……／併しながら生の形造に対する相異は測り難い。……／女子の根本的自我は、彼女が自己並に他人の為めに偉大なる仕事を為し得る前、先づ恋愛によつて引き出されなければならない。自己の存在が春的に空虚であつた婦人は真に如何なるものが偉《ママ》なる意味に於て人間的であるかと云ふことを発見することが極めて稀である[34]。

ケイは、女性の生の目的が、男性と同様「個性を発見してそれを実現」することにあると位置づける点で、初期の『青鞜』にきわめて親和的である。「新しき女」とは「自己を通じ、自己と自己の為めに生きんとする[35]」存在であると述べているし、別の論考でも一貫して、「婦人問題」とは女の「自己保存」の問題であるとしている[36]。

しかし、それをふまえた上でなお、ケイは男女の「形造」の差異から、女の「自己」は、恋愛によってこそ実現するものであるという結論を導くのである。

しかもケイの言う恋愛とは、結婚、そして母になることに直結するものであった。すなわち、家庭外の仕事において「自己」を実現する男性に対して、女性は家庭内において母として「心霊の教育者」となることによってのみ、「自己」を実現することができる、というのがケイの主張だったのである。女性を「家庭外の仕事に従事せしむる」ことは、「勢力の大なる誤用」であり、「ベートーベンあるいはワーグネルから機関士を造り出そうとするが如き」である、とまで述べている[37]。

同時期の『青鞜』には、ケイと通じる議論を展開したエマ・ゴールドマンの「婦人解放の悲劇」も、伊藤野枝の翻訳によって紹介されている。

> 自己の立場を確立し、何等の拘束ない自由を主張し自己本然の声――それが生の最大宝庫なる男子に対する愛にせよ、或は最も光栄する分娩の特権にせよ――に耳傾くることを学ぶまで婦人は真によく解放せられたりと称することは出来ないのである。解放せられたる婦人にして自己の胸底に絶へず波動しつつ、聞かれんことを求め、満たされんことを望んでゐる愛の声を真に自己の天職なりと信じ、進んでそれを承認せんとする婦人は果たしてどれ程あるであれう《ママ》？[38]

ゴールドマンは、女の「自己本然の声」が、「男子に対する愛」や「分娩」を求めるものであると断定した上で、その声に従うことこそが、「婦人の解放」であると述べているのである。ゴールドマンは、こうした議論を提出した背景には、「自己」と「社会」の対立という問題に直面する現代社会に対して、「如何すれば人は自分自身であると同時に他の人々と一つになり、全人類と深く感ずると共に各自の個性を維持してゆけるか[39]」という問いに答えたいという動機があったと述べている。「自己」を追求することと、社会的に女性に割り振られた性別役割を担うこととの間に生じた齟齬は、欧米の女性たちに先に経験されており、そこから生まれたひとつの解答が、日本においても受容されていったのだといえよう。

かつて平塚らいてうは「元始女性は太陽であった」において、「注意の集注に、潜める天才を発現するに不適当の境遇なるが故に私は、家事一切の煩瑣を厭ふ[40]」と述べていた。だが、すべての人が類まれなる才能（＝「天才」）をもつわけでも、それによって「自己」を実現できるわけではないというのが現実である。後に平塚は「個人として」の「自分自身の仕事」の例として、「専門の学者、画家、文学者、又は音楽家など[41]」を具体例として挙げている。しかし、これらの職業につける人間は、今も昔も一握りしかいない。すなわち、「自己」への熱い想いが抱かれながら、それを実現するための具体的道筋は不透明であった。加えて、性科学によって男女の性別役割を自然化する論調が高まるという状況が存在していた。女性の「自己」は、恋愛を通して「母」になることによって実現するという説は、『青鞜』の女性たちが希求していた茫漠とした「自己」に、誰にでも実現できそうな形を与えるものであり、のみならず女性に「母であること」を求める社会からの要求にも応えるものでもあった。ここにこそ、ケイやゴールドマンが支持された理由があったのではないだろうか[42]。

しかもケイやゴールドマンが提示した「母」は、従来以上の価値が与えられる存在であった。とりわけケイは、優生学の知見を取り入れることによって、「母」に神聖な地位を与えることに成功している。第三章でも言及したように、進化論の知見に基づき、生殖をコントロールすることで人類の「質」を改良しようとする優生学は、明治末から大正期にかけて、日本社会に本格的に浸透しつつあった（加藤二〇〇四）。ケイは優生学的な観点から、恋愛することと、産むこと、育てることを人類の「質」の向上に貢献することであると位置づけた上で、女性こそをその「主体」として位置づけたのである。すなわち、女性たちの「自己」が開花されるはずの「母」とは、人類にとってもっとも重大である、優生学的任務を背負った存在だったのである。

だが、「母」としての「自己」の実現を中心化することは、いずれにしろ個々人に結婚して子どもを産むという「女としての生き方」を規範化するものであり、そこからはずれる者を周縁化することと表裏をなしている[43]。当然ながら、主として平塚によって推進されたケイの「恋愛至上主義」「母性中心主義」に異を唱えた女性たちも存在した。

3-2　異を唱えた女性たち

大正二（一九一三）年以降の『青鞜』が、男性との恋愛に至上の価値をおく路線を強めていったことに対抗し、大正三（一九一四）年には、尾竹一枝を中心に「純芸術雑誌」を目指す『番紅花』（図5-2）が創刊されている。恋愛ではなく「芸術」を通して「自己」を追求する、という『青鞜』においては放棄されてしまった理念が、改めて掲げられたのである。そのような『番紅花』はまた、女同士の親密な関係を肯定的に描く作品を少なからず掲載した雑誌であった（赤枝二〇一一、七四―一〇〇頁）。第四章で論じたように、

図5-2　『番紅花』創刊号

出典）複製版，1984，不二出版

女同士の親密な関係は、妻・母に収斂されない「自己」を実現したいという心性と密接に結びつけられていた。したがって、「芸術」における「自己」の実現を目指した雑誌がまた、女同士の親密な関係に対して肯定的であったというのは、きわめて象徴的である。『番紅花』における女同士の親密な関係に関する記事については、すでに赤枝香奈子による詳細な研究がある。したがって、ここでは『青鞜』がとった「自己」=「女」路線に対して、『番紅花』でなされた批判がいかなるものだったのかという点に絞って論じていきたい。

この雑誌の創刊号には、創刊者である尾竹一枝による「自分の生活」と題する書簡風の作品が掲載されている。この作品は、かつての平塚と尾竹の関係をふまえ、あたかも平塚が尾竹に宛てて書いたかのような体裁をとることで、平塚のパロディを構築するテクストとして読めるように記述されている。そこからは、「真我」を求め、尾竹と親しい関係を結んだ平塚が、やがて恋愛至上主義者へと変貌したことへの批判を明確に読み取ることができる。

たとえば、尾竹はあたかも平塚の発した言葉であるかのように、「やつぱりあなたは自身の本来をもち出してしまふ」、「我儘なだゝ児になつてゆく」(44)と記す。ここからは、かつて「生まれたまま」の紅吉を評価した平塚が、今や紅吉の「自己」を抑圧する存在に変貌してしまったという非難がうかがえる。さらに、平塚を模して「私はこの頃お行儀のよい人たちをひどく愛しそしてそれらの人たちのなかに入つてゐることを見出した場合は可成りうれしいのです」、「私はこの頃全く道徳的観念と云ふことに注意してゐるやうです」(45)と記すことで、平塚が「自己」に忠実であろうとするよりも、社会的な秩序や「道徳」に与する存在に変節してしまったことを暗に批判している。

また、性科学の知が興隆する中、『番紅花』においては、生殖という観点から「男」「女」を規定すること自体は肯定しながらも、そこからはみ出る存在を「中性者」として肯定的に位置づけようとするエドワード・カーペンターの「中性論」が、山川菊栄の翻訳によって掲載された[46]。「中性者」とは、典型的な「男らしさ」「女らしさ」に当てはまらず、かつ、同性間で親密な関係を結ぶ者を指すのだが、カーペンターは中性的な性質をもっているということに対しても、同性間でカップルを形成するということに対しても、社会的な意義を見出している。特に、法律や制度によって縛られない「中性者」による同性間のカップルは、「外的圧迫よりも内的要求に依て結合の成立も維持も変改も解除も行はれ」るものである分、「通常の結婚」の目指すべき「真に望ましい将来」を指し示していると述べている[47]。「中性者」によって体現される同性間の親密な関係は、外的な制度ではなく「内的要求」に基づくものであるという意味で、男女の親密な関係の目指すべきモデルとして貴重であるというのである。

このように『番紅花』に掲載された記事からは、女の「自己」の実現を男との恋愛、そして「母」になることに集約する、ケイの思想への抵抗を読み取ることができる。しかし、二〇〇〇部ほどの同人誌規模であった同誌は、六冊で自然廃刊になっている（渡邊 二〇〇一、一〇五頁）。もちろん同誌の廃刊をもって、女同士の親密な関係性の水脈が途絶えたわけではない。多くの研究が明らかにしているように、「エス」と呼ばれる女学生間の親密な関係は、大正・昭和戦前期に女学生文化として隆盛する（今田 二〇〇七、赤枝 二〇一一など）。しかしながら、それは女学校という隔離された空間の中でのことであり、そこを出た大人の女性たちの目指すべき理念・方向性として、同性間で親密な関係を結ぶことがモデル化されていくことはなかったのである。

それに対して、「女同士の恋」の肯定という『番紅花』のとった方針とは異なる観点から、ケイの恋愛・母性中心主義を批判した論客に与謝野晶子がいる。与謝野晶子が母性保護論争において、ケイの支持者であった平塚らいてうと対立したことはよく知られている。しかし、ここでは、平塚と与謝野の立場の相違の背後に、異なる「自己」観が存在したという、従来あまり論じられてこなかった見方を提示したい。

与謝野は、そもそも「自己」とは絶えず流転するものであり、固定的で不変の「自己」など存在しないという立場から、女の「自己」を「母」であることに限定する思想の誤謬を論じた。たとえば、大正五年（一九一六）年に『太陽』に発表された「母性偏重を排す」という論文には、次のようにある。

一日の中の自己に就いてもさうである。食膳に向つた時は食べることを自分の生活の中心として居る。或小説を読む時は芸術を自分の生活の中心として居る。一事を行ふ度に自分の全人格は其現前の一時に焦点を集めて居る。此事は誰も自身の上に実験する心理的事実である。……私は母となった時に初めて母としての実際生活が私の上に新しく創造されて来たのを経験した。……併し私が母となつたことは決して絶対的ではなかつた。子供の母となつた後にも、私は或一人の男の妻であり、或人々の友であり、世界人類の一人であり、日本臣民の一人である。(48)

与謝野は人が生活のさまざまな局面において異なる意識をもち、また多様な関係性の中で複数のアイデンティティをもつ存在であることを鋭く指摘する。ただひとつの「自己」なるものが存在しているという価値観を脱構築することによって、「母」になることを通して「真の自己」を実現することができると訴えるケイの思想を批判したのである。

しかし、与謝野とて近代的な「自己」の観念を完全に否定していたわけではない。明治四四（一九一一）年に与謝野は、「男というものはこういうものだ、女というものはこういうものだ」という型にはめて人を律しようとしてきた「前代の因習道徳」から解放され、「新代の日本国民」は「自己の特性を発揮しつつ社会を営んで行く」べきことを論じている。[49]「女らしさ」にはまらない「自己の特性」を発揮すべきであるという主張は、まさしく「男／女」を超越する「真の自己」を希求した平塚の志向性に重なるものがある。だが、絶対的な「自己」を実現することを自己目的化していた平塚に対し、与謝野が求めた「自己の特性」はあくまでも相対的なものであった。どういうことかというと、与謝野は「女子の独立自営」に高い価値をおき、それを達成するためにこそ、相対的に「自己の特性」を見極めることを提唱したのである。これは「真の自己」を探求するというよりも、職業を選定する上での適性を見極めることのすすめに近い。[50]

与謝野は「女子の独立自営」、すなわち、女性が「衣食住の安全を得」、「生活」していくための「職能」を得るということを重視したわけだが、先に引用した「母性偏重を排す」においても、唯一の「自己」を求める思想が、「恋愛や、芸術や、学問や、宗教や、社会改良事業などというものばかりを人間の第一必要品のように思い」、「衣食住などを第二義の問題」とする傾向をもっていることを問題視している。[51]本書でこれまで見てきた通り、知識人の間では、男女を問わず「恋愛」「芸術」「学問」等が、まさしく「自己」を実現する領域であるとみなされてきたのに対し、「衣食住」を維持するための労働は忌避される傾向にあった。「食べるための労働」に従事し、社会の歯車になることは、「自己」を不当に犠牲にすることであると理解されたからである。それに対し、与謝野は「恋愛」も「芸術」も「衣食住」も等価であるという立場をとった。[52]

だが、このように生活のあらゆる局面を等価に位置づけようとする時、自分は何者なのか、どのように、何のために生きるべきなのかという近代の知識人階級が抱え込んだ深い苦悩に対する指針は失われる。与謝野の立場は、そもそものような問い以前に、経済的自立を考えようというものである。「母性」こそが「真の自己」であるという解答にシンパシーをもった平塚は「自己」なるものを実現することを軸に、そのような画一的な解答を受け容れなかった与謝野は経済的自立を軸に女性の問題を考えていたといえよう。

「自己」の実現云々よりも、まずは女性の経済的自立を求めようとする与謝野の立場は、女性社会主義者や女性労働運動家によって、以後も引き継がれていく。しかし、そこでは、たとえ経済的に自立したとしても、女性が結婚し、子を生み育てていく存在であること自体は自明視される傾向にあった。すなわち、異性愛が過剰に美化されることもないかわりに、鋭く問題化されることもなかったのである。

4. 大正期における恋愛結婚論の確立

『青鞜』に登場した「恋愛至上主義」は、大正期における恋愛論の流行によって、多くの知識人に共有されていくことになった。中でも重要な役割を果たしたのが、厨川白村の『近代の恋愛観』である。第三章でも論じたように、大正一〇（一九二一）年に新聞連載され、翌年単行本化された同書は、大正期の恋愛論ブームを巻き起こすきっかけとなった。

これまで『近代の恋愛観』に関しては、恋愛と結婚を切れ目なく接続させる思想が提示されていたことや（菅野二〇〇一、ホン二〇一三など）、その背景に優生思想が潜んでいたことなどが、指摘されてきた（加藤二〇〇四）。それに対して、本書第三章では、同書が「自己」と「男性役割」の間で揺れる男性に、両者を両立させる道を提示し、それを「生物学的」な視点から正当化するものであったことを論じた。ここでは、それだけでなく、厨川の恋愛論が女性の「自己」についても多くを論じるものであったことを示したい。エレン・ケイの思想を色濃く反映した『近代の恋愛観』は、『青鞜』に遅れること一〇年にして、女性の「自己」は恋愛によってこそ実現するべきであると主張するものであった。すなわち、遅ればせながら、男性知識人の側からの「婦人問題」への回答としての側面を有していたのである。

厨川が、かなり「婦人問題」を意識していたことは、たとえば「人間としての自覚」を胸に妻・母であることを捨てた、イプセンの『人間の家』のヒロイン・ノラを「古い」[53]と断定することから恋愛論を説き起こしていることにも見て取れる。ノラを否定することを通して、女性たちが妻や母となる道以外に「自己」を模索することを、前世紀の古くさい習慣として否定し、「婦人問題」が今や過去の問題に過ぎなくなったことをアピールしたのである。というのも、厨川によれば、二〇世紀の女たちは「真に愛し真に自己を捧ぐる事によつてのみ人は自己を満足し充実せしめ得る事を知るに至つた[54]」からである。女が「自己を解放する事」ができる唯一の領域は恋愛であり、「愛なくして女はない」という厨川の主張は、まさしくケイの主張の焼き直しであった[55]。そして、そのような主張によって、結局「永久に婦人の手によつて処理せられざる可からざる事柄」である「生殖、育児、家事労働」へと女性を導いていったのである[56]。

強制と圧迫のもとに働くことは賃銀奴隷の生活だ。恋愛のために労働するとき、そこにはじめて真の自由があり創造の生活がある。愛なくして単に「食」の為めにのみ、家事育児の労働に従事する婦人は、要するに下女とか乳母とか雇人とか云ふ家庭内の賃銀奴隷に外ならない事になる。普通の工場労働に於て、賃銀奴隷の生活を無くする事には多くの困難を伴ふであらうが、女の家事育児の労働に於ては、そこに至上の恋愛関係が存在しさへすれば、立派に完全に之を行ふ事が出来るのである(57)。

ここでは、愛なくして家事育児に従事することは奴隷になることに他ならないが、恋愛のために家事育児を行うことは「真の自由」であるという主張が展開されている。恋愛というスパイスを加味することによって、女性に期待されてきた良妻賢母役割は、女性自身の「自己」を実現するものへと強引に転換されたのである。

家事・育児を担うことが、反抗すべき対象ではなく、むしろ「自己」を実現することと結びつけられていくのと同時に、明確な仮想敵とされていったのが、恋愛結婚を阻む「因習」である。菅野聡美が明らかにしているように、大正期に生じた恋愛論ブームの中核をなしたのは、結婚をめぐる議論であった（菅野 二〇〇一、一三〇頁）。恋愛結婚か、否かという二項対立において、すべての論者が恋愛結婚に軍配を上げたわけではない（同、一二九頁）。しかし、重要なのは、恋愛を論じるに当たって、恋愛結婚か否かという議論の枠組が成立したことである。それはとりもなおさず、女性の「自己」の実現が、因習的な結婚を強いる周囲との対立において、語られるようになっていったことを意味する。逆にいうと、妻・母として課された性別役割との対立において「自己」を見出そうとする視点は、後景に退いていったのである。

恋愛結婚こそが、女性にとって「自己」を実現する手段であるという命題は、大正期の文学作品にも提示されている。たとえば、第四章でも言及した武者小路実篤による『友情』（大正八年）で描かれる「新しい女」としての杉子は、『青春』の繁のように独身主義を掲げたり、自らの才能の開花を追い求めたりはしない。そのかわり、杉子は愛する男を自分で選ぶ。自分のことで頭がいっぱいで、杉子を「個」として見ようとしない求婚者・野島を拒絶し、反対に、野島の親友である大宮に自らアプローチして彼と結ばれる。「あなたのものになって初めて私は私になるのです[58]」と大宮に訴える杉子は、明確に大宮との恋愛結婚を「自己」の実現と結びつける女性として描かれている。

さらに注目すべきは、杉子が妻・母になることを主体的に選びとる女性として造形されていることである。それは次のような杉子の言葉に明らかである。「私はただあなたのわきにいて、御仕事を助け、あなたの子供を生むために（こんな言葉をかくことをお許し下さい）ばかりこの世に生きている女です[59]」。このような言葉で愛する男性にアプローチする女性は、当時にあって十分新しい存在であったろう。

しかし、男性との関係に違和感を提示し、女同士で親密な関係を育みつつ、妻・母に限定されない生き方を模索しようとした女性たちの存在を念頭におくならば、杉子はきわめて穏当な「新しい女」である。『友情』という作品は、女性の「自己」の実現が、自分で選んだ好きな男と結婚し、その男を支え、子を産み育てることであることが、先鋭的な文学者にさえ、受け入れられていったことをうかがわせるのである。

以上のように、大正期には、性別役割への反抗として「自己」なるものを求めた女性たちの想いは、結婚すること、性別役割を引き受けることを自明の前提とした上での「自己」の希求へと誘導されていった。もちろん個別には、湯浅芳子と中條百合子、吉屋信子と門馬千代のように女同士で親密な関係を結び、自らの才能を追求し続けた女性たちも存在した。しかし、それが女性たちの目指すべき方向性として、理念的に提示されることは、最早なかったのである。

では、恋愛による「自己」の実現のみが肥大化していったことは、結局女性たちに何をもたらしていったのだろうか。次章では、大正から昭和初期に膨大な発行部数を誇った、大衆的な婦人雑誌の内容に目を向けてみたい。

註

(1)「新しき女（一七）」『東京朝日新聞』明治四四（一九一一）年六月一二日。
(2) 松村介石「婦人問題の解決は男子の任也」『太陽』第一九巻第九号、大正二（一九一三）年六月、内田康哉「婦人界の新傾向」『太陽』第一九巻第九号、大正二（一九一三）年六月。
(3) 秋元興朝「天性を無視したる新しい女」『太陽』第一九巻第九号、大正二（一九一三）年六月。
(4) 浮田和民「婦人問題及び婦人運動」『太陽』第一九巻第九号、大正二（一九一三）年六月。
(5) 下田次郎「良妻賢母主義と人格主義の調和」『中央公論』第二八巻第九号、大正二（一九一三）年七月一五日。
(6) 同前。
(7) 下田次郎「今後の女子教育と家庭生活」『太陽』第一九巻第九号、大正二（一九一三）年六月。
(8) 同前。
(9) 大隈重信「不健全なる婦人運動」『太陽』第一九巻第九号、大正二（一九一三）年六月。
(10) 新渡戸稲造「ノラは再び帰るであらう」『太陽』第一九巻第九号、大正二（一九一三）年六月。
(11) 浮田和民「婦人問題及び婦人運動」『太陽』第一九巻第九号、大正二（一九一三）年六月。
(12) 島村抱月「個性独立が根本問題」『太陽』第一九巻第九号、大正二（一九一三）年六月。
(13) 社説「同性の愛」『婦女新聞』明治四四（一九一一）年八月一一日（復刻版、不二出版、一九八二―一九八五年）。
(14)「女学生（一）」『東京朝日新聞』大正二（一九一三）年二月二八日。
(15)「女学生（四）」『東京朝日新聞』大正二（一九一三）年三月五日。
(16) 同前。
(17)「現代の女学生（三一）」『東京朝日新聞』明治四四（一九一一）年五月一一日。
(18) 同前。
(19) 暮村隠士「性欲問題の輪郭」『新公論』第二六巻第九号、明治四四（一九一一）年九月、桑谷定逸「戦慄す可

き女性間の顛倒性欲」『新公論』第二六巻第九号、明治四四（一九一一）年九月など。
(20) クラフト＝エビング、リヒャルト・フォン『変態性欲心理』大日本文明協会、大正二（一九一三）年、一―二頁。
(21) 澤田順次郎『男女と自然』嵩山房、明治四一（一九〇八）年、一頁。
(22) 羽太鋭二『性欲教育の研究』大同館、大正四（一九一五）年。
(23) たとえばエリス、ハヴェロック『性的特徴』（丁未出版社、大正二（一九一三）年）や羽太鋭治『性欲生活と両性の特徴』（日本評論社出版部、大正九（一九二〇）年）は、「性欲学」の範疇に入れられる著作であるが、まさしく性差を科学的に解明しようとするものである。
(24) クラフト＝エビング、リヒャルト・フォン『変態性欲心理』大日本文明協会、大正四（一九一三）年、二〇―二一頁。
(25) 海野幸徳「性欲と人種改造」『新公論』第二六巻第九号、明治四四（一九一一）年九月。
(26) 同前。
(27) 同前。
(28) 桑谷定逸「戦慄す可き女性間の顛倒性欲」『新公論』第二六巻第九号、明治四四（一九一一）年九月。
(29) 同前。
(30) 「婦人運動」と「性欲転倒」を結びつける、桑谷の論考のこのくだりは、ハヴェロック・エリスの『性的特徴』（丁未出版社、大正二（一九一三）年）を参照したものだと思われる。
(31) 田中祐吉『男女の性欲研究』雅俗文庫、大正一（一九一二）年、九四頁。また、澤田順次郎『神秘なる同性愛（下）』（天下堂、大正九（一九二〇）年）においても、「女子は愛情に富みて、之が交換を望むことは、男子よりも多い。これが女子の同性愛に陥り易き所以の一である」とある（一三六頁）。
(32) 平塚らいてう「恋愛と結婚――エレン・ケイ著」『青鞜』第三巻第一号付録、大正二（一九一三）年一月（復刻版、明治文献、一九六九年）。以下、『青鞜』からの引用は、すべて復刻版（明治文献、一九六九年）からの引用とする。

（33）同じく、エレン・ケイが『青鞜』における「女」カテゴリーの創出において重要な鍵となったことを指摘する赤枝香奈子は、エレン・ケイの思想が、当初の『青鞜』に混在していた、「現在の自己を否定的にみなす」進化論的思考と、「現在の自己を肯定的に捉える認識」を統一させるものであったと指摘する（赤枝 二〇一一、五一―五三頁）。すなわち、矛盾する自己イメージに対して、「「人類の向上に貢献するような恋愛」を通しての自己の解放」（同、五三頁）という解が与えられていったというのである。その結果、ケイの思想に潜む、女性と男性を根本的に異なるものとして自然化する認識が受け入れられていったとする（同、五四頁）。

しかし、そもそも『青鞜』誌上に、矛盾する自己イメージなど存在していたのだろうか。赤枝の言う「現在の自己を否定的にみなす」進化論的思考の内実とは、「生物進化の理法に洩れて、まだ人間の仲間入りも出来ない」現在の女性の状況を否定的にみなすものである（同、五二頁）。それに対して、「現在の自己を肯定的に捉える認識」とは、内に存在する、「潜める天才」の開発を求める態度であるという（同前）。しかし、「潜める天才」の開発を求めることは、未だ開発されていない「真の自己」の開発を求めるものであり、決して現在の女性のあり方を肯定するものではない。その意味で「現在の自己を肯定的に捉える」ものではないのである。

したがって、本研究では、本文で詳細に論じるように、矛盾する自己イメージの統一ではなく、内に存在する「真の自己」と、「女であること」の統一を可能にするものとして、エレン・ケイの思想が受け入れられていったという立場をとる。すなわち、ケイの思想に潜む、女性を男性と根本的に異なるものとして自然化する認識は、結果として受容されたのではなく、男女の差異を自然化してなお、女性が内なる「自己」を実現することを可能にする論理を提示した点に魅力があったと考えるのである。

（34）ケイ、エレン（平塚らいてう訳）「母権」『青鞜』第四巻第一〇号、大正三（一九一四）年一〇月。

（35）同前。

（36）ケイ、エレン（伊藤野枝訳）「恋愛と道徳」『青鞜』第三巻第五号、大正二（一九一三）年五月。

（37）同前。

(38) ゴールドマン、エンマ（伊藤野枝訳）「婦人解放の悲劇」『青鞜』第三巻第九号、大正二（一九一三）年九月。
(39) 同前。
(40) 平塚らいてう「元始女性は太陽であつた」『青鞜』第一巻第一号、明治四四（一九一一）年八月。
(41) 平塚らいてう「避妊の可否を論ず」『日本評論』第三巻第九号、大正六（一九一七）年九月（折井美耶子編『資料 性と愛をめぐる論争』ドメス出版、一九九一年、一九〇頁）。
(42) 「自己」を希求していた平塚らいてうの「母性」への転回については、宮野真生子が平塚の経験した恋愛と結婚、出産、子育てといったライフイベントと重ね合わせつつ詳細に分析しているので参照されたい（宮野 二〇一六、二七―三〇頁）。
(43) 実際に、「女同士の恋」が否定されていた『青鞜』において、かつて平塚らいてうと親密な関係にあった尾竹一枝が、一方的に「異常」というレッテルを張られて排除されていったことは、赤枝香奈子が明らかにしている通りである（赤枝 二〇一一）。
(44) 尾竹一枝「自分の生活」『番紅花』第一巻第一号、大正三（一九一四）年三月（復刻版、不二出版、一九八四年）。
(45) 同前。
(46) 「中性論」『番紅花』第一巻第三号～第五号、大正三（一九一四）年五月～七月（復刻版、不二出版、一九八四年）。
(47) 「中性論」『番紅花』第一巻第五号、大正三（一九一四）年七月（復刻版、不二出版、一九八四年）。
(48) 与謝野晶子「母性偏重を排す」『太陽』第二二巻二号、大正五（一九一六）年二月。
(49) 与謝野晶子「女子の独立自営」『婦人の鑑』明治四四（一九一一）年四月（鹿野政直・香内信子編『与謝野晶子評論集』岩波書店、一九八五年、六三頁）。
(50) 小嶋翔によれば、明治四三（一九一〇）年以前の与謝野晶子には、「理想そのものである自己」を追い求めようとする傾向が認められたという（小嶋 二〇一〇）。しかし、みずから子どもを養わねばならないという責任を背負う中、「「心」の仕事」と家族を扶養するための「労働」との間で葛藤する経験を経て（同、一四五頁）、明治四四（一九一一）年以降の与謝野は、たとえ理想とは異なっても「「今日こゝ」にある自分をそのままに肯定し得る思想」を培っていったとされる（小嶋 二〇一〇、一五一頁）。

(51) 与謝野晶子「母性偏重を排す」『太陽』第二二巻二号、大正五（一九一六）年二月。

(52) 同前。

(53) 厨川白村『近代の恋愛観』改造社、大正一〇（一九二二）年、三一頁。

(54) 同前。

(55) 同、一九二頁。

(56) 同、一一四頁。

(57) 同、一七八頁。

(58) 武者小路実篤「友情」『大阪毎日新聞』大正八（一九一九）年（岩波書店、二〇〇三年、一三八頁）。

(59) 同、一四〇頁。

第六章　残されたジレンマ――「自己」と「役割」の狭間で

恋愛を経て「母」になることこそ、女にとって「自己」を実現する道である。前章で見たように、こうしたエレン・ケイの主張は、最初に『青鞜』において紹介され、後に厨川白村の『近代の恋愛観』において提示されることによって、社会的に浸透していくこととなった。それでは、その帰結として、女性たちには何がもたらされていったのだろうか。本章の課題は、異性間の愛の価値増大が、女性たちに何をもたらしていったのかを考察することである。

このような本章の課題に取り組むに当たって、興味深い指摘がある。厨川白村によって引き起こされた大正期の恋愛論ブームに、女性論者がほとんど参入していなかったという菅野聡美の指摘である（菅野 二〇〇一）。実際、大正のはじめにまっさきにエレン・ケイの恋愛結婚論を紹介した平塚らいてうや伊藤野枝にしても、恋愛論ブームが巻きおこった大正一〇年前後には、恋愛について目立った発言をしていない。すなわち、彼女たちは、恋愛についての持論を十分に展開する前に、恋愛を論じることから早々に撤退してしまったということになる。

反対に、女性知識人たちが恋愛論から撤退するのと入れかわるようにして、女性たちに向かって饒舌に愛を語りはじめたのが、大正期に登場し、昭和初期に大きく発行部数を伸ばしていく大衆的な婦人雑誌であった。そこで本章では、大正期から昭和初期にかけて、大衆的婦人雑誌の代表格ともいうべき位置にあった『主婦之友』に着目し、同誌における愛をめぐる言説を分析したいと考えている。

本書では前章まで、主に知識人層の言説に着目して、近代的な恋愛観の形成過程を追ってきた。従来の主だった研究においても、恋愛の形成史は、知識人層の言説や文学作品のみを分析対象として論じられる傾向を有してきた（佐伯 一九九八、菅野 二〇〇一、加藤 二〇〇六、宮野 二〇一四など）。もちろん、後述するように、大衆向け言説に着目した研究が全く存在しないわけではない。しかし、知識人層における言説と大衆レベルでの言説は、これまで別個に論じられ、両者の関係は問われてこなかったのが実情である。

それに対して本章は、これまで別個に論じられていた知識人層における言説と大衆レベルでの言説を同一の土台にのせ、両者が総合的にどのような構造をなしていたのかを明らかにしようとするものである。というのも、知識人層における言説と大衆レベルでの言説は、ともに同時代に存在する言説であるという意味で、どちらか一方のみを論じるだけでは、全体像は見えてこないからである。

では、これまで『主婦之友』における愛の言説に関しては、何が明らかにされてきたのだろうか。大正から昭和初期の『主婦之友』を分析した大塚明子は、そこに描かれた愛の観念の内実が「特殊志向的」な欧米のロマンティック・ラブに対し（大塚 二〇〇三a、四六頁）、「普遍志向的」なものであったという（大塚 一九九四、一九九六、二〇〇二、二〇〇三a、二〇〇三b、二〇〇四）。どういうことかというと、欧米のロマンティック・ラブが、「ただ一人の特別に対する」情熱であったのに対し（大塚 二〇〇三a、四六頁）、『主婦之友』で掲げられたのは、個々の固有性に基づくものではなく、誰もが到達可能な「高潔な人格性」に基づく「敬」を核とする「愛」であったというのである（大塚 二〇〇三a、三頁）。そして、そのような愛とは、妻・母という役割と「全面的に一体化」した愛であったとされる（大塚 一九九四、二五六頁）。すなわち、『主婦之友』においては、妻として母として愛し、愛されることが理想化され、それは相手と自分が「ただ一人の特別」であることとは、直接的に結びつくものではなかったというのである。

とすれば、そのことは具体的に何を意味し、女性たちに何をもたらしていったのだろうか。

本章では、大塚の指摘をふまえた上で、特に『主婦之友』に掲載された夫婦関係をめぐるハウツー記事に着目し、愛の名の下に女性たちに何が規範化・役割化されていったのかという具体的な点に注目したいと思う。

以下、本章ではまず、大正期以降、愛を語る女性向けメディアの中で、大衆的な婦人雑誌が中心的な媒体となっていった背景として、女性知識人たちが恋愛論から撤退していった様相を浮かび上がらせる。その上で、大衆的婦人雑誌である『主婦之友』を史料として、愛をめぐる言説が女性たちに何をもたらしていったのかを考察する。最後に、大衆的な婦人雑誌のあり方を問題視した知識人たちの「婦人雑誌批判」を取り上げ、愛をめぐる二つの価値観が衝突を見せる中、女性たちに、あるジレンマが残されていったことを指摘する。

1. 女性知識人と恋愛

厨川白村が大正九年（一九二〇）年に世に問うた『近代の恋愛観』が大きな波紋を広げ、そこから恋愛論ブームがはじまったことは、これまでも何度か言及した。しかし、大正期の恋愛論ブームにおいて、もっとも興味深いのは、それが男性たちによるものであり、女性知識人たちはほとんど恋愛を論じていなかったという事実である（菅野 二〇〇一、一七七―一二七頁）。では、恋愛を通して「自己」を実現するというコンセプトを支持していたはずの女性知識人たちは、なぜ恋愛論ブームに参入しなかったのだろうか。

菅野聡美は、その理由として、平塚らいてう、与謝野晶子、山川菊栄、伊藤野枝、生田花世、山田わかなど、主だった女性論客が、すでにライフステージにおいて恋愛結婚を達成し[1]、恋愛が彼女たちの中心的関心でなくなっていたという事情を挙げる（同、一八三―一八五頁）。たしかに、彼女たちは同時期に母性保護論争などを繰り広げ、「母」の地位をどのように向上させるのか、あるいは、結婚制度や性別役割制度をいかに改善するのかという、結婚後に女性を待ち受ける状況を、具体的に改善していくための議論を展開していた。女性知識人たちは、すでに恋愛の先を見据えていたのである。

加えて、菅野聡美は、すでに恋愛結婚を経ていた元「新しい女」たちは、恋愛に過大な夢や希望を託せなくなっていたのではないかと推測する（同前）。女性たちが恋愛に「自己」の実現を託していった経緯を明らかにしてきた本書の知見をふまえるならば、恋愛に過大な夢や希望を託せなくなっていたということは、まさしく恋愛を通して「自己」を実現するというテーゼに希望を見出せなくなっていたことを意味する。実際、伊藤野枝は、次のような象徴的な述懐を、大正一二（一九二三）年に残している。

私ももう少し若かつた、まだ少女時代の夢が半分残つてゐた頃には、恋愛を本当に人生の第一義的なものにまつり上げてゐました。本当に立派な恋愛の為めにはすべての自己を捧げつくすべきだと考へて居りました。けれども間もなく私は、人間がそんな事で満足して生きて行けるものでないと云ふ事が分かりました。如何に愛し合ひ、如何に信じ合つて、一つ生活を営んでゐても、要するに、二人の別な人間だと云ふ事実、その二人が各自に自分を生かさうとする努力を長く愛の為めに犠牲にして、幸福を捉へておく事は出来ぬと云ふ事を知りました。人間の本当の幸福は、決して他人から与へられるものではありません。自己を生かす事によつて得られる幸福が本当のものだと私は思ひます。(2)

ここで伊藤は、恋愛と「自分を生かそうとする」ことを完全に対立するものであるとみなしている。すなわち、「自己を生かしたい」という伊藤の欲求は、「愛」で結ばれた相手との共同生活においては、充たされなかったのである。この時点の伊藤にとって「自己を生かすこと」が、社会的な活動をすることと同義であることは、文脈から明らかであろう。すなわち、恋愛とは別のところにある「自己を生かすこと」の幸福が、恋愛の上位におかれたのである。

このような伊藤の想いを、後により明確な言葉にし、昭和三（一九二八）年に、女性たちに恋愛からの撤退を訴える論考を残したのが、神近市子であった。神近は、「婦人は徹底的に自分を救ふためには」、「「恋愛には少しを与へ、より多くを仕事に与へた」ブルジヨワの男達を幾部分見習」い、「恋愛感情」を「放棄」する必要があると主張した。(3)恋愛における「自己」の実現というテーゼに、神近は完全に見切りをつけたのである。それだけではない。神近は、恋愛において支配的地位にあるのは男性であって、恋愛とは女性ではなく男性の「愉楽」を保証するものであると喝破した。(4)恋愛という「ロマンチシズム」は、その実「性的支配者」である男性が、女性を支配していることを隠蔽する「かくれ蓑」になっているというのである。(5)

要するに、恋愛が女性に対してもつ欺瞞に、女性知識人たちは、早くから気づいていたのである。もっとも、あくまでも恋愛の理想を突き通した女性論者も存在しなかったわけではない。高群逸枝である。しかし、高群の理想とした恋愛が、恋愛論ブームの中核にあった恋愛結婚論とは、大きくかけ離れたものであったことは、強調しておく必要がある。高群にとって恋愛とはあくまでも「自己を表示」するものであり、しかも高群のいう「自己」とは種族の一員として子を生み、育てる「母」であることから切り離されたものであった(6)。高群によれば恋愛とは「渾然たる性的無差別もしくは超差別の境地をめがけるもの」であった(7)。「超差別の境地」にある「自己」とは、かつて平塚が「元始女性は太陽であった」において掲げた男でも女でもない「真我」というアイディアに近いものがある。高群は、異性愛規範は前提としつつも、男女が「性的無差別」の恋愛を実践することによって、性別役割分業に基づく現行の結婚制度を打破することを構想したのである。

以上からいえるのは、恋愛に見切りをつけるにしても、恋愛の理想を貫くにしても、女性知識人たちが、恋愛さえあれば、女性に課された性別役割がそのまま「自己」の実現になるとするような思想とは、早々に手を切っていたということである。といっても、現状の恋愛観念と手を切るべきという議論が注目を浴びたとは言い難い。同時代に女性知識人の間で生じていた母性保護論争とよばれる、「母」をめぐる論争などと比べると、「母」になる前段階において経るべきとされた恋愛の中身については、結局女性たちの間で論争が生じるほど深く議論されることはなかったのである。

それに対して、妻・母という性別役割を自明の前提としたうえで、「愛される」ことで幸福をつかむというスタンスを提示していったのが、昭和初期の大衆的な婦人雑誌であった。

2.『主婦之友』における「愛される女」

1−1 「愛されるため」のハウツー言説の登場

女性知識人たちが恋愛に疑義をさし挟んでいった大正から昭和初期の時代はまた、幸せな「主婦」イメージが大衆的に確立されていった時代でもあった（木村 二〇一〇）。というのも、この時代にこそ、「男は仕事、女は家庭」という近代的な性別役割分業に基づく家庭が実体化されていったからである。背景には、官吏、会社員、教員といった近代的職業につく給与生活者の家族によって構成された新中間層とよばれる階層が、一定の厚みをもって形成されていったことがある。伊東壮の試算によれば、新中間層は、大正九（一九二〇）年には全国で人口の五―八%、東京市では二一・四%を占めるまでになっていた（伊東 一九六五）。

こうした社会の変化にともなって、性別役割分業家族を規範的モデルとして採用し、「主婦」イメージを確立していくとともに、「主婦」への憧れや、「主婦」であることの誇りを醸成していったのが、毎月大量の発行部数を誇るようになっていた「主婦雑誌」である。「主婦」という新たな「職業」に「必要とされる実用知識や技能およびモラルの体系が未確立であるにもかかわらず、その体系を構築し、伝達、共有する職場」が存在しない中、「主婦」たちは雑誌にその役割を求めたのである（木村 一九九二、二四七頁）。中でも、大正七（一九一八）年に創刊され、婦人雑誌における発行部数第一位を誇っていたのが、『主婦之友』であった(8)。

『主婦之友』は、「中流家庭の主婦の生活」に焦点を絞った実用的知識を満載しており、まさに「主婦」に具体

図6-1 『主婦之友』（昭和2年7月号）

出典）『主婦之友』11巻7号

的な内容とイメージを与えていく雑誌であった。そこで描かれた「主婦」像の全体がいかなるものだったのかという点については先行研究に譲り（木村 二〇一〇など）、以下では、とりわけ夫婦の情愛関係に焦点を当てていきたい。

さしあたって注目したいのは、家事・育児に関する知識に加え、「主婦」の役割として夫を慰安することについての記載が、創刊直後から見受けられることである。たとえば、大正七（一九一八）年には、銀行員である青年の意見として、次のような言葉が誌面で紹介されている。

実業家に茶屋遊びをしたり、妾宅を構へたりする者の多いのは、只だ金が自由になるからではありません……労《つか》れて帰つたのを迎へてくれる妻に温かな情愛さへあれば、いら〳〵してゐた頭は静まります。それを労《つか》れて帰つても、女房が何か気のすゝまない顔をしてゐては、労《つか》れた身体もいらつく頭も、持つて行く所がありません。労《つか》れて帰つても家庭で何も彼も忘れて休まれなくては、何処にかかうした休息所を求めなければなりません。(9)

引用によれば、男性たちが「茶屋遊び」をしたり、「妾宅」を構えたりするのは、「妻に温かな情愛」がないからだという。このような男性側の言い分は、まさしく自らを慰安してほしいという妻たちへの期待の裏返しであろう。

第一章で論じたように、近代的な性別役割分業観の形成とともに、家庭は外で働く男性たちにとっての「自己解放」の場として夢想されていった。それはとりもなおさず、妻に対して、外で働く夫を慰安するという「役割」が期待されていったことを意味する。その延長線上に、男性たちの「不品行」は、家庭において妻から十分に慰安が得られないからだとする言説が登場したのである。

こうした言説の系譜をたどると、『主婦之友』が創刊される以前、早くも明治三〇年代の『婦女新聞』紙上に、同様の論理を見ることができる。(10) 明治三三（一九〇〇）年に創刊された『婦女新聞』といえば、「乱脈」な家庭に嫁いで苦労した挙句、若くして病死した姉をもつ福島四朗が、一夫一婦の道徳を確立し、女性の地位を向上させることを熱心に求めて創刊したことが知られる（『婦女新聞』を読む会 一九九七、一七―一八頁）。そのような『婦女新聞』に掲載された、男性の「不品行」の原因を妻の責に帰す言説は、不当に妻を責めるものではあるのだが、他方で、妻の働き次第で一夫一婦の道徳を確立できるとする女性たちへのエールでもあった。

第四章で論じたように、一部の女性たちの間では、明治三〇年代中頃から、妻・母であることに限定されない「自己」を探求する動きが生じていくこととなった。しかし、それとは別に、女性の本務をあくまでも良妻賢母においた上で、家庭内における女性の地位向上を目指す『婦女新聞』のような流れが、『女学雑誌』以来脈々と存在したのであり、大正期に隆盛する大衆的婦人雑誌は、どちらかというと、こちらの流れに位置づけることができるものである。

先に引用した、夫の「不品行」の原因を妻の「情愛」の不足に帰す『主婦之友』の投稿にしても、女性たちを不当に責める旧弊な言説というよりは、むしろ一夫一婦を確立するという目標に向かって女性たちを鼓舞する、新しいタイプの言説だったのである。

興味深いのは、大正から昭和へと時代を経るにしたがい、『主婦之友』という雑誌の中で、そのような言説がますます増加していくとともに、微妙にニュアンスをかえていったことである。たとえば、次のような文章が、昭和初期の『主婦之友』の雰囲気をよく伝える。

良人が愛せ《ママ》ねばならぬものは妻である。妻以外の異性を愛すべからず——夫婦の国にはこんな制札がありながら、旦那様が如何に多くこの禁制を破りつゝあることか。それと言ふのも、奥様がだんな様を放つたらかしておくからだ。(11)

夫が妻を愛さないのは、「奥様がだんな様を放つたらかしておくからだ」と妻の側の態度が問われている点で、引用文は、妻に夫の慰安役割を求めてきたそれ以前の言説と連続している。しかし、目を引くのが、妻から夫への愛情ではなく「良人が愛せねばならぬものは妻である」と、夫から妻への愛が問題化されている点である。それまで妻の側の「情愛」ばかりが問題にされてきたのに対し、夫は妻を愛しているのか、すなわち、妻は夫に愛されているのかということを問う視点が登場しているのである。

もっとも、妻が夫に愛されている状態は、夫が「妻以外の異性」を愛していない状態として設定されており、その意味で夫への期待は消極的なものだったともいえるだろう。それでも、夫が妻を愛しているのか、すなわち、妻が愛されているのかに焦点が当てられていったことは、夫を慰安することが、夫を満足させることだけではなく、そのことを通して、妻である自分を「愛させ」、そして、「愛される自分」を体現することとして、読みかえられていったことを意味する。商業雑誌としての性格上、一夫一婦の実現や女性の地位向上といったことではなく、読者の「愛されたい」という欲望が前面に出されていったのである。(12)

さらに重要なのは、「愛されたい」という欲望の醸成が、愛される方法をめぐるハウツーの形成と一体のものだったという点である。夫に「愛される」という視点が登場することによって、それまで妻として求められていた慰安役割（家事水準の上昇や夫を精神的にいたわることなど）[13]の範疇には収まりきらない、夫を「惚れさせる」工夫が新たに誌面に登場していったのである。具体的にいうと、妻には「忠実な主婦」「賢き母」であるだけでなく、「常に夫に対して魅力豊かな異性」[14]となり、「良人の浮気心は妻が満足させてやる」[15]ようにすることが語られていったのである。

こうしたハウツーへの関心の高さは、『主婦之友』で組まれる特集の名前に如実に反映されている。たとえば昭和二（一九二七）年の一月号から一二月号までを見ると、「夫婦生活の秘密号」（三月）、「夫婦和合の秘訣号」（五月）、「夫婦愛の増進号」（七月）、「良人操縦と細君操縦号」（八月）、「夫婦相愛号」（一二月）と、実に半数近くが夫婦関係に焦点化した特集名が与えられているのである。「現代の父と母号」（二月）、「妊娠とお産号」（六月）と親であることに焦点化する号が二冊しかないのと好対照である。

では、夫の愛を得るためのハウツー記事では、「魅力豊かな異性」となるために、具体的にどのようなアドヴァイスがなされていったのだろうか。興味深いのは、妻たちへのアドヴァイスが、以下に見ていくように、夫の「浮気」相手の代表格とされた、芸者や女給といった職業に従事する「玄人女性」の模倣、あるいは、「玄人女性」との差別化を通してなされていったことである。[16]昭和初期には女給による濃厚なサーヴィスによって、「恋愛気分」が味わえるカフェーが急増しているし、そもそも国家による売春管理制度である公娼制度も存在していた。たとえば、昭和二（一九二七）年の遊郭における年間遊客数は約二三〇〇万人にも上っている（藤目 一九九七、三〇三頁）。男性たちが「玄人女性」と戯れることは、半ば公然と認められており、そのための場所にも事欠かなかったのである。そのような状況を反映して、主婦向け雑誌においても、「玄人女性」が意識されたといえよう。

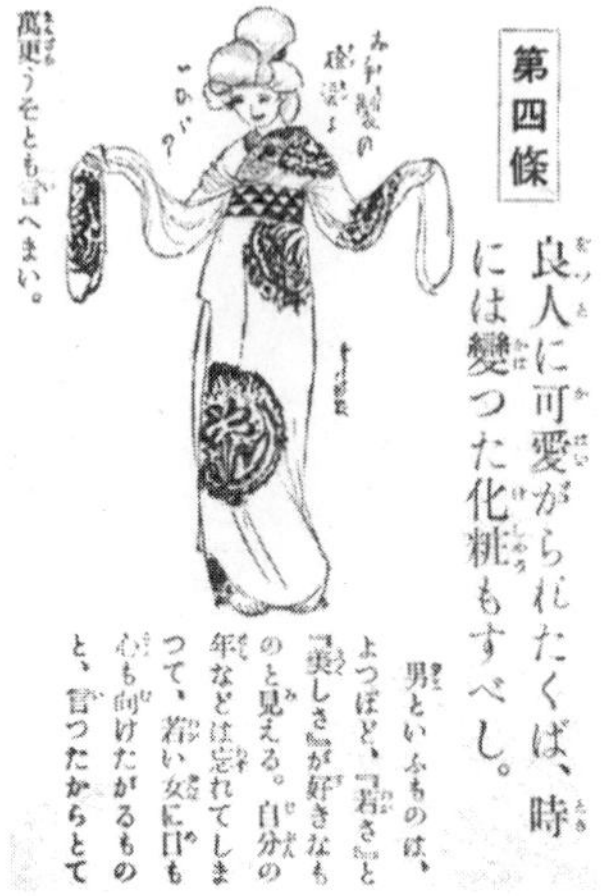

図 6–2 「良人に可愛がられる秘訣十ヶ條」（第四條）

出典）『主婦之友』15 巻 6 号，昭和 6 年 6 月，p. 101

以下では、昭和初期の『主婦之友』において、夫の愛情、そして、性的関心を得るために、妻になされた具体的アドヴァイスの内容を順に明らかにしていく。

2–2 夫の愛を独占する方法

夫の愛をひきつけておくために妻に求められた「異性としての魅力」は、以下の三点に要約することができる。

それは第一に、若々しく、美しくあることである。そのために具体的に求められたのは、着物や髪型、化粧など、身だしなみに手間をかけることであった（図 6–2）。たとえば、「芸者—女給—ダンサーから見た旦那様を盗まれぬ秘訣[17]」では、「毎日同じ着物なんか着ずに、若いくらゐの着物を着てみたり、半衿なども取換へ、たまには丸髷にでも結つて、驚かして上げて御覧なさい」というアドヴァイスがなされている。「丸髷」という、当時「奥様らしい」とされた髪型が推奨されていることからもわかるように、『主婦之友』では、何も妻たちに「玄人」のような装いをすることが求められたわけではない。目指されたのは、あくまでも「奥様らしい身奇麗さ[18]」であった。だが、「毎日同じ着物」を着ているような人々に、身なりに気をつかうという「玄人」の姿勢が、見習うべきものとして提示されたのである。

当時、中流以下の主婦たちの身だしなみのありようが、どのように認識されていたのかを垣間見せてくれる記事に、『主婦之友』にたびたび執筆していた青柳有美による記事がある。青柳は、「家内に据風呂」のない「中産社会の婦人」は、毎日銭湯へ通うのを億劫がる上に、特に「一風呂五銭」という風呂代を節約するために、一週間に二度くらいしか入浴せず[19]、かつ、多くの妻たちが「着古した古着を、漸く継ぎ合して作つたやうな寝衣――しかも、幾日も〳〵洗濯せずにそのまゝにしておいたのを引つかけて[20]」いると述べている。

もちろんこの時期に美容への関心が高まったことは、美容産業の勃興や、衛生思想の普及と無関係ではないだろう。『主婦之友』にも創刊当初から化粧品の広告が多数掲載されている。しかし、たとえば昭和六（一九三一）年の『婦人公論』の化粧法に関する記事に、「銭湯へ毎日行ければ、美容上、それに越したことはないでせうが、これはどうやら、オメカケさんのやうでもあるし、芸者のやうでもあるし[21]」という躊躇が示されているように、美しく清潔にすることは「玄人」の領分であるとする意識が、しばし残存していたのである。「玄人」が夫をめぐる綱引きの対立相手とされていたことに加え、こうした意識によって美しさや清潔さを求める上で、「玄人」が引き合いに出されたのであろう。

第二に求められたのは、それなりの知性である。「それなりの」というのは、求められていたのが会話において夫を飽きさせない程度の知性・知識であったからだ。具体的には、勉強を続けることによって新たな知識を吸収し続けること[22]、新聞を読むこと、そして台所ばかりにこもっていないで外出し、自身の見聞を広めること等[23]が求められた（図6－3）。こうした要請に説得力をもたせる役割を果たしたのが、女給であった。というのも、もっぱら「男がカフェーなどに行くのは、女給と世間話がしたいためだといふ人さへあり」、「女給は、とにかく、聞き齧りにでも、文学や、映画や、スポーツの話ができ、新しい流行語を自由に使ふことができる[24]」とされたからである。実際、昭和四年（一九二九）年に発行された酒井真人の『カフェ通』においても、カフェーの魅力の一つに、女給が芸妓や女郎より「向上して近代的」であり、時事問題などにふれても対話ができることが挙げら

図6-3 「夫婦和合の秘術四十八手」

出典）『主婦之友』15巻8号，昭和6年8月，p. 115

れている（初田 一九九三、一二三頁）。

このように夫をひきつける魅力的な妻の条件として、夫を楽しませる程度という限定こそあれ、知性のかけらが求められたことは、この時期の高等女学校卒業生の著しい増加や、第一次大戦後の良妻賢母思想の再編によって、家庭に支障のない範囲で女性にも社会的貢献が求められるようになったこと（小山 一九九一）を間接的に反映していると考えられる。明治以降の大きな文脈において俯瞰するならば、理想の女性像は芸者から教育のある女性へと変化してきたのである（佐伯 二〇〇八、一二六頁）。そうした流れの中で、古典的な芸者に対して近代的な女性の魅力を打ち出した女給が出現し、めぐりめぐって男を楽しませる女給の知性が主婦たちにも見習うべきものとされるに至ったといえよう。

第三に求められたのは、「可憐さ」[25]、ときに「乙女の心」[26]や「花嫁気分」[27]、「子供らしさ」などと表現される可愛らしさの獲得である。このことは、夫が打ち解けることのできない「良妻一点張り」や「つんと澄ました良妻賢母」が戒められたことと表裏をなしている[28]。具体的に挙げられた可憐な妻の演出例は、「ご主人が新聞でも読んでいらつしやつたら、後ろから、そつと眼かくしでもして上げる」[29]など、夫よりも幼くあることで、可愛くもあり、守ってやりたいとも思わせるものであった（図6－4）。しかし、注意すべきは、求められたのは、あくまでも夫の心の機微を読み取った上で演出された「良人が可愛がるの程よき「可憐さ」[30]であって、実際に子どもっぽい妻が奨励されたわけではないことである。

計算された「可憐さ」を演出するには技術が必要であり、そうした技術は往々にして芸者や女給から模倣された。たとえば、四回にわたって連載された「男性の心を掴む奥の手――一名妓が公開したる自得の秘伝は何か？」と題する芸者の口述（という体裁をとった）記事では、女性の「しとやかさ」や「恥じらい」を駆使し、男性に「可愛く、いとしく」思わせる、芸者の接客術の極意が公開されている。[31]家庭における夫の慰安において、まさに「玄人」の接客技術が参考にされたのである。

以上をまとめると、夫をひきつける異性であるために、妻に求められたのは、美しさ、夫の会話の相手がつとまる程度の知性、そして、夫に好まれる計算された可愛さであった。そして、これらの要素の獲得は、芸者や女給といった「玄人」の模倣という側面を色濃くもっていた。ある座談会記事で、「世間の奥様方も、芸者や女給の、どこが男を惹きつけるかを、或る程度まで心得ておかなくてはならぬと思ひます[32]」という発言が、「奥様」自身から発せられるほど、妻が「異性としての魅力」を獲得することと「玄人」的要素を取り入れることとを等号で結ぶことは、当時としては違和感のないことだった。林葉子は当時、廃娼運動に携わる

図6-4　「良人に可愛がられる秘訣十ヶ條」（第二條）

出典）『主婦之友』15巻6号，昭和6年6月，p. 100

人々の中でさえも、芸妓の「美」を認め、妻たちこそ芸妓の「美」や「もてなし」の技能を身につけるべきだという声が挙がっていたことを明らかにしている（林 二〇一〇）。

ただし、繰り返しになるが、「玄人」の模倣といっても、「玄人」そのものになることが求められたわけではない。そうではなく、あくまでも「玄人」的要素を取り入れることが推奨されたに過ぎないことに注意しなければならない。というのも、芸者と女給はひきあいに出されてはいても、この時代の主婦たちの憧れの的であったわけでは決してなかったからである。明治期には美の体現者として賞賛され、ファッションリーダーでもあった芸者にしても、大正五、六年頃には没落していったことを田中優子が指摘している（田中 二〇〇七、一七〇頁）。『主婦之友』においても、芸者は「お金次第で愛嬌の切り売りもやる」打算的な「商売女」[33]、もしくは「奥様といふ正式な表立つた方」に敵うべきもない「日陰の花」であることが確認された[34]。

したがって、芸者や女給の模倣は、彼女らの「心」ではなく、「技巧」のみを取り入れるのだとする論理によって正当化されていた。同じ「技巧」であっても、不特定多数の男にではなく、妻がたった一人の夫に対して、しかも金銭欲ではなく愛に基づいて行使するならば、意味がちがってくるというのである。たとえば、ある座談会記事では「妻が自分の良人に真情を尽くすことは、女給や芸妓が、どのお客にも分け隔てなくサーヴィスするのとは、意味が違ひます[35]」と女性出席者によって断言されている。その上で「サーヴィスといふのは女給や芸妓のするもので、賤しいこと[36]」だとする考えを捨て、妻たちも夫への「サーヴィス」を実践していくことが、奨励されたのである。

すなわち、内面的な真実を問題にする近代的な愛の観念によって、「妻」と「玄人女性」の間には確固たる線引きがなされ、反対に内面こそが問題にされたがゆえに、外的な「サーヴィス」においては両者の線引きが曖昧化していったのである。内面と外面、精神と肉体、あるいは、「真の自己」と「偽の自己」を弁別し、前者に価値をおく思考とともに、恋愛という観念は知識人層を中心に希求されてきた。しかし、いざ内面の愛を表現するためにはどうすればよいのか、というハウツー言説が語られるようになると、外面的な「型」が「玄人」の世界から借りてこられたのである。[37]一方で、恋愛という近代的観念が希求されながら、他方ではプロによる高度な「サーヴィス」が提供される広大な男性向け性風俗産業が存在していたことは、日本における愛の大衆化過程において重大な影を落としていたといえよう。

次に見るのは、特に夫の性的関心を妻に惹きつけておくための方法である。性的関心に着目するのは、愛と性を一体のものとする価値観によって、性はまさしく愛の問題として語られていたからである。

2-3　夫の性的関心を独占する方法

第三章と第五章で論じたように、明治末から大正期にかけて、優生学や性科学の影響下において、恋愛とは種族保存のための生殖欲に基づくものであるとする見方が形成されていった。そのような流れの中で、愛の根底に性が据えられると、夫婦の関係性においても、性にはそれまで以上の価値が付与されていくこととなった。大正から昭和初期にかけて流通した通俗的な性科学書を分析した赤川学は、同時期に夫婦間セックスの価値が上昇し、夫婦が共に性的満足を得ることをよしとする、欧米由来の理想が移入されていったことを明らかにしている（赤川一九九九）。『主婦之友』においても、昭和に入る頃から、夫婦の性生活を主題とした記事が見られるようになる。たとえば、昭和二（一九二七）年に掲載された「性的生活から観た夫婦和合の秘訣」という記事には、「何といつても、夫婦の和合に一ばん重大な関係を持つてゐるものは、夫婦の性的生活であります」[38]とある。

しかし、このような夫婦間セックスへの注目とともに、『主婦之友』で語られていったのは、女性たち自身の性的充足についてではなく、夫の性的満足についてであった。妻の側の満足はさておき、夫の性的関心を妻につなぎとめておくためのアドヴァイスが展開されていったのである。では、それはいかなるものだったのだろうか。夫の性的関心を独占することを目的としたいくつかのアドヴァイスは、表面的には一貫性を欠くものであった。というのも、夫を性的に惹きつけておくための方法には、相矛盾する二つの異なる立場が存在していたからである。順に見ていくと、まず、第一の立場はどのような場合にも夫の要求に応え、十分に満足を与えるというものであった。

拒絶は、どんな場合でも良人の機嫌を損ずる以外に、何の意味もないものです。／……睡いだらうと同情はしながらも、欲望は抑へられぬのが男子の本能です。要求を拒まれたとき男子の感ずる不愉快さ腹立たしさを、妻はよく理解しておかねばなりません。この調子を踏み外すと、良人の心から、だん〳〵自分の蔭が薄れて行くのです。(39)

ここでは、夫の欲望を拒絶することが、ひいては「良人の心から、だん〳〵自分の影が薄れて行く」ことにつながるとして諫められている。

同様に、「良人の要求や欲望に、いつでも八分通りの満足しか与へず、二分を始終「取っておき」にしておきさへすれば、その妻を恋ひするに至るだらう」などというまちがった考え方が、「良人をしてその妻を恋ひするに至らしむるどころか、これを娼婦の許へ追い遣つたり、妾を持たせたりするやうなこと」になると訴える記事も掲載された。(40) こうした事態を防ぐため、「人妻にとつて羞恥は禁物だ。羞恥むのはまだ結婚前の処女のすることである。結婚後の人妻は、大胆に露骨であるのを珍重する」などという、性交中のふるまいに関するアドヴァイスも少数ながらなされている。(41)

　以上の第一の立場に対して、第二の立場が存在している。それは、「愛の本流を堰きとめ(42)」ることによって、常に一定程度妻に対する欲望を持続させ、そうすることで夫の不貞を予防するという戦略である。というのも「妻から受ける刺戟に対して、慣れすぎ、麻痺して感じなくなると……必ず良人は、他の新しいほうへ目が移り、それが欲しくなつて来(43)」るからである。その正当性は、たとえば「どんなに好きな御馳走」も「そればかりを毎日々々つゞけさまに食べ」ると飽きてしまうのに対し、「三日なり五日なり間をおくと」「この上なく美味しく」感じるというメカニズムによって説明された。(44)

　こうした性交頻度の抑制への奨励と連動していたのは、「露骨さ」ではなく、むしろ「処女っぽさ」を保つべしとするアドヴァイスであった。たとえば、「どんなことでも、知りつくしてしまふと、興味がなくなる」夫の「幻滅」を防ぐために、常に「花嫁時代の羞恥心」を保つことが推奨された。(45)

　いずれの戦略を採るにせよ、妻は単に受動的に夫の要求に対応していればよいわけではなくなったといえる。夫の要求をいつも受け入れるべきなのか、それとも調節するべきなのか、また大胆に振舞うべきなのか、もしくは恥ずかしそうにするべきなのか。夫婦間セックスに臨むにあたって、妻には意識的な工夫が求められるようになったのである。そして、こうした要請を緊要なものとして映し出したのが、「遊里」の存在であった。たとえば、男子が遊里に足を運ぶのは「一つには遊里の女性が愛の技巧に秀で、ゐるため」であり、したがって「愛の技巧といふことは、すべての女子がよく心得ておかねば」ならぬとする医師によるアドヴァイスも存在した。(46) ただ、女給や芸者の場合とは異なり、娼妓は明確に妻の模倣対象とされていたわけではない。だが、「さもなければ夫は娼婦の許へいくだろう」という例の脅しの中で、存在がほのめかされていたのである。

こうして愛で結ばれた夫婦の実現という理想の下に、広義の性産業の影響を色濃く受けつつ、愛の記号化、および、「愛されること」の妻の「役割化」がすすめられていった。「自己」なるものの実現と結びつけて希求されてきた愛が、まさに妻として夫を慰安する「役割」を内面化させていく道具として使われるという、逆転した事態が生じていったのである。これはまさしく、第四章で見たように一部の女学生や「新しい女」とよばれた女性たちが忌避した状況ではないだろうか。しかし、そのことは、次に見るように『主婦之友』においては、女性の「主体性」の獲得であると意味づけられていた。

2-4 忍耐から努力へ

昭和七年（一九三二）年の『主婦之友』に掲載された記事に、「良人の愛を独占する方法の座談会」という記事がある。同記事が興味深いのは、座談会出席者であった二人の女性の間で、妻が「良人の愛を独占」しようと努力することについて、ある対立が見られたことである。ここでは、その対立を軸に「良人の愛を独占」するためのハウツー記事が、『主婦之友』という雑誌世界において、どのような意味をもつものとして位置づけられていたのかを考えてみたい。二人の女性とは、三越美容室に勤務する小口みち子と小説家である牧逸馬夫人の牧和子である。

小口は、そもそも「独占なんて事が、果たしてできる」のかということに疑いをもち、「世の奥様方が、良人を独占しようといふ気持ちから脱却された方が、却つて幸福ではないかと思ひます」と独占放棄をすすめた[47]。対して牧は「お互い独占し、独占されてこそ、真の夫婦」であるとし、「夫婦お互いに独占されるべきであり、努力次第で必ずそれができると確信してゐますから、世の奥様方に、もつと〳〵努力なさいと、お勧めしたいのです」と妻たちにいっそうの努力をすすめた。[48]

独占放棄をすすめる小口の意見と、『主婦之友』の記事と主張を同じくする牧の意見とでは、小口の意見の方が斬新なものであるように響く。しかし、小口が夫を独占しようとすることを「無駄な労力」[49]と言うとき、そこには悲しい諦念が潜んでいた。というのも、座談会の男性司会者が「世間の良人といふ良人は、皆な細君にコキ使われてゐるやうなものです」[50]と見当はずれな発言を行うと、小口は「だから威張らせて、浮気させて、それで私共は我慢してるぢゃありませんか」[51]と言い返し、小口のいう独占放棄とは、浮気を夫の特権として我慢するということと同義であることが露呈するのである。他の座談会で、「お妾をおいたり、道楽をしたりしても、それは主人に働きがあるのだから、仕方がないと諦めて、少なくとも表面だけは嫉妬を慎んで、素直らしく見せ」[52]ることの是非が議論されているが、夫の独占を諦めるということは、すなわち、夫には特権として婚外性行為を認め、妻には認めないという、性の二重基準を維持していくことを意味した。

そうすると、夫を独占するために努力するということは、夫の浮気をこれまで通りには我慢しないことだともいえる。もちろん努力は我慢を内包するものである。しかし、それは現状維持の我慢ではなく、幸せな家庭を実現するための前向きな努力である。「その努力を、苦しみとは言ひたくありません。人間としての最大の喜びを得るための努力なのですから」[53]と牧がいうように。夫に愛される努力をすることは、ひたすら耐えるという従来のあり方と比較するならば、進歩的な態度として位置づけられるものだったのである。『主婦之友』が牧と同様の姿勢を貫いていたことは、この座談会記事の小見出しが「努力一つで独占できる」とつけられていたことからも明らかである。

高群逸枝は、大正一五（一九二六）年に上梓した『恋愛創生』と題する単著において、男性たちが「妻としては家事にくすぶる女を、恋人としては美しい女を」求めており、女性たちが「家事にくすぶるがよいか。お化粧に時間を費やすがよいか。夫の心を惹きつけるという点では、どちらをとったがよいか」と異なる二つの要求の間で引き裂かれていると訴えている。[54] その上で、「妻とて女であるから、夫の愛を全体的に得たい」[55]と、男性たちによってつくられた「幻影の婦人」とは異なる、等身大の自分を愛してほしいという想いを綴っている。[56] 高群にとって、それを実現するためには「娼婦と妻とを二つにわけた社会」を打倒する必要があった。[57]

一方、『主婦之友』においては、「家事にくすぶる」主婦であるとともに、「恋人として魅力的な」主婦であるという高度な水準を体現することで、「夫の愛を全体的に得る」ことが目指され、さらに、それは女性たち自身の理想を実現するための前向きな努力として位置づけられたのである。

努力によって夫を独占できるとする姿勢に女性をエンパワーする側面があったことは、『主婦之友』に掲載された夫の「不品行」に関する妻の体験記事の変遷にもうかがえる。大正期における体験記事においては、妻がひたすら辛抱する悲惨な物語が綴られていた。[58] そこでは、最終的に夫が妻の元に帰ってきたとしても、それは直接的に妻の行動の帰結であるとされていたわけではなかった。いわば「最後まで忍んだ者が救ひを得た」[59]というストーリーだったのである。これが昭和に入ると、例えば「洋装のモダンマダムに早変りして、ダンスの稽古に通ひ始め」[60]たり、「乱れた髪に櫛を入れ、鬢に結ひ、薄化粧さへ施した」[61]りといった妻の具体的なアクションによって夫の心が戻ってくるというストーリーへと変化している。この変化は、夫の浮気の原因をよりいっそう妻の責任に帰し、妻の至らなさが夫の浮気につながるという脅迫と表裏一体でありながらも、問題解決における妻の能動性を増すものであった。

また、『主婦之友』には、妻たちが「魅力ある異性」として夫と愛で結ばれること、そしてセックスすることがいかに幸せなことかを伝える記事には事欠かなかった。たとえば、そのような記事に「処女から人妻へ！新婚生活の秘密日記」がある。

> 昨夜はうれしくて〳〵……。うれしいま、に、自分ながら大胆になつてきたわ。未知の世界の、限りなき深さよ!!! 判つてるやうで、判らない〳〵、うれしい世界!!……愛ばかりが――良人の愛ばかりが、どうしても力だわ。「ねぇ！」「ねぇ！」と、あの時ばかりでなく、いつも〳〵、理解に理解していかなければ、今日は、はかない気がするの、どうしてだらう[62]？

女性知識人たちは恋愛より「自分の仕事」、あるいは、恋愛の理想を貫くにしても「産む性」としての「女」に収斂されない「自己」を実現する恋愛を求めた。しかし、マジョリティの女性たちにとって結婚して再生産労働を担うことは自明の前提であり、そうであるならば、その中でできることをしようというのが『主婦之友』に提示された心性であった。だが、夫に「愛させること」を女性たちが「主体的」に望めば望むほど、結果として男性の求める「役割」を従順に引き受けていっているように見えてしまう。

とすれば、婦人雑誌におけるハウツー言説と、愛によって「自己」の確立を希求した知識人たちの理想との間に、摩擦が生じないはずがなかった。次節では、知識人による婦人雑誌批判を取り上げたい。

3. 批判されたハウツー言説

婦人雑誌の「性的記事問題」が「婦人界で喧しい問題[63]」となったのは、昭和三（一九二八）年のことである。昭和三（一九二八）年四月には日本基督教婦人矯風会大会において「現代婦人雑誌改善の件」が提案され、五月には東京の婦人問題研究所[64]を中心に「婦人雑誌改造委員会」が組織されている（高橋 一九九五）。そして、同年七月一九日には、日本基督教婦人矯風会と婦人問題研究所を母体とする「婦人雑誌改善協議会」なる組織によって、望月圭介内相、横山警保局長等に「露骨なる性的記事並に広告を婦人雑誌に掲載せぬやう厳重取締」（高橋 一九九五、一五三頁）を求める陳情請願書が提出される運びとなった。問題の婦人雑誌とは、『主婦之友』を筆頭にいずれも数十万の発行部数をもつ『婦人世界』、『婦女界』、『婦人倶楽部』などの婦人雑誌であり、批判の対象となったのは、性に関する記事の「露骨さ」「低級さ」であった。

では、「露骨」で「低級」な記事は、なぜ問題にされたのだろうか。『婦女新聞』には、婦人問題研究所のメンバーであった石本静枝の談話が掲載され、それらの記事の信頼性の低さが問題視されていたことが報じられている。たとえば石本は、「博士の名の下に書かれた無責任な妊娠調節法などに身を誤る地方の娘がどんなに多いかも知れない[65]」と述べている。ここからは、避妊に関する不確かな情報が婦人雑誌の誌面に掲載されることで、婚前交渉にふみきり、さらに避妊に失敗して、結婚前に望まない妊娠をしてしまう女性が増加することが懸念されていたことがわかる。そのような懸念はまた、性情報の氾濫が従来の性道徳を破壊してしまうことに対する懸念でもあっただろう。そのことは、同記事が「（婦人雑誌が――引用者）社会風教上に及ぼす弊害は、識者の眉をひそめさせて居る」[66]という文章ではじまっていることからもうかがえる。

しかし、このような動きによって婦人雑誌が注目されると、さまざまな視点からの婦人雑誌批判がなされ、本章で注目してきた、愛されるためのハウツー言説に対する批判も提出されていった。たとえば、『中央公論』で組まれた「婦人雑誌と性欲記事」という特集に寄稿した市川源三は、「男に好かれる法」とか「女に気に入られる法」とか、「他に心を奪はれてゐる夫を自分の方に向はしめる手段」といった記事を例示し、これらの記事は「夫婦の関係或は男女の関係を、遊技的乃至醜業婦的に取り扱つて」おり、「人間の人格の尊厳を毀損してゐる」という観点から問題視している。[67]

同様に、『婦人運動』に掲載された「八月の婦人雑誌を見る」という記事において、金龍寺百合子は「如何にして夫の心を捕へるとか」「恋愛の効功法」などと云つた風の赤本張りの記事」が「十年一日の如く」掲載されていることを批判している。[68]というのも金龍寺にとって恋愛とは「デリケートな問題」であり、恋愛を「こうした処世術式な常識の形式に当てはめて批評していく事」に対して違和感をもったからであった。男女の関係を「遊技的醜業婦的」に扱うことを批判した先の市川も、恋愛を「処世術式」に扱うことに違和感を示す金龍寺も、ともに愛がマニュアル化＝記号化されて語られることを問題にしているといえよう。

多くの女性たちにとって結婚する以外の人生の選択肢が極端に狭い中、夫に「愛される」ことは、幸せな「主婦」としての生活を手に入れるための切符であった。それは女性の「主体性」のひとつのあり方を示すものでもあった。しかし、「愛されるため」のノウハウを量産することは、愛をマニュアル化することとして非難され得ることでもあったのである。愛のマニュアル化とは、「愛される」方法のマニュアル化であり、女性たちに対する「愛されること」の「役割化」であった。そのようにマニュアル化された「役割」を引き受けることで成立する愛は、すでに唯一無二の「自己」を実現するものではなくなってしまう。努力すればするほど「自己」から遠ざかってしまうという、「自己」と「役割」がともに、私的領域に配された女性たちが構造的に抱え込まされたジレンマが、露骨に表出していったのである。

それだけでなく、女性が家庭にあって「愛される女」として自足すること自体に対する非難も、女性知識人を中心になされていった。たとえば、山川菊栄は大衆的な婦人雑誌が、「婦人の個人的利害に関する記事に重心をおき、性欲奴隷、家庭奴隷としての現在の地位に無批判的に満足せしめ、それを粉飾して享楽させようとしている[69]」と非難する。同様に、先に引用した金龍寺百合子も「個々の立場、個々の家庭より外に、何物も考へないやうな生活は、結局個々の立場も個々の家庭も幸福にするもので無いと云ふ事を切実に考へてほしい[70]」と述べている。すなわち、妻という家庭内での地位の安定にのみ執心することは、結局「家庭奴隷」「性欲奴隷」になることであり、もっと社会における女性全体の地位向上を考えなければいけないという批判がなされたのである。

それを考えない婦人雑誌は、当時「識者」とよばれた女性たちにとって、「婦人向上の為」には、「到底読書価値あるものとして信ずるに足らない[71]」もの、むしろ女性の地位向上を妨げるものでしかなかった。したがって、彼女たちにとっては、婦人雑誌の読者も「雑誌の良否を識別し、批判し、選択するだけの眼識をもつて」いない存在であり[72]、要は「低級な読者[73]」でしかなかった。「読者の婦人に就いて云へば、婦人がなぜ世の中からこう蔑視され、不幸な生活に押しつぶされてゐるかと云へば、貴女方が、あの無内容な、卑俗な読書に溺れきつてゐるからと答へるより仕方ない[74]」というのであった。すなわち、「愛される女」としての定型化された「役割」を引き受けることには、愛を記号化するという批判に加え、それ自体が男性の「奴隷」になることであるという批判が待ち受けていたのである。

恋愛を通して「自己」を実現するという理念とともに、愛は価値化されていった。とりわけ女性の「自己」の実現は恋愛を経て結婚することによって果たされるとされた。しかし、現実においては、恋愛結婚は固より愛のある夫婦関係を築くことも簡単ではなく、男性には「玄人」の女性を相手に「女遊び」のできる場が数多く提供されていた。このような理想と現実の狭間で、女性たちには夫との間で愛を実現するためのハウツー言説が流通していくこととなった。しかし、いざハウツーに従い、定型化された「女」を演出しようものならば、それは本当の「愛」ではなく、さらに男性の「奴隷」になることであると批判される。このような身動きのとれないジレンマが形成されつつあったのである。

註

(1)「新しい女」とよばれた女性たちが実践した恋愛結婚の内実については、稿を改めて論じたい。彼女たちがどのように男性と対峙し、どのような葛藤を抱いたのかを個別具体的に検証することには重要な意義があると考えるからである。しかし、ここでは愛をめぐる社会的な枠組みがつくられていった過程をたどることを優先する。

(2) 伊藤野枝「自己を生かすことの幸福」『婦人公論』第八年第五号、大正一二(一九二三)年五月(『伊藤野枝全集』大杉栄全集刊行会、一九二五年、五三八—五三九頁)。

(3) 神近市子「新しき恋愛の理論について——コロンタイの「赤い恋」をよむ」『女性』第一三巻第三号、昭和三(一九二八)年三月(復刻版、日本図書センター、一九九一—一九九三年)。

(4) 同前。

(5) 同前。

(6) 高群逸枝「恋愛と性欲——私の恋愛論」『婦人戦線』昭和六(一九三一)年(橋本憲三編『高群逸枝全集 第七巻』理論社、一九六七年、二八三—二八八頁)。

（7）同、二八七頁。

（8）発行部数をみると、大正六（一九一七）年に創刊後、大正一三（一九二四）年ごろには常に全婦人雑誌中の首位を占めるようになり、昭和九（一九三四）年には百万部を突破、最高時には一八〇万部をも記録している。こうした急激な発行部数の増加は、女性雑誌の大衆化を促した二つの要因に支えられていたとされる。すなわち、高等女学校卒業生の増加による、読書可能なリテラシーと読書欲求を持ち合わせた女性層の拡大と、婦人雑誌を購入する経済的余裕と読書を楽しむ時間的余裕をもつ都市新中間層の登場である（前田 一九七三→二〇〇一、二二七—二二八頁）。高等女学校卒業生は、実科高等女学校卒業生を含め、『主婦之友』創刊の大正六（一九一七）年までに累積に二〇万人を越え、昭和六（一九三一）年には百万人を越えている（木村 一九九二、二三五頁）。

（9）「結婚前の青年が望む理想の細君」『主婦之友』大正七（一九一八）年一〇月。以下、指定がない場合は『主婦之友』からの引用。

（10）たとえば、明治三五（一九〇二）年には、「実務に労《つか》るゝ」男性は、「多大の慰藉」を必要とするため、家庭において慰藉が得られないと、芸妓と戯れるなど「家庭外」に慰藉を求めるのは必然であり、したがって、男性の「不品行」の罪は妻にあると断じ、妻に修養を求める男性からの投稿が掲載されている（暮笛生「妻としての修養」『婦女新聞』第一一三号、明治三五（一九〇二）年九月一五日）。

（11）「良人を惚れさせる秘訣十ヶ條」昭和六（一九三一）年九月。

（12）ただし、巻頭の署名記事など雑誌の顔となる記事においては、大塚明子が指摘するように、相手への「敬」を核とした「愛」の観念が説かれる傾向があった（大塚 二〇〇三a）。

（13）五島千代槌「何したら夫に愛されるか」大正七（一九一八）年二月。

（14）「良人操縦の秘訣百ヶ條」大正一四（一九二五）年九月。

（15）「良人の愛を独占する秘訣十ヶ條」昭和七（一九三二）年六月。

（16）当時の夫の「浮気」相手がどのような女性だったのかを伺わせる史料に、新聞の人生相談に寄せられた妻からの投書がある。たとえば『読売新聞』「婦人のページ」に昭和六（一九三一）年七月から昭和一二（一九三七）年五月まで随時掲載された「悩める女性へ」と題する読者相談欄を、昭和六（一九三一）、八（一九三三）、一〇（一九三五）、一二（一九三七）年の四年間を対象に調べると、夫の女性関係に悩む投書が三一件存在し、うち「浮気」相手が判別できる二七件中、三分の一である九件が女給や芸妓、娼妓など「玄人」女性との「浮気」であった。ちなみにその他は、妾に関する悩みが六件、女中や養女など抵抗しにくい立場にある女性への夫の「狼藉」が六件、未亡人や初恋相手の女性など、いわゆる「素人」との恋愛関係が五件であった。

(17)「芸者―女給―ダンサーから見た旦那様を盗まれぬ秘訣」昭和五（一九三〇）年一〇月。
(18)「夫婦和合の秘術四十八手」昭和六（一九三一）年八月。
(19) 青柳有美「夫の浮気の蟲は……如何にして封ずべきか?」昭和五（一九三〇）年一月。
(20) 青柳有美「良人に恋せらる丶秘訣」昭和二（一九二七）年七月。
(21)「新家庭心得帖」『婦人公論』昭和六（一九三一）年一一月（DVD版、臨川書店、二〇〇六）。
(22)「夫婦和合の秘術四十八手」昭和六（一九三一）年八月。
(23)「夫婦円満の方法についての奥様ばかりの座談会」昭和六（一九三一）年四月。
(24) 同前。
(25)「良人を惚れさせる秘訣十ヶ條」昭和六（一九三一）年九月。
(26) 青柳有美「夫の浮気の蟲は……如何にして封ずべきか?」昭和五（一九三〇）年一月。
(27)「良人に可愛がられる秘訣十ヶ條」昭和六（一九三一）年六月。
(28) 同前。
(29)「芸者―女給―ダンサーから見た旦那様を盗まれぬ秘訣」昭和五（一九三〇）年一〇月。
(30)「良人を惚れさせる秘訣十ヶ條」昭和六（一九三一）年九月。
(31)「男性の心を掴む奥の手――一名妓が公開したる自得の秘伝は何か?」昭和二（一九二七）年七月から一〇月。
(32)「旦那様の躾け方発表座談会」昭和八（一九三三）年一月号における遠藤和子の発言。

(33) 「男性の心を掴む奥の手（其四）一名妓が公開したる自得の秘伝は何か?」昭和二（一九二七）年一〇月。
(34) 「芸者—女給—ダンサーから見た旦那様を盗まれぬ秘訣」昭和五（一九三〇）年一〇月。
(35) 「愛しえぬ夫婦の悩み解決座談会」昭和八（一九三三）年一〇月。
(36) 同前。
(37) 男女間の愛情表現において、表面上「真剣な恋愛」と「遊びの恋愛」の区別が曖昧化していったことは、戦後に婚前恋愛が一般化していった際に、それが真剣なものなのか、遊びなのかをめぐって女性側が葛藤する土壌となったといえる。
(38) 小酒井不木「性的生活から観た夫婦和合の秘訣」昭和二（一九二七）年五月。
(39) 諸岡存・保坂孝雄「医師から見た夫婦生活の和合法」昭和一〇（一九三五）年八月。
(40) 青柳有美「良人に恋せらるゝ秘訣」昭和二（一九二七）年七月。
(41) 同前。
(42) 『婦人衛生寶典』昭和八（一九三三）年六月号付録。
(43) 同前。
(44) 『娘と妻と母の衛生読本』昭和一二（一九三七）年八月号付録。
(45) 同前。
(46) 小酒井不木「性的生活から観た夫婦和合の秘訣」昭和二（一九二七）年五月。
(47) 「良人の愛を独占する方法の座談会」昭和七（一九三二）年九月。
(48) 同前。
(49) 同前。
(50) 同前。
(51) 同前。
(52) 「夫婦生活を中心とする——奥様ばかりの座談会」昭和四（一九二九）年八月。

(53)「良人の愛を独占する方法の座談会」昭和七（一九三二）年九月。
(54) 高群逸枝『恋愛創生』大正一五（一九二六）年（橋本憲三編『高群逸枝全集』第七巻、理論社、一九六七年、一四頁）。
(55) 同前。
(56) 同、一九頁。
(57) 同、二三頁。
(58)「良人の放蕩を改めさせた妻の苦心」大正八（一九一九）年八月、田中法学士夫人「良人の放蕩と虐待に堪へて最後の勝利を得た十年」大正一〇（一九二一）年一〇月。
(59)「奪われた良人の愛を再び得た妻の告白」大正一五（一九二六）年一〇月。
(60)「良人と情人の手を切らせた妻の経験」昭和七（一九三二）年九月。
(61)「良人の愛を再び取り戻した経験」昭和七（一九三五）年七月号。
(62) 木下悦子「処女から人妻へ！　新婚生活の秘密日記」昭和七（一九三二）年三月。
(63) 金龍寺百合子「八月の婦人雑誌を見る」『婦人運動』第六巻第六号、昭和三（一九二八）年（復刻版、不二出版、一九九〇—一九九一年）。
(64) 婦人問題に関する調査・研究を目的に一九二五年に設立された。主事・市川房枝、庶務・新妻伊都子、金子茂、会計・石本静枝、河崎なつによって構成される。
(65)「婦人雑誌の改善問題」『婦女新聞』昭和三（一九二八）年六月三日（復刻版、不二出版、一九八二—一九八五年）。
(66) 同前。
(67) 市川源三「性の啓蒙運動と偽瞞行為」『中央公論』昭和三（一九二八）年六月。
(68) 金龍寺百合子「八月の婦人雑誌を見る」『婦人運動』第六巻第六号、昭和三（一九二八）年（復刻版、不二出版、一九九〇—一九九一年）。

(69) 山川菊栄「現代婦人雑誌論」『経済往来』昭和五（一九三〇）年（田中寿美子・山川振作編『山川菊栄集 五 ドグマから出た幽霊』岩波書店、一九八二年、二八九―二九九頁）。
(70) 金龍寺百合子「八月の婦人雑誌を見る」『婦人運動』第六巻第六号、昭和三（一九二八）年（復刻版、不二出版、一九九〇―一九九一年）。
(71) しのぶ「婦人雑誌の改善」『婦女新聞』昭和三（一九二八）年七月八日（復刻版、不二出版、一九八二―一九八五年）。
(72) らいてう「婦人雑誌の悪傾向について」『中央公論』昭和三（一九二八）年六月。
(73) 山川菊栄「コマーシヤリズムの一表現」『中央公論』昭和三（一九二八）年六月。
(74) 金龍寺百合子「八月の婦人雑誌を見る」『婦人運動』第六巻第六号、昭和三（一九二八）年（復刻版、不二出版、一九九〇―一九九一年）。

終　章　恋愛の脱構築に向けて

本書では、恋愛という観念の形成過程を近代的「自己」の観念との関連で検証することを通して、恋愛がいかに男女にとって異なる意味をもつものとして形成されていったのか、そしてそれゆえに、恋愛をめぐる男女の歴史的経験がいかに異なっていたのかを明らかにしてきた。

明治期にはじまる恋愛の歴史は、知識人による近代的「自己」の希求とともに幕をあけた。恋愛という観念は、内的な「自己」を実現したいという強い思いと一体となって形成されていったのである。「真の自己」なるものがフィクションである以上、それは自分がこうであると思う「自己」でしかない。それでも自分の思う「自己」なるものを真っすぐに追求することは、「女だから」「男だから」という理由で個々人を既定の枠にはめこもうとする社会規範への抵抗となる可能性を孕んでいた。しかし、やがて個々人の思い描く「自己」イメージの方向性は、近代的な性別役割分業体制と矛盾しない範囲に囲い込まれていき、恋愛という観念の内実も練り直されていった。

すなわち、恋愛という観念は、個々人は固有な「自己」をもち、それは尊重されるべきであるという近代的理念と、個々人は性別役割に沿って生きていくべきであるという価値観との緊張関係の中で、両者を両立させる観念として形成されていったのである。このとき、「自己」を実現することと性別役割を担うことを両立させようとする論理も、その論理をめぐって生じる葛藤の内実も、ジェンダーという変数を色濃く反映していた。その意味で、恋愛は男女にとって異なる意味をもつ観念として形成され、そして、恋愛をめぐる歴史的経験も男女で異なっていたのである。

本書の成果として挙げる以下の五つの論点は、いずれも恋愛をめぐる男女の非対称性やジェンダー規範にかかわるものであり、中立なようでいて、その実、男性中心の恋愛史を描いてきた従来の恋愛研究に異議を唱えるものである。これらの論点が、これまで十分に掬い取られてこなかった、恋愛の中に潜むジェンダー格差に言葉を与えるとともに、恋愛という事象をこえ、近現代社会におけるジェンダーというものを考察する上でも、有用な視点を提供するものであることを願っている。

1. 夫婦愛／恋愛を通して「自己」を解放するという理念の男性中心性

第一章で論じたように、人間は本来的に一人一人異なる固有な「自己」をもっているとする観念が生じていったのは、明治二〇年代のことであった。このとき希求されていったのが、「真の自己」を理解してくれる「真友」とよばれる存在である。「真友」とは、個々人の内面の固有性に基づくものであるがゆえに、性別や年齢などの属性をも超えて、特定の個人と親密な関係を醸成する可能性を提示するものであった。しかし、あらゆる可能性に開かれていた「真友」という関係は、夫婦こそ唯一の「真友」であるという言説によって、夫婦という社会的な枠組みを与えられていった。「自己」を実現する領域として夫婦という関係が設定されることによって、個々人の「自己」への希求は、一つの方向性が与えられ、社会に組み込まれていったのである。恋愛の前身である夫婦愛とは、まさしく「真友」としての夫婦を結ぶ感情を指す言葉であった。

このとき注目すべきは、夫婦愛という観念が形成されていった明治二〇年代が、同時に近代的性別役割分業観が形成されていった時代でもあったということである（小山 一九九九など）。「男は仕事、女は家事育児」という理念の下、生産労働と再生産労働の領域が分離され、前者に男性が、後者に女性が配置されていった。こうした分業制度が理念的に構築されていくのと並行して、夫婦こそ「真友」であるという理念が唱えられていったのである。すなわち、夫婦愛という理念の成立は、近代的ジェンダー秩序の成立と時を同じくしていた。このことを考慮に入れるならば、夫婦愛という理念は、実は男女にとって大きく異なる意味をもつ観念として浮かび上がってくる。

愛で結ばれた夫婦の領域を「自己」の領域とすることは、外で働くことが求められた男性にとっては、「家庭」という領域を、「仕事」という「役割」から解放され、「真の自己」を復活させることのできる私的な領域として観念することを意味した。それに対して、「家庭」を唯一の正当な居場所とされた女性にとって、家庭とはまさに社会的に期待される「役割」が課される場であった。したがって、女性には夫が家庭において「自己」を解放することができるように、夫を慰安するという「役割」を担うことが、愛の名の下にもっぱら期待されていくことになった。すなわち、夫婦愛という理念の形成において、女性の「自己」の解放は実質的に蚊帳の外におかれていたのである。このような意味で、家庭を「自己」の解放区とする理念は、公的領域において「役割」を担うことが期待された男性を中心に設計されたものであった。

もっとも、第二章でみたように、性別役割分業を前提とする夫婦愛の理念に、疑義を呈する男たちが存在しなかったわけではない。早くも明治二〇年代半ばには、「立身出世」をはじめとする男性規範に抵抗し、「自己」を追求することにのみ価値をおこうとする北村透谷の論考が登場している。北村に共鳴する青年たちが求めたのは、性別役割を担うことを自明の前提とする夫婦愛ではなく、恋愛というより一層個人化された関係であった。

しかしながら、恋愛はその土台において夫婦愛と地続きの観念である。というのも、恋愛は、公的な「役割」に対して、男女の関係こそを私的な「自己」の領域とする価値観、そして、女性を、自らを支え、受容してくれる存在として位置づける価値観を夫婦愛と共有していたからである。男性役割に反抗する青年たちが恋愛の価値化によってなそうとしたのは、公的領域において課された「役割」を忌避することの反動として、公的領域から排除された女性との関係をいっそう理想化していくというものであった。すなわち、自らに課された性別役割には反抗しても、女性に課された「役割」については不問に付すという、ダブルスタンダードが維持されたのである。

以上をまとめると、恋愛、そして、その前身となる夫婦愛という観念を、本来の「自己」なるものを実現（＝回復）することのできる関係とする発想は、その成立期においては、男性のものであり、女性のものではなかったということになる。こうした事実は、夫婦愛や家庭、あるいは、恋愛の誕生を論じてきた従来の研究においては、指摘されてこなかったことである。しかし、夫婦愛／恋愛の成立期における男女の非対称性は、以下に述べる論点の下敷きになるものでもあり、その重要性は、いくら強調しても強調し過ぎるということはないのである。

2. 女性たちによる「自己」の希求と「女同士の恋」の結びつき

男性たちの間ではじまった「自己」なるものへの希求が、明治四〇年前後には、女子中等教育の整備を背景に、女性たちの間にも拡大していったことを第四章で論じた。男性たちが、「立身出世」規範はじめ、男性に課された性別役割に反抗する形で「自己」なるものを希求していったのと同様、女性たちの間に生じた「自己」への希求も、妻・母という「役割」を強制されることへの反発と表裏一体のものであった。「女だから」といって、妻・母になることに限定することなく、自らの才能を開花させることによって、「自己」を実現して生きていきたい。このような心性が、女学生や女学校卒の女性たちの間で芽生えていったのである。

このとき本書で明らかにしたのは、自ら思い描く「自己」を実現する関係として、女性たちによって理想化されていったのは、男女の関係ではなく、女同士の関係だったということである。もちろん、明治後期に広範に生じていた多様な女同士の親密な関係のすべてが、「自己」なるものの希求と結びついていたと主張するつもりはない。だが、女同士が親密な関係を結ぶことに対するタブーが未だ存在しない中、女性たちが自らの思う「自己」を具現化する関係を、男女の関係ではなく、女同士の関係に見出していこうとする気運が存在したこともまた、たしかである。

女性たちのこのような選択は、恋愛という男女の関係が男性中心につくられたものであることをふまえるならば、しごく合理的なものである。女性たちは、恋愛という男女の関係においてこそ、男性の慰安という「役割」が課されていたのであり、自らの才能に生きる「自己」を解放することを欲するのであれば、男女という枠組みを離れる必要があった。

もっとも、第二章で言及したように、男女で恋愛することが実質的に困難な社会状況にあって、女同士だけでなく、男同士の間でも「男同士の恋」が実践されていた。しかし、重要なのは「男同士の恋」においては、とりたてて男性同士である必然性が語られなかったという点である。むしろ、男性たちは全体的な傾向として、「男同士の恋」を実践しながらも、理念としては恋愛を希求し、恋愛を正統化することに加担していったといえる。すなわち、女性は「自己」を実現する親密な関係を男女間に限定する規範を問う必要があったのに対し、男性はそうではなかったという非対称性が存在したのである。その背景には、言うまでもなく、女性が男性との関係においてこそ「女性役割」を課されたのに対し、男性に「男性役割」を課すのは「社会」であって、女性との関係はむしろ「社会」からの避難所として幻想されていたという非対称性がある。

従来、男同士／女同士の関係性については、それぞれ別個の論者によって研究がすすめられてきた（前川 二〇一一、赤枝 二〇一一など）。しかし、恋愛における男女の非対称性との関連で、両者を同一の土台にのせて分析すると、両者の差異が明確に浮かび上がってくるのである。

つけ加えると、女同士の関係が、男女という非対称な関係を離れるものであったからといって、個人と個人の対等な関係として、あたかもユートピアのようにイメージすることは誤りである。「女同士の恋」を描いた小説作品には、対等な同志的関係だけでなく、一方の女性の「自己」を確立させるために、他方の女性を過度に女性化する関係も描かれていた。宮野真生子が指摘するように、自分の思い描く「自己」を他者との関係を通して実現しようとすることは、相手との関係性、そして相手のあり方をも自らの都合のよいように固定化するという暴力性を本質的に孕む（宮野 二〇一四）。女同士の関係とて、そのような暴力性から自由ではなかったのである。

この事実は、二者間の力関係を規定するものは性別だけではないという当たり前のことを思い起こさせるとともに、恋愛という男女の関係に限れば、常に女性の側が男性の「自己」を映す鏡として固定化されがちであったことを逆照射する。

3. 性別役割と結びついた恋愛を正統化する論理における男女の非対称性

男女の恋愛、あるいは、女同士の親密な関係を通して、性別役割から自由な「自己」を実現しようとする青年男女の風潮は、社会全体に歓迎されたわけではなかった。したがって、そうした風潮に抗して、恋愛を性別役割の遂行と結びつけ、そのような恋愛のあり方を正統化しようとする言説が登場していったことを、男性については第三章で、女性については第五章で論じた。重要なのは、その論理が、男性に向けたものと、女性に向けたものとで、異なっていたことである。

青年たちの「自己」の追求、および、「自己」を実現するものとして恋愛を価値化する風潮が社会的に問題化されていくことになったのは、日露戦争後あたりからであった。自らの内面ばかりを見つめる行為が、社会的に期待される青年像から逸脱することとして指弾されたのである。そのような中、「自己」を追求することよりも「男らしくあること」が称賛され、恋愛という観念についても、固有な「自己」を解放できる関係というよりも、「男」としての成功を証明するものであるという主張が形成されていった。逆説的であるが、恋愛にうつつを抜かすよりも、「男」としての社会的成功（＝公的領域において課された「役割」）を優先することによって、結果として恋愛においても成功者になれるという主張である。それは「自己」を追求することよりも、「男」の一員として、「男」である「われわれ」の連帯、すなわち、ホモソーシャルな「男同士の友情」(前川 二〇一一)を重んじるべきであるという主張でもあった。

同様に、「新しい女」への社会的な警戒感が高まる明治末頃から、女性の「自己」の追求にもブレーキがかけられ、妻・母としての「女性役割」が強調されていくことになった。そのような中、女性の「真の自己」は恋愛を経て「母」になることによってこそ、実現されるのだという論理が支持を集めていった。「自己」なるものがフィクションである以上、その内実は変幻自在に変化させ得るものである。反抗すべき対象であった妻・母という「役割」は、恋愛という自己決定プロセスを経ることで、まさしく「真の自己」を体現するものへとマジカルな変身を遂げ、女性たちの「自己」への願望は、社会的に必要とされる「役割」へと誘導されていったのである。すなわち、男性には「自己」を追求することよりも「男らしくあること」が求められたのに対し、女性には「自己」とは「母」になることであるという論理がつくられ、それに即して男性に対しては恋愛観念がリニューアルされ、女性は新たに恋愛観念に取り込まれていったのである。このとき注意したいのが、「男らしくあること」が求められた男性たちには、まだしも「男らしくある」という範囲内において、ある程度の生き方の選択肢が残されたのに対し、「母であること」が求められた女性たちには、「母」という単一のアイデンティティしか、理念的に許容されなかった点である。

「自己」の内実を一律に「母」に限定する論理の強引さは、特に「自己」の実現が、何よりも自らに固有な才能を開花させるという文脈において語られてきたことをふまえると、いっそう際立ってくる。自らの才能を開花させることこそを至上の価値とするならば、他の誰かのケアに多くの時間を割くことは、自らの意志と鋭く対立せざるを得ない。しかし、人はみな誰かのケアを受けることなくして大人になることはできず、子どもを産み育てる存在が必要とされる。近代社会の抱えるこのような矛盾を、女性にのみ押しつけようとするもの、それこそが女性の「自己」は「母」になることによって開花するという論理に他ならない。

もちろん男性にしても、誰もが「自分にしかできない仕事」を通して才能ある「自己」を実現することができたわけではない。恋愛は、男性を主体的に生産労働へと向かわせる装置でもあった。しかし、自らの才能を生かしていると感じられるような職業が存在している以上、男性には、女性に比べれば、才能を開花せることによって「自己」を実現するという王道が残されたといえるだろう。また、男性が「男らしさ」を求められたのは公的領域においてであり、男女の私的な関係においては、女性に「甘える」ことで「役割」から距離をおいた「自己」を実現する可能性も残された。

4. 「愛されること」の女性役割化

女性にとっての恋愛の重要性が自明の前提とされていくことによって、昭和初期の婦人雑誌において存在感を増していくことになったのが、第六章でみたように、「愛されるため」のハウツー言説であった。もっとも、戦前においては、未婚の男女が恋愛を実践することは未だに容易なことではなかったので、「愛されるため」のハウツーは、もっぱら夫婦の関係を念頭に語られた。大衆的婦人雑誌において語られた愛の理念や、理想の夫婦関係の内実は、これまでも先行研究によって分析対象とされてきた（大塚 一九九四、木村 二〇一〇など）。しかし、「自己」と「役割」という視点から、大衆的婦人雑誌における愛の言説を検討するとき、新たに浮かび上がってくるのが、「愛されること」の女性役割化の進行である。

具体的にいうと、「愛されるため」というレトリックによって、女性たちは「良妻賢母」であることに加え、男性の目から見て「異性としての魅力」をもつことが求められていった。家事・育児にいそしむだけでなく、美しく、清潔に装うこと、可愛らしく無邪気であること、夫を会話によって楽しませることができること、そして、常に夫の性的関心をつなぎとめておけること。これらの要素が、新たに妻たちに求められていったのである。

興味深いのは、これらの性質が、芸者や女給など、職業として男性の慰安に携わってきた「玄人女性」たちを意識して形成されていったことである。すなわち、「愛される女」の内実とは、妻役割に加えて、従来「玄人」とよばれた女性たちの担ってきた役割をも引き受けた「女」であった。

愛という近代的観念は、ハウツーが語られる段階において、女性が男性を慰安する在来の性風俗産業のあり方の影響を色濃く受けることとなったのである。そして、そのことは、愛し合うという行為に、慰安する女性／慰安される男性という、いっそう明確なジェンダー非対称性が持ち込まれたことを意味する。そもそも女性にとって「愛すること／愛されること」は、明治期において夫婦愛という観念が登場した当初から、「役割」として期待されることであった。その「役割」に「玄人」女性というモデルが投入されることで、より具体的な形が与えられていったのである。ここでは、「真の自己」を確立したいという知識人たちの苦悩は、完全に脇へ押しやられている。

しかし、愛を技法には還元できない、個々の固有性や唯一性に基づくものとする価値観も消失したわけではない。マニュアル化した愛の技法を実践することに対しては、同時代に「識者」とよばれた論者たちから、批判が提出されていた。愛を「自己」の固有性に基づくものとするならば、愛を一般化できる技巧として扱う風潮は、当然批判されるべきものとなる。このとき、必然的に批判の矢面に立たされたのは、男性以上に愛を「役割」として表現することが求められ、それを引き受けようとした女性たちであった。

マニュアル化された「役割」としての「女」を引き受けていくということは、「役割」の中に「自己」が消去されていくことを意味する。恋愛において「自己」の固有性を確認しようとする女性たちからすれば、そのような技巧的な愛は「偽の愛」であるということになる。しかし、性別役割分業体制の中で、女性は「自己」の領域と「役割」の領域を分離することはできない。男女の愛を「自己解放」の場とする夢想は、男性中心につくられてきたものであるゆえ、女性も同じような夢想を抱くことは困難なのである。にもかかわらず、期待される女性役割を引き受けることも完全には肯定されない。このようなジレンマを背負うことが、女性たちには構造的に運命づけられていったのである。

5.「自己」と性別役割の両立におけるセクシュアリティの役割

最後に言及しておきたいのが、恋愛が性別役割を担うことと矛盾しない観念へと再編されていく上で、「性」（＝セクシュアリティ）という観念が重要な役割を果たしたということである。

たとえば、第三章で論じたように、女性に愛されることを「男らしさ」の証明であるとするような恋愛観を正当化する重要な根拠とされたのは、進化生物学における「性選択」というアイディアであった。恋愛とは「性選択」のプロセスであり、進化論上「男らしい男」こそが、女性に「選択」されるはずであるという論理が立てられたのである。恋愛は、「性選択」というセクシュアルな「本能」に還元されることで、男性役割を強化するものへと再編されていった。

同様に、女性の「自己」は恋愛を経て「母」になることによってのみ実現されるという論理においても、「性」は鍵となる観念であったことを、第五章で論じた。人間は「生殖本能」である「性欲」によって司られているとする視点から、恋愛を通して女性が男性とつがい、「母」として子を育てることが「自然」なこととされていったのである。

すなわち、愛によって実現される「自己」なる観念は、「性欲」に象徴される「性」という観念を介することによって、同じく「性」によって規定される「性別」および「性別役割」に調和されていったといえよう。

個々人の「内面」に本質的に存在する欲望として観念される「性欲」が、普遍的な観念ではなく、明治末から大正期にかけて新たに構築されていったものであることは、これまでも指摘されてきた（小田 一九九六、赤川 一九九九など）。さらに、異性に向けられた「正常」な「性欲」と、同性に向けられた「異常」な「性欲」が区別されることにより、「同性愛者」というカテゴリーがつくられていった過程も明らかにされてきた（古川 一九九二、前川 二〇一一、赤枝 二〇一一など）。

だが、なぜ明治末という時代に「性」＝セクシュアリティは社会的な注目を集めることになったのだろうか。本書から浮かび上がるのは、「自己」という観念に基づいて、性別役割分業体制が挑戦を受けたまさにその時、「自己」なる観念に基づく「個と個」の関係を、性別役割を担う「男と女」の関係に一致させることを正当化する観念として、セクシュアリティが注目されていったということである。すなわち、近代的なセクシュアリティ観念は、従来論じられてきたように、前近代的な「性」にまつわる観念や慣習を否定する形でつくられていったのみならず、近代的な「自己」の観念との緊張関係において形成されていったのだと解釈することができるのである。

また、近代的なセクシュアリティの観念が「自己」なる観念との緊張関係において正当化したのが、近代的な性別役割分業に基づくジェンダー秩序であったことを鑑みれば、ジェンダーをめぐる問題とセクシュアリティをめぐる問題は、切り離して考えることができないものであることを示唆する。むろんジェンダーとセクシュアリティの密接な関係は、これまでも理論研究を中心にたびたび指摘されてきたことである（Sedgwick 1989=2001、1990=1999、伊野 一九九七、竹村 二〇〇二など）。また、歴史的視点からの研究では、赤枝香奈子が「女性同性愛者」の形成が女性ジェンダーからの逸脱として形成されていったことを指摘している（赤枝 二〇一一）。本書では、これらの指摘に連なる形で、セクシュアリティが、固有な「自己」という観念との緊張関係の中で、ジェンダーおよび性別役割を自然化するという機能をもって登場したことを、今一度強調しておきたい。

近年、「自分らしく生きる」という標語の下、私たちを「男らしさ」「女らしさ」に縛りつける性別役割規範や、「男と女」の関係のみを特権化する異性愛規範への異議申し立てが、強まっている。個々人が「こうありたい自己」を実現し、「自分らしく」生きていくことを善とする近代社会の原則にのっとって、その上に築かれてきたジェンダー・セクシュアリティ規範が揺さぶられているのである。当然、性別役割規範と異性愛規範を再生産する装置として構築されてきた恋愛もまた、そのあり方を問われている。

しかし、他方では「近頃の若者は恋愛しない」ということが、依然として問題視される風潮にある。多様なセクシュアリティやライフスタイルを認めず、「伝統的」家族の価値を守ろうとする動きも活発である。

本書で見てきたような、「自己」なる観念に立脚して自由を求める価値観と、性別役割規範にのっとった「男としての」「女としての」人生のみを「正しい」とする価値観との対立は、現在も続いているのである。そのような中、私たちが歴史から学ぶべきは、「真の自己」なる幻影の内実、そして、それを実現する親密な関係性の形態は、容易に操作され得るものであったということである。「自己」なるものを求めることは、特定の規範に対抗する上では有効であるようでも、ひとつのアイデンティティに囚われてしまう危険性が常につきまとうのである。

すでに指摘されていることではあるが、ただひとつの「真の自己」というレトリックにからめとられないようにするには、何よりも私たちが複数のアイデンティティをもつ存在であることを強調していく必要がある。作家の平野啓一郎は、個人＝in-dividual、すなわち、これ以上分けることのできない最小単位としての個人という概念に対して、個人とはさまざまな関係性において複数の「顔」をもつ存在であるという意味を込めて「分人」という概念を提起している（平野 二〇一二）。さまざまな関係性、アイデンティティから距離をとり、そのどれにも吸収されない「自己」を想定すること。それは男／女であること、異性愛者／同性愛者であること、経済活動を行う主体であること／ケア労働を行う主体であることなどが、「分人」である自らを構成する一部であり、いずれにも過度に同化する必要がないことを意味する。

すなわち、既存の性別役割規範や異性愛規範に対抗していくためには、「自分らしさ」を追求する自由を訴えることに加え、ただひとつのアイデンティティに囚われずにいられる自由を訴えていく必要があると思われるのである。

ただし、そのようなあり方を目指すのであれば、個々人の意識の問題だけではなく、それを可能にする社会を形成していく必要がある。ひとつの社会的役割に吸収されない「自己」を想定可能にすることは、突き詰めれば、ひとつの関係性が圧倒的な重要性を占める社会を脱構築していくことに他ならない。それは、恋愛や結婚を多様な関係性の中のひとつとすることであり、男性を一家の「稼ぎ手」とし、女性を「母」とする近代的ジェンダー秩序を脱構築することでもある。そのために必要なのは、社会に必要な生産労働と再生産労働をどのように配分していくのか、かつ、その中で性や愛や親密性をどう位置づけていくのかを議論していくことであるのは、誰の目にも明らかであろう。現行のシステムが、どのような理念のもと、誰にどのような「しわよせ」を与えながらつくられてきたのか、その歴史の一端を明らかにする本書が、そのような議論を行っていく一助となれば、幸いである。

最後に本書の課題を述べておきたい。

本書は、恋愛という理念の構築過程に着目したものであった。したがって、同時期の「実態」としての夫婦や配偶者選択に目を向けるならば、理念とは程遠い現実も浮かび上がってくる。たとえば、戦前においてもっとも普及していった結婚形態は、「家」対「個人」という構図において、「個」を優先する恋愛結婚ではなく、親をはじめとする周囲の意見と当人の意見の双方を折衷させる「媒酌結婚」や「友愛結婚」であったとされる（阪井二〇〇九、ノッター二〇〇七、桑原二〇一七）。

こうした状況を考慮したとき、戦前の日本において形成された恋愛観念が、大衆的に普及していったのは、戦後のことであると思われる。したがって、戦前に構築された恋愛観念が、より広範に浸透し、実践されていく過程で、どのように変化していったのかという点については、今後さらに探求していく必要がある。特に恋愛を通して「自己」を希求するという戦前の知識人層を中心とした心性が、どの程度厚みをもって浸透していったのかということについては、検討を要する課題であると考えている。

というのも、本書で明らかにしたように、恋愛という観念は、固有な「自己」を実現したいという願いと結びつくものであった一方、他方ですでに戦前において愛すること・愛されることの内実は、男性役割・女性役割と結びついて記号化されていった。とすれば、戦後社会に普及していった恋愛の実践において、「自己」なる観念はいかほどに意識されていったのかという疑問が生じるのである。性別役割と結びついた恋愛を脱構築していくには、性別や性別役割にのみ収れんされない「自己」なる意識の醸成が不可欠であり、そのような「自己」意識がどの程度醸成されてきたのかを正確に把握することは、私たちの社会の行く末を見据える上で、重要であることはまちがいない。「真の自己」なる観念を脱構築する以前に、そもそも「自己」なる観念が、日本社会には十分に根づいてこなかったのではないかという思いもよぎるのである。

あとがき

私は長らく恋愛に憧れていた、その時々に恋愛対象だった相手に憧れているように錯覚しながら、その実、はるかに強く、恋愛そのものへの憧れを抱きつづけた。ではその憧れはどこからきたのか考えてみると、まず思いあたるのが、月刊少女漫画雑誌『りぼん』の存在である。

私は小学校四年生から六年生くらいまで、毎月発売日での購入を欠かさない熱心さで、『りぼん』を愛読していた。大人になってからぱらぱらと『りぼん』をめくって見て、そこに描かれていたラブストーリーのありきたりな展開に驚愕したことがある。というのも、当時の私にとって『りぼん』は予想外の展開の連続だったからである。主人公たちのすれちがいにはらはらし、ライバルの登場にやきもきし、最後に二人が結ばれたときの幸福感といったらなかった。

このようにして私が味わっていたのは、物語だけが生み出すことのできる種類の高揚感であり、もし『りぼん』に掲載されていたのがラブストーリーではなく、冒険ものばかりだったら、私は冒険家になることを決意していたにちがいない。そのような単純さで私は恋愛に憧れ、物語のような恋愛が自分に訪れる日がくることを固く信じていたのである。

私にとって、恋愛は、どんなに平凡な人にも訪れるはずのものであった。というのも、物語の中の主人公たちは、みな容姿もふつうで、とりえといったら明るいことくらいというのが、お決まりの設定だったからである。とびぬけた才能もない。むしろ主人公の恋を邪魔するライバルの方が、美人であるという設定の方が多かった気がする。それでも、最後は主人公の女の子こそが選ばれる。なぜなら運命の恋愛とは、そういうものだからである。そして、「ふつう」の女の子は、愛する男の子に愛されることで、唯一無二の「特別」な女の子になるのである。

このような恋愛を通した自己承認の物語が女の子に与えられ続けることは、問題だらけである。しかし、唯一無二の「私」として愛されるという物語は、私が知っていた他の物語と比べ、大分「まし」なものであった。私たちは本当に幼いころから、「女」とは「男」の性的対象であるということを、浴びるようにして学ぶ。そして、男性から性的対象とされることは、しばしば「単なる性的対象」として貶められることだった。私は私を「単なる性的対象」とする物語に抗するためにも、自分が読んできた恋愛物語に固執したのである。

しかし、そのうち恋愛に自己承認を求めることに孕まれる根本的な問題に突き当たるようになった。恋愛とは男女のものであると刷り込まれていたため、自分が男性から「女」として評価されないことには、恋愛ははじまらない。「女」として最高に魅力的でなくても、少なくとも「ふつう」に「女」として評価されなければいけない。

学校では男女分け隔てなく成績で評価され、女の子も男の子と同じように「大きくなったら何になりたいの?」と夢を聞かれ、目標に向かってがんばることがよしとされた。反面、控えめで優しくて、男の子と競争しないような女の子の方が「女」としては優れているというメッセージも、私は誰からともなく受け取っていた。

恋愛をしたいのであれば、愛される「女の子」でなければならない。しかし、愛される「女の子」を演じれば、それは「本当の私」であるとは思えない。「本当の私」が愛されなければ、それは「本当の恋愛」ではない。自分の思う「本当の私」と「女」であることが衝突することに気がついたときから、私にとって恋愛は「女」としての「自分」と「女」とは無関係の「自分」の両方を両立させようとし、うまくいかずに失敗するという主要な葛藤の場と化した。そして、ついに大学生も終わりに近づいたとき、いい加減、冷徹な目で自分のおかれた状況を分析しはじめた。それとともに浮かんできたのが、恋愛をめぐる数々の疑問である。

なぜ「本当の私」が認められるはずの恋愛は、その実、ジェンダー規範にまみれているのか。逆になぜジェンダー規範にまみれた恋愛という関係において、「本当の私」が認められねばならないのか。なぜまるごとの「私」を実現する関係は、恋愛でなければならず、なぜ相手は異性でなければならないのか。そもそも「女」と「人間」の間で葛藤を抱え込まされている女性と、そうした葛藤と無縁（であるように見える）男性との間に、互いをまるごと理解しあう恋愛など可能なのか。

こうした疑問を肌感覚としてもっていた私が、そもそも恋愛という観念がつくられていった過程をたどりなおしたのが、本書である。

調査は、発見の連続であった。そこには想像した以上のドラマと歴史的紆余曲折が存在していた。自らの固定観念から、当初、男女間の恋愛にのみ焦点を絞ってはじめた調査は、男同士、女同士の親密な関係にまで広がっていった。そうして、輪郭をとりはじめた恋愛の形成史には、近代的な「自己」の確立と近代的性別役割分業の形成という近代社会の基礎をなすプロジェクトの間で生じた葛藤が刻み込まれていた。そこに面白さを感じていただければ、望外の喜びである。文学者や哲学者によるテクストから雑誌の投稿記事まで、硬軟織り交ぜ、領域横断的に史料を分析する本書の手法については、批判もあるだろう。しかし、広い範囲の言説に目を配ることで、はじめて見えてきた大きな枠組みもあると自負している。

さて、本書は二〇一七年に京都大学大学院人間・環境学研究科に提出した博士学位論文「男たち／女たちの恋愛――近代日本における「自己」のジェンダー化」がもととなっている。博士論文、および、本書の執筆の過程では、多くの人に支えられた。

指導教官である京都大学大学院人間・環境学研究科の小山静子先生には、一方ならずお世話になった。先生には研究に対する自信を失いそうになったときに、いつも勇気をいただいた。「完璧な研究などないのだから、自分の研究のよいところ、おもしろいところを伸ばしなさい」とおっしゃった言葉通り、先生は私の研究のよい面を見てくださった。もちろん厳しいコメントによって鍛えられることも多々あったが、私が出産のブランクを経て研究の勘を取り戻せないでいたときも含め、先生は常に私のことを信じて見守ってくださった。このような師の存在なしに、私は博士論文を提出することはできなかったと思う。

博士論文の副査を務めていただいた京都大学大学院人間・環境学研究科の田邊玲子先生、木下千花先生にも、大変貴重なコメントをいただいた。

京都大学の田中真介先生には、大学学部一回生の頃から研究の楽しさを教えてもらった。分野の大きく異なる先生との十数年にわたる交流は、私の財産となっている。

小山ゼミの仲間には、修士一年目から博論を提出するまで、ゼミ発表の度に有意義なコメントをもらうとともに、院生として抱える悩みを共有し、多くの場面で励ましてもらった。

同じく修士一年目の頃から一〇年以上参加している日本女性学研究会近代女性史分科会においても、有意義なコメントとともに、研究者としての居場所をもらった。

二〇一四年に出版された『セクシュアリティの戦後史』（京都大学学術出版会）の共同執筆者のみなさんには、異性愛の中だけに視点が偏りがちであった私の視野を広げてもらい、大変感謝している。

博士論文をまとめる上で鍵となる投稿論文を掲載していただいた『女性学年報』の編集委員のみなさんにもお礼を申し上げたい。投稿論文の執筆過程でいただいたコメントが、博論の執筆においても大いに役立った。

マンガ学会ジェンダー・セクシュアリティ部会の読書会では、問題関心の近いみなさんとの議論に、参加するたびに知的な刺激をもらい、研究を続ける原動力となっている。

恋愛研究会では、私の博士論文の概要に対して縦横からコメントをもらい、本書執筆に向けて気持ちを新たにすることができた。特に流通科学大学の桑原桃音さんには、草稿の一部を見てもらい、貴重なコメントと励ましに力づけられた。

本書の編集に当たってくださった勁草書房の藤尾やしおさんには、迅速かつ適確なコメントをいただき、大いに助けられた。

私的な領域において、私を支えてくれた人々にも感謝したい。

魚谷雅子さんは、もっとも子育てが大変だった子どもが〇、一歳の時に、ご近所のよしみで手を差し伸べてくださり、私が細々と研究を続けられるように協力してくださった。

二十年来変わらず友人でいてくれる松本の幼馴染たち、十数年来のつきあいになる大学時代の友人たち、そしていつも行き来してくれる子育て仲間にも、ずいぶん支えられた。

最後に、もっとも近くにいて、私が研究を続けることを全面的に応援してくれたのは、両親と二人の妹、弟、そして夫と子どもたちである。私は近代家族の中にある性別役割規範に激しく抵抗しながらも、近代家族の中にある情愛に心身ともに支えられて今日まで生きてきた。特に夫は、博士学位の取得というプレッシャーに押しつぶされそうになる私を精神的に支え、私が執筆に集中できるように、お盆休みやお正月休みをはじめ、数えきれないほどの日曜日に、家事と子守を完璧にこなし、私を図書館に送り出してくれた。どうもありがとう。

二〇一九年一月

田中　亜以子

初出一覧

各章の元になった論文は以下のとおりである。なお、各論文は大幅な加筆修正を行っている。

序　章　書き下ろし

第一章　「〈男の愛〉と〈女の愛〉――『女学雑誌』における愛とジェンダー」『人間・環境学』第21号、京都大学大学院人間・環境学研究科、2012年、pp. 21-32

第二章・第三章　「男にとって恋愛とは何か――明治期に登場する三つの恋愛観」『女性学年報』第36号、日本女性学研究会、2015年、pp. 159-184

第四章　書き下ろし

第五章　書き下ろし

第六章　「「妻」と「玄人」の対立と接近――性と愛と結婚を一致させるために妻に求められたこと」『女性史学』、女性史総合研究会、20号、pp. 53-70、2010年

終　章　書き下ろし

人名索引

ア行

カ行

サ行

タ行

事項索引

ア行

カ行

サ行

タ行

ナ行

ハ行

ヤ行

ラ行

参考文献

【参考一次文献】

伊藤野枝 1923「自己を生かすことの幸福」『婦人公論』(1925『伊藤野枝全集』大杉栄全集刊行会)
上杉慎吉 1910『婦人問題』巌松堂書店
海野幸徳 1910『日本人種改造論』富山房
大町桂月 1908『青年時代』大倉書店
小栗風葉 1905「青春」『読売新聞』→1953『青春』(上)(中)(下) 岩波書店
片山天弦 1908「自己の為めの文学」『東京二六新聞』(川副国基編 1967『明治文学全集 第43巻 島村抱月・片上天弦・長谷川天渓・相馬御風集』筑摩書房)
神近市子 1921「同性恋愛の特質」『新小説』(赤枝香奈子・古川誠編 2006『戦前期同性愛関連文献集成 第3巻』不二出版)
河田嗣郎 1910『婦人問題』隆文館(中嶌邦監修 1982『近代婦人問題名著選集 第4巻』日本図書センター)
神田左京 1907『人性の研究』岡崎屋書店
北村透谷 1887「石坂ミナ宛書簡草稿」(小田切秀雄編 1976『北村透谷全集』筑摩書房)
クラフト＝エビング、リヒャルト・フォン 1913『変態性欲心理』大日本文明協会
厨川白村 1922『近代の恋愛観』改造社
堺利彦 1907『婦人問題』金尾文淵堂(中嶌邦監修 1982『近代婦人問題名著選集 第2巻』日本図書センター)
──── 1926『堺利彦伝』平凡社
里見弴 1913「君と私と」『白樺』(古川誠編 2009『近代日本におけるセクシュアリティ 第35巻 文芸作品に描かれた同性愛』ゆまに書房)
澤田順次郎 1908『男女と自然』嵩山房
──── 1920『神秘なる同性愛(下)』天下堂
島崎藤村 1908「春」『東京朝日新聞』→1950『春』、新潮社
ショーペンハウエル、アルトゥル 1907『恋愛と芸術と天才と』隆文館
相馬御風 1909「自然主義論最後の試練」『新潮』(川副国基編 1967『明治

文学全集 43 巻 島村抱月・片上天弦・長谷川天渓・相馬御風集』筑摩書房）
高群逸枝 1926『恋愛創生』万生閣（橋本憲三編 1967『高群逸枝全集 第 7 巻』理論社）
——— 1931「恋愛と性欲——私の恋愛論」『婦人戦線』（橋本憲三編 1967『高群逸枝全集 第 7 巻』理論社）
田中祐吉 1912『男女の性欲研究』雅俗文庫
田村俊子 1911「あきらめ」『大阪朝日新聞』（瀬戸内寂聴・小田切秀雄・草野心平監修 1987『田村俊子作品集 第 1 巻』オリジン出版センター）
——— 1912「悪寒」『文章世界』（瀬戸内寂聴・小田切秀雄・草野心平監修 1987『田村俊子作品集 第 1 巻』オリジン出版センター）
夏目漱石 1909「それから」『東京朝日新聞』『大阪朝日新聞』→ 1989『それから』岩波書店
エリス、ハヴェロック 1913『性的特徴』丁未出版社
羽太鋭二 1915『性欲教育の研究』大同館
——— 1920『性欲生活と両性の特徴』日本評論社出版部
平塚らいてう 1917「避妊の可否を論ず」『日本評論』（折井美耶子編 1991『資料 性と愛をめぐる論争』ドメス出版）
——— 1971『元始、女性は太陽であった——平塚らいてう自伝（上）』大月書店
——— 1971『元始、女性は太陽であった——平塚らいてう自伝（下）』大月書店
福澤諭吉 1872-1876『学問のすゝめ』→ 1941、日本評論社
——— 1885「日本婦人論後編」『時事新報』（中村敏子編 1999『福沢諭吉家族論集』岩波書店）
——— 1886「男女交際論」『時事新報』（中村敏子編 1999『福沢諭吉家族論集』岩波書店）
福島四郎 1935『婦人界三十五年』婦女新聞三十五年記念会
森田草平 1909「煤煙」『東京朝日新聞』→ 1932『煤煙』岩波書店
武者小路実篤 1919「友情」『大阪毎日新聞』→ 2003『友情』岩波書店
山川菊栄 1930「現代婦人雑誌論」『経済往来』（田中寿美子・山川振作編 1982『山川菊栄集 5 ドグマから出た幽霊』岩波書店）
山路愛山 1906『現代日本教会史論』警醒社書店（藪禎子・吉田正信・出原隆俊編 2002『キリスト者評論集』岩波書店）
与謝野晶子 1911「女子の独立自営」『婦人の鑑』（鹿野政直・香内信子編

1985『与謝野晶子評論集』岩波書店）
――――― 1911「若き女同士の友情」『女子文壇』（赤枝香奈子・古川誠編 2006『戦前期同性愛関連文献集成 第3巻』不二出版）。

〔新聞・雑誌〕
『家庭雑誌』（復刻版、不二出版、1983）
『校友会雑誌』（DVD 版、日本近代文学館、2006）
『国民之友』（復刻版、明治文献、1966-1968）
『番紅花』（復刻版、不二出版、1984）
『週刊平民新聞』
『主婦之友』
『少年子』
『新公論』
『新潮』
『女学雑誌』（復刻版、臨川書店、1966-1967）
『女子文壇』（復刻版、不二出版、2002）
『女性』（復刻版、日本図書センター、1991-1993）
『青鞜』（復刻版、明治文献、1969）
『世界婦人』（復刻版、明治文献資料刊行会、1961）
『太陽』
『中央公論』
『中学世界』
『丁酉倫理会倫理講演集』
『東京朝日新聞』
『婦女新聞』（復刻版、不二出版、1982-1985）
『婦人運動』（復刻版、不二出版、1990-1991）
『婦人公論』（DVD 版、臨川書店、2006）
『変態性欲』（復刻版、不二出版、2002）
『明六雑誌』（復刻版、大空社、1998）
『読売新聞』
『六合雑誌』

【参考二次文献】

〔日本語文献〕
青山薫 2016「「愛こそすべて」――同性婚／パートナーシップ制度と「善き市民」の拡大」『ジェンダー史学』第12号

赤枝香奈子 2002a「『青鞜』における「女」カテゴリーの生成——日本フェミニズムの歴史社会学的考察に向けて」『ソシオロジ』第 47 巻第 1 号
———— 2002b「近代日本の女同士の親密な関係をめぐる一考察——『番紅花』をいとぐちに」『京都社会学年報』第 10 号
———— 2004「おめとエス」井上章一・関西性欲研究会編『性の用語集』講談社
———— 2005「女同士の親密な関係にみるロマンティック・ラブの実践——「女の友情」の歴史社会学に向けて」『社会学評論』第 56 巻第 1 号
———— 2011『近代日本における女同士の親密な関係』角川学芸出版
赤枝香奈子・古川誠編 2006『戦前期同性愛関連文献集成　第三巻』不二出版
赤川学 1999『セクシュアリティの歴史社会学』勁草書房
李承信 2005「〈恋愛〉ブームの時代——厨川白村の『近代の恋愛観』をめぐって」『日本文化研究』第 16 号
飯田祐子 1998「愛読諸嬢の文学的欲望——『女子文壇』という教室」『日本文学』第 47 巻第 11 号
———— 1999「「告白」を微分する——明治 40 年代における異性愛と同性愛と同性社会性のジェンダー構成」『現代思想』第 27 巻第 1 号
石井妙子 1994「巌本善治の小説——その男女観・恋愛観・結婚観の変遷に考えること」『白百合児童文化』第 5 号
伊藤整他編 1980『日本現代文學全集 42　小川未明・田村俊子・水上瀧太郎集』講談社
———— 1980『日本現代文學全集 50　里見弴・長與善郎集』講談社
伊東壮 1965「不況と好況のあいだ」南博編『大正文化』勁草書房
稲垣恭子 2007『女学校と女学生——教養・たしなみ・モダン文化』中央公論新社
井上輝子 1998「恋愛観と結婚観の系譜」『婚姻と女性』吉川弘文館
犬塚都子 1989「明治中期の「ホーム」論——明治 18-26 年の『女学雑誌』を手がかりとして」『お茶の水女子大学人文科学紀要』第 42 号
伊野真一 1997「セクシュアリティとジェンダーの軋轢——ジェンダー・コンシャスなゲイ・スタディーズに向けて」『ソシオロゴス』第 21 号
今田絵里香 2007『「少女」の社会史』勁草書房
上野千鶴子 1990「解説（三）」『風俗 性』岩波書店

――――― 1994「「恋愛」の誕生と挫折――北村透谷をめぐって」『文学』第 5 巻第 2 号→ 1998『発情装置』筑摩書房
牛窪恵 2015『恋愛しない若者たち――コンビニ化する性とコスパ化する結婚』ディスカヴァー・トゥエンティワン
大田孝太郎 2013「「ノモス」と「ピュシス」――古代思想から近代思想へのその展開」『広島経済大学研究論集』第 36 巻第 2 号
大塚明子 1994「『主婦の友』に見る「日本型近代家族」の変動〔Ⅰ〕」――夫婦関係を中心に」『ソシオロゴス』第 17 号
――――― 1996「戦前期の『主婦の友』における母の役割と子供観」『文教大学女子短期大学部研究紀要』第 40 号
――――― 2002「近代家族とロマンティック・ラブ・イデオロギーの 2 類型」『文教大学短期学部研究紀要』第 45 号
――――― 2003a「戦前期の『主婦の友』にみる「愛」と結婚」『文教大学短期学部研究紀要』第 46 号
――――― 2003b「戦前期の『主婦の友』にみる「愛」と〈国家社会〉――日本型近代家族における「恋愛」「愛」の固有性とその変容」『人間科学研究』第 25 号
――――― 2004「戦前の日本型近代家族における「愛」と「和合」の二重性」『人間科学研究』第 26 号
大森郁之助 1992「「あきらめ」のもう一つの顔」『札幌大学女子短期大学部紀要』第 39 号
岡田章子 2013『『女学雑誌』と欧化――キリスト教知識人と女学生のメディア空間』森話社
荻野美穂 1988「フェミニズムと生物学――ヴィクトリア時代の性差論」『人間文化研究科年報』第 4 号
――――― 2002『ジェンダー化される身体』勁草書房
小倉敏彦 1999a「〈恋愛発見〉の諸相――北村透谷と日本近代」『ソシオロゴス』第 23 号
――――― 1999b「赤面する青年――明治中期における〈恋愛〉の発見」『社会学評論』第 50 巻第 3 号
桶川泰 2007「大正期・昭和初期における『婦人公論』『主婦之友』の恋愛言説――「お見合い至上主義」言説・「優生結婚」言説の登場とその過程」『フォーラム現代社会学』第 6 号
小田亮 1996『一語の辞典 性』三省堂
加藤亜希子 2010「「始末書にみる〈学生〉カテゴリーの実践――明治 30 年代における「学生であること」の記述可能性」『ソシオロジ』第

55巻1号
加藤明日菜 2016「日本文学の中のレズビアン――日本近現代文学における女性同性愛表象研究の方法論試案」『立教大学ジェンダーフォーラム年報』第18号
加藤秀一 2004『〈恋愛結婚〉は何をもたらしたか――性道徳と優生思想の百年間』筑摩書房
柄谷行人 1980『日本近代文学の起源』講談社→2008、岩波書店
川口さつき 2009「明治後期における青少年の自我主義――平塚らいてうと藤村操」『ソシオサイエンス』第15号
川村邦光 1993『オトメの祈り』紀伊国屋書店
――― 1996『セクシュアリティの近代』講談社
菅聡子 2006「女性同士の絆――近代日本の女性同性愛」『国文』第106号
菅野聡美 1994「大正思想界の関心事――自我、文化、及び恋愛を中心として」『近代日本研究』第11号
――― 2001『消費される恋愛論――大正知識人と性』青弓社
菊池有希 2013「『文學界』同人の「縄墨打破」的バイロン熱」『聖学院大学論叢』第26巻第1号
北村三子 1998『青年と近代――青年をめぐる言説の系譜学』世織書房
木村絵里子 2016「近代的「恋愛」再考――『女学雑誌』における「肉体」の二重性」『〈若者〉の溶解』勁草書房
木村朗子 2015「クィアの日本文学史――女性同性愛の文学を考える」三成美保編『同性愛をめぐる歴史と法――尊厳としてのセクシュアリティ』明石書店
木村直恵 1998『「青年」の誕生――明治日本における政治的実践の転換』新曜社
木村涼子 1992「婦人雑誌の情報空間と女性大衆読者層の成立――近代日本における主婦役割の形成との関連で」『思想』第812号
――― 2010『〈主婦〉の誕生――婦人雑誌と女性たちの近代』吉川弘文館
金玟妵 2004「田村俊子『悪寒』論――「私」と「あなた」の関係を中心に」『国文』第100号
久保田英助 2004「明治後期における学生風紀頽廃問題と徳育振興政策」『早稲田大学大学院教育学研究科紀要 別冊』第12巻第1号
久米依子 2003『「少女小説」の生成――ジェンダー・ポリティクスの世紀』青弓社
黒澤亜里子 1985『女の首――逆光の「智恵子抄」』ドメス出版

――― 2008「1912年のらいてうと紅吉――「女性解放」とレズビアニズムをめぐって」西田勝退任・退職記念文集編集委員会編『文学・社会・地球へ』三一書房
桑原桃音 2004「日本における恋愛結婚観の形成について――大正期の「新しい女」の言説を中心に」『龍谷大学大学院研究紀要 社会学・社会福祉学』第11号
――― 2006「「新しい女」の恋愛結婚観にみるジェンダー形成――1910年代から1920年代の論争言説に焦点をあてて」『龍谷大学大学院研究紀要　社会学・社会福祉学』第13号
――― 2012「平塚らいてうのロマンチック・ラブと近代家族に関する思想と実践にみる葛藤とゆらぎ――1890から1910年代を中心に」『龍谷大学国際社会文化研究所紀要』第14号
――― 2017『大正期の結婚相談――家と恋愛にゆらぐ人びと』晃洋書房
呉佩珍 2001a「1910年代の日本におけるレズビアニズム――「青鞜」同人を中心に」『稿本近代文学』第26号
――― 2001b「明治中期における「恋愛」概念の探究――北村透谷の『宿魂鏡』を軸として」『日本文化研究』第12号
――― 2016「「青鞜」同人をめぐるセクシュアリティー言説――1910年代を中心に」『立命館言語文化研究』第28巻第2号
小嶋翔 2010「明治期与謝野晶子における自己認識の変容」『日本思想史学』第42号
後藤彰信 2016「石川三四郎の自由恋愛論と社会構想――本郷教会と平民社における自由恋愛論争と国家魂論争」『初期社会主義研究』第26号
小長井晃子 1996「『女学雑誌』にみる〈恋愛〉観の一面」『国文目白』第35号
小谷野敦 1997『〈男の恋〉の文学史』朝日新聞社
小山静子 1991『良妻賢母という規範』勁草書房
――― 1999『家庭の生成と女性の国民化』勁草書房
――― 2010「メディアによる女学生批判と高等女学校教育――女性が教育を受けることはどのようにとらえられたか」辻本雅史編『知の伝達メディアの歴史研究――教育史像の再構築』思文閣出版
齋藤由佳 2004「『主婦之友』にみる性意識の変容――1920年代を中心に」『歴史評論』第646号
佐伯順子 1998『「色」と「愛」の比較文化史』岩波書店

——— 2000『恋愛の起源——明治の愛を読み解く』日本経済新聞社
——— 2008『「愛」と「性」の文化史』角川学芸出版
坂井博美 2012『「愛の争闘」のジェンダー力学——岩野清と泡鳴の同棲・訴訟・思想』ぺりかん社
阪井裕一郎 2009「明治期「媒酌結婚」の制度化過程」『ソシオロジ』第54巻第2号
佐々木英和 1999「自己実現概念の把握方法についての序論的考察」『宇都宮大学教育学部紀要第1部』第49号
——— 2004「自己実現概念の価値論的位置づけに関する一考察——用語の歴史的出自を踏まえた実証的研究」『宇都宮大学教育学部紀要第1部』第54号
——— 2008「自己実現思想における個人主義・国家主義・神秘主義——人格概念の多元的展開に関する試論的考察」『宇都宮大学教育学部紀要第1部』第58号
笹淵友一編 1973『女学雑誌・文学界集　明治文学全集 32』筑摩書房
沢山美果子 1995「主婦と家庭文化」『順正短期大学研究紀要』第24号
——— 2013『近代家族と子育て』吉川弘文館
澁谷知美 2013『立身出世と下半身——男性学生の性的身体の管理の歴史』洛北出版
レッディ、シュリーディーヴィ 2010『雑誌『女人芸術』におけるジェンダー・言説・メディア』学術出版会
新・フェミニズム批評の会 1998『『青鞜』を読む』學藝書林
杉浦郁子 2015「「女性同性愛」言説をめぐる歴史的研究の展開と課題」『和光大学現代人間学部紀要』第8号
鈴木貞美 2009「明治期日本の啓蒙思想における「自由・平等」——福沢諭吉、西周、加藤弘之をめぐって」『日本研究』第40号
鈴木直子 1999「「対幻想」は超えられたか——「死の棘」における共犯と逸脱」『現代思想』第27巻第1号
鈴木裕子 1993「解説」『日本女性運動資料集成 第1巻 思想・政治 I』不二出版
関谷博 1997「透谷と国境——「小児」性について」『日本文学』第46巻第11号
先崎彰容 2010a『個人主義から「自分らしさ」へ——福澤諭吉・高山樗牛・和辻哲郎の「近代」体験』東北大学出版会
——— 2010b『高山樗牛——美とナショナリズム』論創社
高島智世 1995「貞操をめぐる言説と女性のセクシュアリティ——大正期

の女性メディアの言説を中心に」『名古屋大学社会学論集』第 16 号
高田里惠子 2012『女子・結婚・男選び――あるいは「選ばれ男子」』筑摩書房
高橋富子 1995「史料紹介 婦人雑誌改善問題について」近代女性文化史研究会編『婦人雑誌にみる大正期――『婦人公論』を中心に』近代女性文化史研究会
高良留美子 1998「成瀬仁蔵の女子教育思想と平塚らいてう」新・フェミニズム批評の会編『『青鞜』を読む』學藝書林
竹内整一 1988『自己超越の思想――近代日本のニヒリズム』ぺりかん社
竹内洋 1991『立志・苦学・出世――受験生の社会史』講談社
竹村和子 2002『愛について――アイデンティティと欲望の政治学』岩波書店
田中優子 2007『芸者と遊び』学習研究社
丹野さきら 2004「細胞の夢――高群逸枝の恋愛論を読む」『ジェンダー研究』第 7 号
長江曜子 1990「田村俊子『悪寒』について――その恐怖の本質」『文学研究』第 5 号
永渕朋枝 2002『北村透谷――「文学」・恋愛・キリスト教』和泉書院
永嶺重敏 1997『雑誌と読者の近代』日本エディタースクール
中村隆文 2006『男女交際進化論――「情交」か「肉交」か』集英社
中村都史子 1997『日本のイプセン現象 1906―1916 年』九州大学出版会
中村光夫 1963『明治文学史』筑摩書房
中山和子 1967「北村透谷 (2)――「恋愛」の問題」『文芸研究』第 17 号
――― 1972「北村透谷」日本文学研究資料出版会編『北村透谷』有精堂出版
中山清美 2002「差異化と連帯感――『青鞜』が見せた新しい関係性」飯田祐子編『「青鞜」という場――文学・ジェンダー・〈新しい女〉』森話社
成田龍一 1994「性の跳梁」脇田晴子・S・B ハンレー編『ジェンダーの日本史・上』東京大学出版会
ノッター，デビッド 2001「恋愛至上主義のアクセプタビリティへの一考察――大正期における恋愛結婚説とその変容」『ソシオロジ』第 45 巻第 3 号
――― 2007『純潔の近代――近代家族と親密性の比較社会学』慶應義塾大学出版
野本泰子 2001「初期女性開放論にみる恋愛結婚への志向と提唱」『Com-

paratio』第5号
長谷川啓 1987「解題」『田村俊子作品集』第1巻、オリジン出版センター
初田亨 1993『INAX ALBUM18 カフェーと喫茶店』図書出版社
林葉子 2010「「醜業婦」と「美人」のあいだでゆらぐ芸妓像——東京大正博覧会と大正天皇即位礼をめぐる『廓清』の論説を中心に」『キリスト教社会問題研究』第58号
——— 2017『性を管理する帝国——公娼制度下の「衛生」問題と廃娼運動』大阪大学出版会
早野喜久江 1983「『女学雑誌』解説」緑陰書房編集部編『女学雑誌総目録』緑蔭書房
久松潜一編 1971『明治文学全集41　鹽井雨江・武島羽衣・大町桂月・久保天隨・笹川臨風・樋口龍峡集』筑摩書房
平石典子 2000「「新しい女」からの発信——「あきらめ」再読」『人文論叢』第17号
——— 2012『煩悶青年と女学生の文学誌——「西洋」を読み替えて』新曜社
平岩昭三 1989「藤村操の華厳の滝投身自殺事件をめぐって」『日本大学芸術学部紀要』第19号
平塚らいてう著作集編集委員会編 1983『平塚らいてう著作集1　青鞜』大月書店
平野啓一郎 2012『私とは何か——「個人」から「分人」へ』講談社
比留間由紀子 2003「近代日本における女性同性愛の「発見」」『解放社会学研究』17号
『婦女新聞』を読む会編 1997『『婦女新聞』と女性の近代』不二出版
藤目ゆき 1997『性の歴史学——公娼制度・堕胎罪体制から売春防止法・優生保護法体制へ』不二出版
古川誠 1992「恋愛と性欲の第三帝国——通俗性欲学の時代」『現代思想』第21巻第7号
——— 1994「セクシュアリティの変容——近代日本の同性愛をめぐる3つのコード」『日米女性ジャーナル』第17号
——— 2001「「性」暴力装置としての異性愛社会——日本近代の同性愛をめぐって」『法社会学』第54号
細谷実 2001「大町桂月による男性性理念の構築」『自然・人間・社会』第31号
——— 2004「〈日本男児〉の構築——忘却された起源としての大町桂月」『現代のエスプリ』第446号

堀場清子 1988『青鞜の時代——平塚らいてうと新しい女たち』岩波書店
ホン，セア 2013「厨川白村『近代の恋愛観』への考察——大正期恋愛ブームの意義を問う」『専修国文』第 92 号
前川直哉 2007「明治期における学生男色イメージの変容——女学生の登場に着目して」『教育社会学研究』第 81 号
——— 2010「大正期における男性「同性愛」概念の受容過程——雑誌『変態性慾』の読者投稿から」『解放社会学研究』第 24 号
——— 2011『男の絆——明治の学生からボーイズ・ラブまで』筑摩書房
——— 2017『〈男性同性愛者〉の社会史——アイデンティティの受容／クローゼットへの解放』作品社
前田愛 1973『近代読者の成立』有精堂→ 2001、岩波書店
松宮秀治 2008『芸術崇拝の思想——政教分離とヨーロッパの新しい神』白水社
松本三之介 1996『明治思想史』新曜社
右田裕規 2009『天皇制と進化論』青弓社
水田宗子 1992「女への逃走と女からの逃走——近代日本文学の男性像」『日本文学』第 41 巻第 11 号
宮崎かすみ 2008「同性愛者の身体、あるいは心——クラフト - エビングとオスカー・ワイルド」金井淑子編『身体とアイデンティティ・トラブル』明石書店
宮地敦子 1966「「愛す」考」『国語国文学』第 35 巻第 5 号
——— 1977「「愛す」続考」『國文學論叢』第 22 号
宮野真生子 2014『なぜ、私たちは恋をして生きるのか——「出会い」と「恋愛」の近代日本精神史』ナカニシヤ出版
——— 2016「母性と幸福——自己として、女性として生きる」『社会と倫理』第 31 号
牟田和恵 1996『戦略としての家族——近代日本の国民国家形成と女性』新曜社
モートン，リース 2001「総合雑誌『太陽』と『女學雑誌』に見られる恋愛観」鈴木貞美編『雑誌『太陽』と国民文化の形成』思文閣出版
文部省 1972『学制百年史 資料編』帝国地方行政学会
柳父章 1982『翻訳後成立事情』岩波書店
——— 2001『一語の辞典 愛』角川出版
山泉進 2005「初期社会主義と Free Love——石川三四郎の「自由恋愛私見」をめぐって」『初期社会主義研究』第 18 号

山田昌弘 1994『近代家族のゆくえ――家族と愛情のパラドックス』新曜社
―――― 2016『モテる構造――男と女の社会学』筑摩書房
山根宏 2008「「恋愛」をめぐって――明治20年代のセクシュアリティ」『立命館言語文化研究』第19巻第4号
山本敏子 1991「日本における〈近代家族〉の誕生――明治期ジャーナリズムにおける「一家團欒」像の形成を手掛りに」『日本の教育史学』第34号
ヨコタ村上孝之 1997『性のプロトコル――欲望はどこからくるのか』新曜社
―――― 2007『色男の研究』角川学芸出版
横山尊 2015『日本が優生社会になるまで――科学啓蒙、メディア、生殖の政治』勁草書房
米田佐代子・石崎昇子 1999「『青鞜』におけるセクシュアリティの探求」『山梨県立女子短期大学紀要』第32号
米山禎一 2000「出発期における平塚らいてうの思想とその史的位相」『台湾日本語教育論文集』第4号
らいてう研究会編 2001『『青鞜』人物事典――110人の群像』大修館書店
和崎光太郎 2017『明治の〈青年〉――立志・修養・煩悶』ミネルヴァ書房
渡部周子 2017『つくられた「少女」――「懲罰」としての病と死』日本評論社
渡邊澄子 2001『青鞜の女・尾竹紅吉伝』不二出版
渡辺みえこ 1984「解題」『番紅花』復刻版、不二出版
―――― 1998「『青鞜』におけるレズビアニズム」新・フェミニズム批評の会編『『青鞜』を読む』學藝書林
和田義浩 2002「プラトンと北村透谷――世界の二元性と恋愛の問題をめぐって」『比較思想研究』第29号

〔外国語文献〕

Faderman, Lilian 1996, *Odd Girls and Twilight Lovers*, Columbia University Press.（富岡明美・原美奈子訳 1996『レズビアンの歴史』筑摩書房）
Foucault, Michel 1976, *Histoire de la Sexualité*, Gallimard.（渡辺守章訳 1986『性の歴史 I 知への意志』新潮社）
Giddens, Anthony 1991, *The Consequences of Modernity*, Stanford University Press.（松尾精文・小幡正敏訳 1993『近代とはいかなる時代

か？――モダニティの帰結』而立書房）
――― 1992, *The Transformation of Intimacy: Sexuality, Love and Eroticism in Modern Societies*, Diane Publishing Company.（松尾精文・松川昭子訳 1995『親密性の変容――近代社会におけるセクシュアリティ、愛情、エロティシズム』而立書房）
Key, Ellen 1909, The Century of the Child, G. P. Putnam's Sons（原田實訳 1960『児童の世紀』玉川大学出版部）
Kinmonth, Earl H. 1981, *The Self-Made Man in Meiji Japanese Thought: From Samurai to Salary Man*, University of California Press.（広田照幸・加藤潤・吉田文・伊藤彰浩・高橋一郎訳 1995『立身出世の社会史――サムライからサラリーマンへ』玉川大学出版部）
Luhmann, Niclas 1982, *Liebe als Passion: Codierung von Intimitat*, Surhkamp.（佐藤勉・村中知子訳 2005『情熱としての愛――親密さのコード化』木鐸社）
Mosse, George Lachamann 1988, *Nationalism and Sexuality: Middle-Class Morality and Sexual Norms in Modern Europe*, University of Wisconsin Press.（佐藤卓己・佐藤八寿子訳 1996『ナショナリズムとセクシュアリティ――性道徳とナチズム』柏書房）
Pflugfelder, Gregory M. 1999, *Cartographies of Desire: Male-Male Sexuality in Japanese Discourse, 1600–1950*, University of California Press.
Sedgwick, Eve K. 1989, *Between Men Literature and Male Homosocial Desire*, Columbia University Press.（上原早苗・亀澤美由紀訳 2001『男同士の絆――イギリス文学とホモソーシャルな欲望』名古屋出版会）
――― 1990, *Epistemology of the Closet*, The University of California Press.（外岡尚美訳 1999『クローゼットの認識論――セクシュアリティの 20 世紀』青土社）

著者略歴

1982 年生まれ

京都大学大学院人間・環境学研究科博士後期課程研究指導認定退学。

京都大学博士（人間・環境学、2017 年）

現在　一橋大学大学院社会学研究科専任講師

主著　「ウーマン・リブの「性解放」再考――ベッドの中の対等性獲得に向けて」『女性学年報』第 28 号、2007 年

「「感じさせられる女」と「感じさせる男」――セクシュアリティの二枚舌構造の成立」小山静子・赤枝香奈子・今田絵里香編『セクシュアリティの戦後史』、京都大学学術出版会、2014 年

「ゆがめられた女性議員の意図――「売春防止法の制定と〈女性の分断〉」『日本ジェンダー研究』第 21 号、2018 年

男たち／女たちの恋愛

近代日本の「自己」とジェンダー

2019年 3 月20日　第 1 版第 1 刷発行
2023年 1 月20日　第 1 版第 2 刷発行

著　者　田《た》　中《なか》　亜《あ》以《い》子《こ》

発行者　井　村　寿　人

発行所　株式会社　勁《けい》　草《そう》　書　房

112-0005 東京都文京区水道2-1-1　振替　00150-2-175253
（編集）電話 03-3815-5277／FAX 03-3814-6968
（営業）電話 03-3814-6861／FAX 03-3814-6854
本文組版 プログレス・港北出版印刷・牧製本

ISBN978-4-326-60317-6　　Printed in Japan